Julius Lippert

Die Geschichte der Familie

Elibron Classics
www.elibron.com

Elibron Classics series.

ISBN 0-543-97039-6 (paperback)
ISBN 0-543-97038-8 (hardcover)

This Elibron Classics Replica Edition is an unabridged facsimile of the edition published in 1884 by Ferdinand Enke, Stuttgart.

Die Geschichte der Familie.

Von

Julius Lippert.

Stuttgart.

Verlag von Ferdinand Enke.

1884.

Druck von Gebrüder Kröner in Stuttgart.

Vorwort.

Eines Nachweises der Bedeutung des Gegenstandes für die Kulturgeschichte und den geschichtlichen Teil der Volkswirtschaftslehre bedarf dieses Büchlein zu seiner Einführung wohl nicht. Ich wünschte nur, daß mein Versuch in einem angemessenen Verhältnisse zu jenem stände. Jener Bedeutung entsprechend glaubte ich wenigstens die Darstellung so halten zu müssen, daß jedem Gebildeten Gelegenheit geboten werde, auch an die historische Seite von Fragen heranzutreten, die schon längst die weitesten Kreise beschäftigen. Jede Art Tendenz liegt mir dabei fern; doch habe ich die Erfahrung, daß objektive historische Erkenntnis, weil sie uns fast immer die menschliche Handlungsweise als im letzten Grunde von einer naturgesetzlichen Notlage bedingt erscheinen läßt, immer mildernd und versöhnend wirkt. Nur diese eine Tendenz könnte allenfalls mit dem Büchlein mitgelaufen sein, als ich es hinaus auf den Weg schickte, und ich habe ihm nicht ausdrücklich befohlen, auch diese heimzuschicken. Vielleicht nimmt man es auch mit diesem Geleite auf; wenigstens möchte ich wünschen, daß es die nicht vorübergehen ließen, die sich mit Geschichte, Kulturgeschichte,

Anthropologie, Ethnologie und Wirtschaftslehre befassen.

Es könnte seltsam erscheinen, wenn ich auch die Nachsicht dieser für eine „Geschichte der Familie“ mir deshalb erbitten wollte, weil sie ein erster Versuch auf ziemlich ungebahnten Wegen sei. Aber doch widerspricht dem nur scheinbar die Thatsache, daß wir bereits eine kaum zu übersehende Litteratur über diesen Gegenstand besitzen. Je mehr das Herz bei einer Arbeit beteiligt war, die uns selbst zum Gegenstande hat, desto schlechter kam dabei der nackt historische Teil weg, und gerade auf diesen habe ich es hier abgesehen. Der Mensch hat jederzeit seine Familienorganisation für die normal menschliche gehalten und als solche gedeutet. Auf diesem Wege kann man wohl die Herzen rühren und wohlthätig erwärmen; aber zu einer Darstellung der objektiven Geschichte führt er nicht.

Und doch hat auch diese Organisation ihre wechselvolle Geschichte. Vielleicht ist es mir gelungen, von diesem ihrem Reichtum dem Leser einen Begriff zu geben, wenn ich auch da und dort einem der ausgegrabenen Scherben vorläufig nicht den rechten Platz angewiesen haben sollte, weil mir vielleicht ein Zwischenstückchen entgangen war. Vielleicht findet es ein Sammler nach mir. Der möge dann die Sache verbessern, ohne zu verwerfen, was ich ihm Brauchbares gereicht habe. Auch ich habe es so gemacht. Ich habe manches als ein täuschendes Spiel der Natur erkannt, was Bachofen für ein echtes Gebilde menschlicher Kunst ausgegraben und ausgegeben hat; aber das schmälert in meinen Augen nicht den Anteil, den dieser Forscher auch an dem Verdienste dieses Büchleins haben müßte, wenn man diesem ein solches zuerkennen sollte.

Ich habe nicht viel ähnliche Unterstützung gefunden wie

durch Bachofens „Mutterrecht“; weitaus das meiste Material mußte in zerstreutester Lage gesammelt werden. Ich darf nicht hoffen, alle Fundstellen entdeckt, alle erschöpft zu haben; ich hoffe vielmehr im Interesse der Sache, daß das noch lange nicht geschehen sei. Was ich aber mir zu hoffen getraue, ist, die Richtung des Weges ausgesteckt und einen leidlich gangbaren Pfad hergestellt zu haben.

Auch der Laie wird, sollte ihm schon dieser Pfad stellenweise etwas rauh erscheinen, da und dort in angenehmen Aussichten, die sich von der Höhe der Vergangenheit in die Gegenwart hinein eröffnen, Entschädigung finden. Insbesondere wird sich ihm mancher verdorrte Brauch der Gegenwart in lebenerweckender Beleuchtung zeigen. So oder so wird das Büchlein doch wohl sein Teilchen zur Selbsterkenntnis der Menschheit beitragen können.

Berlin, 9. März 1884.

Julius Lippert.

Inhaltsverzeichnis.

Einleitung.

Den Maßstab, mit dem wir heute Sitten und Verhältnisse messen, darf der Leser nicht mit auf die Reise nehmen, wenn er uns in die Urzeit und an den Anbeginn der Entwicklung des Gesellschaftslebens der Menschheit begleiten will. Dieser Maßstab ist nach der Seite des Geisteslebens hin das geronnene Resultat dieser Entwicklung; jede Stufe derselben aber muß mit ihrem Maßstabe gemessen werden. Durch den Abscheu vor einer uns widerstrebenden Handlungs- oder Denkweise der Urzeit können wir wohl unserem Ideale, aber nicht der vollbrachten Arbeit der Menschheit, die vor uns war, gerecht werden. Je schwerer es uns werden mag, Abscheu oder Erbarmen auf dem Wege, den wir nun führen wollen, zu unterdrücken; desto mehr nötigt sich uns — das mögen wir bedenken — in dieser Erscheinung die Anerkennung einer Wucht von Arbeitsleistung auf, deren Ergebnis uns so weit abgehoben hat von dem Standpunkte der Vorfahren, daß es uns heute schwer wird, den verlorenen Schlüssel für ihre Denk- und Handlungsweise wieder zu finden. Abscheu und Erbarmen dürfen uns nicht das Auge trüben; sie sind das Maß unsrer Schuld an die Vergangenheit.

Beschönigung der Vorzeit hat darum auch vom sittlichen Standpunkte aus keinen vernünftigen Zweck, keine sittliche Berechtigung. Wir wollen sie ungeschminkt für gerechte Würdigung klar zu legen versuchen. Sehr mannigfaltig können die Richtungen genannt werden, nach denen hin die Menschheit sich entwickelt hat: sehr verschieden sind die Standpunkte, auf denen die Völkerindividuen als auf der Höhe des Erreichbaren oder Erstrebenswerten stehen geblieben sind; aber in der eigentlichen Treibkraft des Fortschrittes besteht allüberall die strengste Einheit: Lebensfürsorge nenne ich diesen allmächtigen Motor. Nichts kann vor diesem Antriebe treibend dagewesen sein; sonst fänden wir nicht heute noch den niedrigsten Menschen auf der Stufe der Tagessorge und des trägen Genusses nach Erledigung derselben.

Lange ehe in einem ob der mangelnden Beziehungen ungeübten Denken die philosophische Frage eines Woher und Wohin auftauchen konnte, war die Erhaltungssorge des Tages da und mit ihr irgend ein Grad von Arbeitsnötigung. Oder kann sich auch nur das Tier selbst unter den günstigsten Lebensbedingungen einer solchen Nötigung entziehen, wenn wir schon eine Leistung Arbeit nennen wollen, die noch dem größern Teile nach mit dem Genusse selbst zusammenfällt? Je mehr das auch beim Menschen der Fall wäre, desto sicherer wäre damit der Stillstand seiner Entwicklung bedingt. Unter den Tieren ist, wenn wir diesen Vergleich nicht scheuen wollen, dasjenige das mindest entwickelte und niedrigste, dessen Leistung zur Lebenserhaltung mit dem Genusse, den die Erfüllung der Lebensbedingungen gewährt, am vollkommensten zusammenfällt, dasjenige, das alle Lebensbedingungen an der Stelle findet, an der es ins Dasein trat. In dem Maße, als das Gegenteil hervortritt, gelangen wir zu immer höher stehenden Erscheinungen. Auch hier spielt also die Art der Lebensfürsorge eine bedeutsame Rolle, und ist uns auch ein Gesetz des ursächlichen Zusammenhanges nicht erschlossen, so müssen wir doch vorläufig den Parallelismus der Erscheinungen anerkennen.

Auf dem Gebiete des Menschen liegt in dem Maße der Erstreckung der Lebensfürsorge, zeitlich über oder vielmehr vor den Moment des fühlbaren Bedürfnisses und räumlich über den Kreis des alleinstehenden Ich hinaus, der Maßstab seines gesamten Fortschrittes. Daß er überhaupt dieses Voraussorgens über den Moment und der Erstreckung der Sorge über das alleinige Ich hinaus fähig ist, das allein unterscheidet ihn noch nicht bestimmt vom Tiere. Auch Tiergattungen sind in vererbten Instinkten zur zeitlichen Erstreckung gelangt und haben in diese erweiterte Fürsorge wenigstens ihre nächste

Nachkommenschaft aufgenommen; ja sie sind noch darüber hinausgegangen, wie wir bei denjenigen Gattungen sehen, die sich herden- und rudelweise der Führung eines nicht notwendig blutsverwandten Tieres anvertrauen. Zwischen beiden Arten besteht in betreff der Zeiterstreckung ein beträchtlicher Unterschied. Die Sorge des Muttertieres ist von einer anderen Art als die des leitenden; erstere hört mit der Hilflosigkeit der Jungen auf, letztere tritt mit diesem Zeitpunkte zumeist erst ein und erstreckt sich auf die darüber hinaus liegende Zeit.

Doch zeigt sich hierbei im Tierreiche eine große Mannigfaltigkeit. Während die Geschlechter der meisten Tierarten nur vorübergehend das sexuelle Bedürfnis zusammenführt, schließen sich andere dauernder aneinander und übernehmen dann zu gleichen Teilen, und doch oft wieder in bestimmter Arbeitsteilung die Fürsorge für den Nachwuchs. Man könnte darin recht zutreffende Analogien mit den Phasen der Entwicklung der einfachsten Gesellschaftsorganisation finden: — aber wesentlicher als das Zusammentreffen ist für uns die Unterscheidung. Im Tierreiche ist — wenigstens im Bereiche menschlicher Erfahrung — der jeweilige Stand der Fürsorge für die betreffende Gattung typisch, er gehört zu ihren Bestimmungsmerkmalen; ein Gesetz der Entwicklung kann daher nur unter Annahme von Zeiträumen, die für uns außer jeder Erfahrung liegen, begründet werden: in betreff des Menschengeschlechtes aber liegt diese Entwicklung, vermittelt durch Geschichte und Ethnographie, klar vor uns — diese Bildsamkeit ist für uns das Bestimmungsmerkmal des Menschen. Wir finden ihn noch auf einer sehr tiefen Stufe der Fürsorge, und es zeigt sich, daß die ersten Schritte darüber hinaus die schwersten sind. Die schwierigste Denkarbeit kann uns, die wir einer entwickelten Civilisation verpflichtet sind, nicht so belasten und niederdrücken, wie den sogenannten Wilden der Versuch, auch nur die nächste Zukunft in den Bereich seiner Sorge zu ziehen. Gerade darum gibt uns der Wilde so gern und willig das Geschenk der Kultur zurück; es geht nicht an, einen höheren Kulturgrad einem niederen Volke zum Geschenk zu machen; er muß errungen sein.

In Wirklichkeit wirkt die sich erweiternde Lebensfürsorge gleichzeitig wie strahlenförmig nach vielen Richtungen hin, auf die Ernährungsweise und Beschäftigung, auf die häusliche Einrichtung, auf Fertigkeiten und Erfindungen von Hilfsmitteln, auf die Kunst des Gedankenausdrucks und durch sie auf die Denkthätigkeit selbst, auf die Organisation und ihre Gesetze, auf Sittlichkeitsbegriffe und Ideale und die Formen der Kulte. Alles steht mit der Erstreckung der Lebensfürsorge im engsten Zusammenhange. An eine Fürsorge, die lediglich der Einzelne für sich trüge und darüber hinaus zu erstrecken nicht gezwungen wäre, ließe sich nur das bescheidenste Maß von Verpflichtungen anknüpfen, und diesen würde man in ihrer nackten Selbstsucht kaum die Weihe ethischen Charakters ertheilen wollen. Wie aber die Fürsorge ihren Kreis erweitert, erstreckt sie mit ihm die Anerkennung von Verpflichtungen, die wir auch dann schon als Moral bezeichnen, wenn ihnen auch noch die historische Begrenzung ihres Geltungsbereiches anhaftet. Mit der Aufhebung dieser Grenzen wenigstens in der geistigen Erkenntnis tritt eine höhere Ethik aus dem dunklen Hintergrunde hervor, und indem wir uns des Zieles bewußt werden, dem diese Bewegung zustrebt, gestalten wir vorausgreifend die Ideale derselben.

All das geht gleichzeitig seinen Weg; aber eine gleichzeitige Darstellung dieser ineinander greifenden Elemente einer „Geschichte der Kultur“ ist nicht möglich; wir versuchen daher einmal eine solche unter der Beschränkung auf eine Geschichte der Organisation, wie sie sich in der Geschichte der Familie darstellt.

Neuere Durchforschungen dieses Gebietes haben älteren Annahmen gegenüber gezeigt, wie reichhaltig diese Geschichte ist. Sie beginnt mit der Ausgestaltung des natürlichen Verhältnisses, welches das Kind mit der Mutter verbindet. Dieses allein ist von der Natur gegeben. In der volkstümlichen Auffassung desselben entwickelt sich eine Vorstellung der Mutterfolge im Gegensatze zu unserem modernen Begriffe vom Wesen der Abstammung. Aus der thatsächlichen Gruppierung der Nachkommenschaft um die Mutter erwächst da, wo die Organisation so weit vorschreitet, das Mutterrecht; — Mutterliebe ist das Fundament der ältesten Organisation. Vor Bachofens Versuche, die Spuren einer solchen älteren Organisation in den Litteraturdenkmälern Altgriechenlands nachzuweisen, hatte diese Periode keinen Platz in der Geschichtsdarstellung; heute haben sich die Reste derselben zu einem ansehnlichen Museum seiner Art vermehrt, und wir sind bei der Darstellung jener Organisationsform keineswegs mehr auf Vermutungen und Rückschlüsse angewiesen.

Doch auch über das Wesen des erst vereinzelt auftauchenden, dann immer weiter verbreiteten „Vaterrechts" hat uns die fruchtbare Zeit der letzten Jahrzehnte Aufschlüsse gebracht, die wir darum nicht ablehnen dürfen, weil bisher unser Gefühl uns überredete, die historische Entwicklung in anderen Bahnen zu suchen. Die ältere Familie des Vaterrechtes beruht nicht auf Verwandtschaft oder einem Bewußtsein derselben, sondern auf dem Principe der Macht, der Herrschaft, des Besitzes. Der Vater ist, so fremd das jetzt unsrer Auffassung geworden ist, nicht notwendig als Erzeuger gedacht, sondern als derjenige, welcher als Herr über solche gebietet, die er zu sich in ein Verhältnis gebracht hat, das dem des Besitzes am verwandtesten ist, ja mit diesem völlig zusammenfallen kann. Die ältere Mutterfamilie kann fortbestehen und doch zugleich wieder unter Vaterrecht gestellt erscheinen; ja eine ganze Gruppe von Mutterfamilien kann zusammen eine Familie nach Vaterrecht bilden. Diese Entwicklung haben wir zu verfolgen, und sie wird uns zeigen, wie erst allmählich die Vorstellung auftaucht, daß auch vom Vater zum Kinde ein Verwandtschaftsband laufe, ebenso von der Natur selbst geknüpft, wie das, welches es, freilich weit sichtlicher, mit der Mutter verbindet. Damit, und durch noch zu betrachtende äußere Umstände veranlaßt, beginnt sich dann jene ältere Familie nach Vaterrecht, die wir in Verlegenheit um einen besseren Namen die Altfamilie nennen wollen, wieder aufzulösen, und es bildet sich erst innerhalb, dann neben derselben eine jüngere Familie, in welcher die Begriffe Vater und Sohn einen anderen Inhalt gewinnen, — den, den sie heute bei uns in sich tragen. Die „Söhne Israel" sind Söhne, die „väterlichen Häupter" der Juden Väter im alten Sinne; eine Familie derselben Art ist die südslavische „Hauskommunion"; auf deutschem Boden gibt es nur noch Familien der Blutsverwandtschaft, Familien jüngerer Art.

Der allmähliche Uebergang von einer Form zur andern läßt

vielerlei Gestaltungen Raum, und besonders schöpferisch in neuen Formen zeigt sich die Verbindung mit den Entwicklungen des Eigentumsbegriffes. Von dem unbeschränkten Besitzrechte des Vaters älteren Sinnes — des „Altvaters“ wollen wir sagen — leitet sich die Erscheinung ab, daß in alter Zeit an Grund und Boden nur die Altfamilie als solche, vertreten durch ihren Altvater, ein Besitzrecht hat; das Familienglied, mag es auch Vater vieler Kinder sein, kann nur bewegliches Gut besitzen, und für den Todesfall verschenken. Mit dem Zerfall der Altfamilie aber ändern sich auch die Besitzverhältnisse und Eigentumsbegriffe, doch wieder in mannigfaltigster Weise. Es tritt, um nur auf einiges andeutend vorzubereiten, dazu die Frage: wer soll Altvater sein? — Sie ist keine Verwandtschafts- sondern eine Organisationsfrage, darum nie von der Natur voraus entschieden. Die meisten der für diese Würde erhaltenen Namen einigen sich in dem Begriffe des Senior und deuten auf die weit verbreitete Uebung der Senioratsfolge. Aber nur selten wird die Gewohnheit zum festen Gesetze. Vielfach gewinnt der Wille des lebenden Altvaters Einfluß auf die Nachfolge; anderwärts ist eine Wahl durch alle Familienglieder nicht ausgeschlossen. Leicht beschränkt sich die Nachfolge unter dem Einflusse des lebenden Vaters und seiner Machtvollkommenheit auf einen engeren Kreis in der Familie, auf die Blutsverwandtschaft der jüngeren Familie innerhalb der alten — ein wichtiges Moment der Zersetzung. Es entsteht so eine bei einer einzigen Sonderfamilie verbleibende Erbherrschaft; die Gemeinfreiheit stirbt bei deren Geburt; ein Herrenadel tritt aus einer unterthänigen Volksmasse hervor. Zersetzt das Verwandtschaftsprincip von unten aus die ganze Altfamilie samt dem Gemeinbesitze derselben, wie bei einigen Germanenstämmen, so löst sich das Volk in viele Sonderfamilien jüngerer Form auf, und es fehlt an dieser Art Adel.

Bei jeder dieser Entwicklungen differenziert sich überhaupt wieder das Ergebnis, je nachdem Individualbesitz an Grund und Boden gleichzeitig auftritt oder nicht. Wo ein solcher patriarchalischer oder Seniorats-Erbadel vor Sondereigentum am Grunde sich bildet — wie durchwegs bei den Slaven —, behielt er als Herr von jenen alten Verhältnissen her allein allen Grund und Boden. Doch kann er wieder dem ehemaligen Familienmitgliede die Nutznießung an einem Stücke Landes entweder zeitweilig oder dauernd anweisen — das „Rustikalland", und wieder ist in letzterem Falle ein Unterschied möglich. Der Herr kann das Rustikalland von seinem „Dominikallande" entweder nur im ganzen für die gesamte aus der Familie hinausgefallene Bauernschaft ausscheiden, oder er kann es den einzelnen Mitgliedern getrennt zuteilen. Das sind Fragen, um die sich noch heute vieles dreht. In ungeteiltem Besitze solchen Landes befinden sich noch heute die eben befreiten Bauern von Groß- und Weißrußland, und die Zeit arbeitet nicht eben geräuschlos an der Lösung der damit zusammenhängenden Fragen. Bei den Südslaven wieder ist das Bauernland geteilt, aber die Bauernfamilien haben sich größtenteils neuerdings zu ungetrennten Altfamilien gestaltet, oder vielmehr, sie haben diese Familienverfassung auch nach Ausscheidung der Adelsfamilien nachgeahmt. Bedenkt der Leser, daß von allen diesen Entwicklungsstufen stets einzelne Rückstände in die nachfolgende und zum Teil bis in unsere Zeit hineinragen, und daß wir auch diese an sich betrachtet meist völlig rätselhaften „Rudimente" vorzuführen und zu erklären haben werden, so wird er ein Bild von dem Umfange desjenigen Gegenstandes gewinnen, zu dessen etwas eingehenderer Betrachtung wir ihn jetzt einladen.

I.

Die Zeit der Mutterfolge.

1. Mutterfolge und Mutterrecht.

Unsere Muttersprache hat in der Bezeichnung „Blutsverwandtschaft“ noch einen uralten Begriff festgehalten. Auf jeder Stufe der Kultur schafft sich das Volk, je nach dem Umfange seiner Erfahrungen und Einblicke, auch seine eigene volkstümliche Physiologie. Eine solche Volksphysiologie ältester Zeit ist es, nach welcher alle Verwandtschaft in der Identität des Blutes bestehe. Als Beweis für solche Gleichheit aber gilt vor allem die gleiche Quelle des Blutes für die in Frage stehenden Personen. Solche Volksphysiologie irrt vielfach in den Thatsachen, die sie als Erfahrungssätze zur Grundlage ihres Denkens macht, aber in diesem selbst bewahrt sie eine unerschütterliche Konsequenz. Durch die Wahrnehmung, daß mit dem verdampfenden Blute dem Menschen das Leben entrinnt, ist für den Urmenschen die Thatsache gegeben, daß Leben und Seele im warmen Blute liegen, und diese Thatsache steht ihm, soweit wir von ihm Zeugnisse besitzen, auf allen Teilen der Erde so fest, daß wir den Konsequenzen ihrer Annahme nach allen Richtungen hin begegnen. Daß Blut die Seele und das Leben sei, darauf bauen sich noch sämtliche Kultformen des alten Testamentes auf. Brüder sind nur deshalb Brüder, weil in ihren Adern dasselbe Blut fließt, und echte Verwandte sind „consanguinei“. Nicht Redensarten drehten sich den Alten darum; sie nahmen es genau und bewiesen das durch

Thaten. Wenn ein Zusatz von Blut die Verwandtschaft begründet, so können auch Wildfremde Brüder werden — durch Blutmischung. Läge dieser seltsame Gedanke nicht in so notwendiger Folgerichtigkeit, so wäre es undenkbar, daß derselbe Brauch der Blutmischung und Blutbrüderschaft in allen Teilen der Erde, deren Bevölkerung kaum je in irgend eine Art gegenseitiger Berührung kommen konnte, Verbreitung gefunden hätte. Eben weil er überall selbständig auftrat, gewissermaßen überall von neuem erfunden wurde, sind auch seine Formen recht verschiedenartig; aber die Sache ist immer dieselbe: die sich verbrüdern wollen, entziehen sich irgendwo an ihrem Leibe Blut und bringen dieses irgendwie wechselweise in Vermischung mit dem Blute des andern Teiles. Ob sie das nun zu trinken oder in die offene Wunde zu reiben vorziehen, ist nebensächlich: sie werden Brüder, indem nun dieselbe Blutmischung in beider Adern strömt. Das ist das Wesentliche, das schafft Verwandtschaft. Diese Sitte der Blutverbrüderung, welch letztere mitunter zu ganz praktischen Zwecken herbeigeführt wird, lebt nachweislich heute noch, von den barbarischen Völkern, von denen sie das Altertum berichtete, abgesehen, in Ostafrika und auf Madagaskar, wo erst jüngst ein deutscher Reisender auf solche Weise der Bruder eines Fürsten wurde. Der Brauch war aber unseren eigenen Vorfahren nicht minder bekannt. Die göttlichen Helden der Edda erinnern einander an die Stunde, da sie „Blut mischten beide". Das alte Volksbuch der „Römerthaten" weiß noch genau Zweck und Vorgang zu schildern; ja ein verkümmerter Rest ist uns bis heute geblieben. Wenn es hier darauf ankäme, könnten wir, von Stufe zu Stufe der Entwicklung folgend, leicht nachweisen, daß der Weintrunk, der die „Brüderschaft" macht, das Ueberbleibsel eines Mischtrunkes ist, in dem einst das Blut natürlich nicht fehlte.

Doch hier sollte nur gezeigt werden, wie unerschütterlich fest bis in die entferntesten Konsequenzen hinein der Mensch einer älteren und einfacheren Kultur an der Ueberzeugung hielt, daß gerade das Blut, als wäre es die Seele selbst, allein die erste Verwandtschaft der Menschen untereinander begründe, jene Verwandtschaft, die wir gerade deshalb Blutsverwandtschaft nennen. Wenn wir nun mit derselben Konsequenz, mit welcher der Urmensch seinen noch kleinen

Erfahrungsschatz zusammenhält und unter der gleichen Voraussetzung, die jenem gar nicht problematisch war, das Band der Verwandtschaft zwischen Eltern und Kindern suchen, so können auch wir unter solcher Einschränkung kaum von seinem Wege abirren; wir müßten gleich ihm zu dem Schlusse kommen, daß zwischen Vater und Kind eine Blutsverwandtschaft gar nicht bestehe. Das ist in der That der durch zahllose Belege nachgewiesene Gedanke des Urmenschen; diese Vorstellung — ob richtig oder unrichtig, bleibt ohne Belang — ist von eingreifender Wichtigkeit für die Gestaltung der ersten menschlichen Organisation.

Die Auffassung ist an sich völlig verständlich. Die natürlichen Erscheinungen leiteten den einfachen Menschen so augenfällig und ausschließend auf die Mutter als die Spenderin des jungen Blutes und jungen Lebens hin, daß der kindlichen Volksphysiologie unumstößlich der Satz feststehen mußte: das Kind ist vom Geblüte der Mutter und darum nur der Mutter allein und durch sie jenen Personen verwandt, die aus derselben Quelle des Lebens ihr Dasein schöpften. So ist dem Weibe der nächste männliche Blutsverwandte der Bruder von derselben Mutter, unter den älteren Personen der Bruder der Mutter selbst, also der mütterliche Oheim, falls auch ihn und diese wieder dieselbe Mutter geboren hat. Faßt man etwas vorausgreifend dieses Verhältnis als eine Art natürlichen Verwandtschaftschutzes, so erscheint der Bruder als der natürliche Schirmherr der Schwester; der Bruder behielt nach Gottland-Rechte in der That die Verpflichtung, die Schwester zu verheiraten, und in der südslavischen Hauskommunion übergibt noch heute der Bruder die Schwester, nicht der Vater die Tochter dem Bräutigam. Faßt man diese Verwandtschaft als eine Art natürlichen Rechtsverhältnisses vom Standpunkte des Oheims aus, dem nächst der Schwester das Kind seiner Schwester am nächsten steht, so erscheint damit das weitverbreitete sogenannte „Neffenrecht“ gegeben, auf das wir noch vielfach stoßen werden.

Doch dürfen wir uns von jüngeren Rechtsverhältnissen und Anschauungen nicht beirren lassen; sie drängen sich vielfach in ältere Vorstellungen hinein. So kennen die rohen Westaustralier wohl schon eine Art Erbrecht, wornach Vermögen der Vater auf den Sohn übertrage; aber Verwandtschaft, Stammesangehörigkeit und Rang berechnen sie immer noch nach der Mutter. Aber auch jener Erbgang bezieht sich nur auf bewegliches Gut. Bei den Malaien hat nur die Familie im ganzen ein Eigentum an Grund und Boden, der Einzelne nur ein Benutzungsrecht; aber der Einzelne gehört auch hier immer noch zur Familie seiner Mutter, und sonach erbt er auch nur durch diese sein Anrecht. Nicht minder richtet sich auf einigen Inseln Mikronesiens die Verwandtschaft noch nach der Frau. Einige Nordindianer, wie die Koloschen, rechnen ebenso nur nach der weiblichen Linie, und bei den Huronen, Tschirokis u. a. konnte ehedem auch die Häuptlingswürde nicht vom Vater auf den Sohn, sondern nur durch die Mutter übergehen. Denselben Gang ging bei den Huronen das ganze Erbe. Bei den Malgaschen auf Madagaskar, wo die Herrscherwürde ebenfalls demselben Erbgange folgte, hat sich der König dadurch mit der alten Auffassung abzufinden gewußt, daß er selbst gegen die Sitte des übrigen Volkes seine eigene Base oder Schwester heiratete,[1] und auf demselben Grunde ruhte die grundsätzliche Schwesterheirat im Hause der Inka in Peru. Auch hier war noch zur Zeit der vollendeten Mannesherrschaft der Volkstradition nach die gerechte Nachfolge doch nur durch die Frau denkbar; der Inka versöhnte sonach das neue Herrschaftsprincip, für das kein gleiches Recht der Natur zu sprechen schien, indem er seine leibliche Schwester zur Hauptfrau machte.

Auch bei dem Wamoinastamme in Afrika machte Burton die Wahrnehmung, daß das Erbe nicht vom Vater auf dessen Sohn, sondern auf den Sohn seiner ihm durch die gleiche Mutter verbundenen Schwester, also im Wege des genannten Neffenrechtes übergehe. Wenn derselbe Reisende gleich anderen die Erklärung dieser uns merkwürdigen Erscheinung darin zu finden glaubt, daß die Frau die „sicherere Seite" sei, indem dort niemand den Frauen Treue zutrauen könnte, so sehen wir daraus nur, wie leicht eine

---

[1] Belege für das Voranstehende bei Waitz, Anthropologie V, 1, S. 793; V, 1, 141; V, 2, 105; III, 106, 108.

ihrem Wesen nach nicht mehr verstandene Sitte falsche Deutungen hervorlockt. Doch wir ersparen besser dem Leser die Aufzählung der zahlreichen Beispiele von heute noch erhaltenem „Neffenrecht" und führen ihm statt aller die höchst lehrreichen Verhältnisse zu Loango an der Westküste Afrikas an der Hand des deutschen Expeditionsberichtes vor.[1] Dort tritt das vielfach bestehende Verbot der Auswahl der Frauen aus demselben Stamme hinzu, und da sich auch die zahlreichen Prinzen oder „Fume" des königlichen Stammes diesem unterwerfen müssen, können sie nicht wieder Prinzessinnen des eigenen Stammes heiraten, und die konsequente Folge ist nun, daß ihre vielen Söhne immer nur als „Mani-Fume", Prinzensöhne, niemals als Fume oder Prinzen geboren werden und keinen fürstlichen Rang haben. Der Fürst kann also dort zu Lande immer nur Proletarier zeugen — aber die Prinzessin gebiert immer nur Prinzen von fürstlichem Geblüte. Als Tochter von fürstlichem Stamme, von einer fürstlichen Mutter geboren, kann sie sogar, was vorkommt, bei mangelnder Bewerbung einen Sklaven zu ihrem Manne nehmen: ihre Kinder sind doch von echtem fürstlichen Range.

Solche Volksauffassung läßt keine andere Deutung zu, als die wir ihr gegeben haben. Daß sie keinem schrullenhaften Einfalle irgend einer Volksindividualität entspringt, das bezeugt ihre weite Verbreitung und ihr Wiederauftauchen an den entferntesten Enden der Welt. Aber es lebt auch noch dieselbe Erklärungsweise vielfach in der Erinnerung der Völker. Bei den Arabern lebt sie nach Konsul Wetzsteins Beobachtungen noch in einer Menge von Sprichwörtern und Redensarten des täglichen Lebens und zeigt sich bei mancherlei Vorkommnissen in dem Glauben, daß sich gute und schlimme Eigenschaften nicht vom Vater auf den Sohn, sondern vom mutterseitigen Oheim auf den Neffen vererbten und so der Sohn nicht das Abbild des Vaters, sondern jenes des Oheims darstelle. Dieser ist eben der ihm nächste männliche Verwandte, während der Vater in keiner Verwandtschaft, wohl aber heute in einem Verhältnisse der Herrschaft zum Sohne stehe. Der Beduine hält an dieser Anschauung so fest,

---

[1] Bastian, Deutsche Expedition I, 198.

daß er sie auch bei der Pferdezucht zur Geltung bringt. In weniger harmloser Weise äußert nach Jung [1] der Murray-Papua dieselbe Auffassung einer innigsten Verbindung des Kindes mit der Mutter und deren Blutsverwandtschaft, indem er ein Leiden aus dem Kinde dadurch auszutreiben sucht, daß er die Mutter prügelt und, wenn das nicht genügt, den Kreis ihrer Blutsverwandtschaft in diese Behandlung einbezieht.

Diese Auffassung, welche unserer heutigen vorausging, ist aber keineswegs eine bloß theoretische geblieben; nichts schiebt sich dem einfacheren Menschen noch zwischen Gedanken und That; er ist konsequent bis zur Grausamkeit. Als der Schutz der Mutter den erweiterten Lebensverhältnissen nicht mehr genügte und eine männliche Kraft an der Spitze der Verwandtschaftsgruppe erscheint, da ist es jener Auffassung gemäß zunächst nicht der Vater in unserem Sinne, sondern der Bruder der Mutter, dem sich Frau, Mann und Kinder unterordnen müssen. So fand Bastian auf der Leichenstätte der Kassia in Assam die Malsteine der Familienangehörigen je um den des „mütterlichen Oheims" geordnet, und traf an der Westküste Afrikas die Oheimsherrschaft in voller Geltung. Sie hinterließ ihre Spuren hier auch in dem schon entwickelteren Erbrechte. In Angola hat der Erzeuger gar kein Recht über seinen Sohn, und sein etwaiger Besitz geht nicht auf diesen über. Was jener ihm übertragen wissen will, das muß er ihm bei seinen Lebzeiten schenken. Was er nicht so herschenkt, geht abseits durch die Schwester von derselben Mutter auf die Neffen über und diese legen ihm, dem Oheim, den Vaternamen „Tate" bei. Bei Scheidungen folgen die Kinder unbedingt der Mutter, da sie ja überhaupt dem Vater nie gehört haben. Der alte Bosman bestimmt das Verhältnis ganz scharf: „der Bruder oder die Schwesterkinder sind die rechtmäßigen und allein zulässigen Erben." Der Bruder kann ja noch durch dieselbe Mutter in einer Blutsverwandtschaft stehen, aber auf dessen Kinder erstreckt sich dieselbe schon nicht mehr, wohl aber wieder auf die Kinder der Schwester. Bosman hat die Begründung dieser ihm ganz fremden

[1] Natur 1878, Nr. 20.

Erscheinung nicht von den Negern selbst erfragen können und darum sich selbst jene seither populär gewordene Deutung zurecht gelegt, die wir schon einmal erwähnten: „Nun wissen aber die Mohren hierin keine rechte Ursach zu geben, doch glaube ich, selbige in Ansehung derer im weiblichen Geschlecht vorgehenden Ueppigkeiten eingeführt zu sein.“

So unzweideutige Thatsachen ließen sich noch viele anschließen; jene genügen indes, von dem Bestande der Vorstellung einer Mutterfolge Gewißheit zu geben. Viele Kulturkreise sind über sie hinausgeschritten, aber auch in diesen hat sie Spuren hinterlassen; es wird uns nun nicht schwer sein, diese zu erkennen. Durch deren weite Verbreitung werden wir zu dem Schlusse gezwungen werden, daß auch bei den höchst entwickelten Kulturvölkern überall einmal in Urzeiten Lebensformen bestanden, die auf derselben Vorstellung beruhten. Wir wollen den Leser nicht durch eine Anführung all dessen ermüden, was ihm zugänglich gemacht werden könnte; es genügt überall irgend einen Punkt aufzudecken, der dem Aufmerksamen die ganze Lagerung der Vorstellungen verrät.

Auch dem Altägypter ist das Herz als die eigentliche Blutquelle im Menschen zugleich die Seele oder das Wesen des Lebens, „das Wesen in meinem Körper“, wie Steininschriften die Menschen sprechen lassen. Aber derselbe Aegypter sagt auch von diesem seinem Herzen: „Mein Herz ist von meiner Mutter“.[1] Die vieltausendjährige Entwicklung eines so mächtigen, oft bis in das innere Asien hinein gebietenden Staates konnte natürlich am wenigsten bei den Konsequenzen der Mutterfolge stehen bleiben; dagegen hat uns die unwandelbare Pietät der Aegypter in ihren Kultgebräuchen wertvolle Zeugnisse erhalten. In den ehrwürdigen Kulturkunden des „Totenbuches“, von dem uns die alten Gräber zahlreiche Exemplare bewahrt haben, wird der Tote immer als der Sohn der mit Namen genannten Mutter bezeichnet, während nicht mit derselben Notwendigkeit auch der Name des Vaters hinzutritt. Aus Rechtsurkunden aber wissen wir, daß sogar noch zur Zeit der griechischen Herrschaft im Lande

[1] Lieblein, Aegyptische Denkmäler, 1873, S. 28 ff.

der Muttername der unerläßliche war und erst unter griechischem Einflusse durch den Vaternamen verdrängt wurde, und wenn uns Brugsch [1] recht berichtet, so schnitt diese Auffassung sehr tief ins Leben ein. Aegypten war unter den Pharaonen in viele kleine Gaue oder „Nomen" geteilt, in denen eine Art Grafen regierten, die ihre Würde der Regel nach erblich besaßen; aber dieses wichtige, zugleich aber auch aus dem höchsten Altertume stammende Amt, das älter sein mußte als das Oberkönigtum der Pharaonen, vererbte sich nicht vom Vater auf den Sohn, sondern „nach altägyptischem Gesetze von dem Vater mütterlicherseits auf den ältesten Enkel" — das kann also nur heißen: vom Inhaber durch dessen Mutter auf deren Enkel, also nach „Neffenrecht". Wenn uns daher die „Herrin des Hauses" in Aegypten in einer Würde und Schätzung entgegentritt, die ihr kaum erst eine jüngere Zeit, die sich rückhaltlos dem Herrenrechte zuwandte, erworben haben kann, so muß man diese Stellung der ägyptischen Mutter als ein glücklich konserviertes Erbteil aus einer älteren Zeit betrachten. In dieser Stellung steht aber auch Aegypten wieder nicht vereinzelt. Auf dieselbe Grundanschauung ließe uns in dem benachbarten Aethiopien schon die verhältnismäßig hohe Stellung der Frau und insbesondere [2] die Bedeutung der Königin-Mutter schließen, wenn uns auch nicht Nikolaus von Damaskus [3] die ausdrückliche Angabe erhalten hätte: „Ihre Herrschaft aber lassen die Könige nicht ihren eigenen, sondern ihrer Schwester Kindern."

Wenden wir uns von da zu einigen Völkern Asiens, so treffen wir nicht bloß Spuren, sondern ganz lebensvolle Verhältnisse derselben Art. Bezüglich des Volkes der Lykier ist uns der alte Herodot [4] ein trefflicher Zeuge. Die Lykier in der Südwestecke Kleinasiens gehörten nach diesem Gewährsmanne zu jenem Urvolke, das vor der Zeit der hellenischen Kultur und Organisation im Besitze der nachmals hellenischen Wohngebiete war; sie wären speciell von Kreta, diesem Centrum vorhellenischer Kultur, nach Kleinasien

[1] Geschichte Aegyptens, S. 19.

[2] Nach Diodor III, 5, 8.

[3] Bei Stobaeus, Florilegium in Müllers Fragmenta hist. gr. 3, 463.

[4] I, 173.

hinübergekommen. Dieser Rest eines vorhellenischen Volkstums also, diese Lykier hätten die seltsame Eigentümlichkeit, „daß sie sich nach ihren Müttern benennen und nicht nach den Vätern". „Wenn daher Einer," so glaubt Herodot das Unglaubliche weiter ausführen zu müssen, um ja nicht mißverstanden zu werden, „wenn daher einer einen Lykier fragte, wer er sei, so würde er sein Geschlecht von mütterlicher Seite angeben und die Mütter seiner Mutter herzählen. Und wenn eine Bürgerin mit einem Sklaven sich verbindet, so sind die Kinder für edelgeboren anzusehen; ist aber der Mann ein Bürger und wäre er auch der erste unter ihnen, so gelten die Kinder, wenn er ein fremdes Weib oder eine Sklavin nimmt, für unehrlich." Man hat den guten Herodot nicht Einer Ursache willen gescholten, weil er, der weitgereiste Forscher, Dinge erzählt, von denen die ältesten Leute daheim nie etwas erfahren; aber wäre es nicht noch wunderbarer, wenn Herodot vor Jahrtausenden in Asien gedichtet haben sollte, was heute an der Westküste Afrikas Wort für Wort gilt? Der Leser erinnert sich wohl noch dessen, was wir kurz vorher dem Berichte der deutschen Expedition und dem älteren Bosman entnahmen; der Schluß ist klar: was heute noch hier als Volksanschauung sich erhalten hat, das war einmal in weitesten Kreisen die Normalanschauung der Menschen, und insbesondere die vorhellenische Kultur ruhte auf dieser Anschauungsweise; mehr als das werden wir noch erkennen: diese ist typisch für jene.

Diese Auffassung der verwandtschaftlichen Verbindung ist die der „Mutterfolge". Wenn wir aber einem anderen Gewährsmanne, dem schon genannten Nikolaus Damascenus trauen wollen, so sind auf lykischem Boden dereinst auch jene Konsequenzen gezogen worden, welche bei beginnender Organisation zum „Mutterrechte" führen mußten. Dieser Schriftsteller bezeugt nämlich in einer Schrift über „merkwürdige Gebräuche", daß bei den Lykiern auch der Besitz von der Mutter auf die Tochter übergehe, nicht auf die Söhne, so daß also überhaupt die Frauen als die Verwalterinnen und Herrinnen des Erworbenen angesehen werden müßten. Ist einmal die Frau als Mutter der anerkannte Mittelpunkt der Familie, so kann sie leicht auch die stabile Achse derselben werden, während die ungebundene Manneskraft noch frei zu- und abschwärmt. Dann werden sich aber auch leicht die Gegenstände eines Besitzes, der über die Waffen des Mannes hinausreicht, um jenen allein festen Punkt herum anhäufen und die Mutter wird in diesem Sinne die „Herrin" des Hauses. Dann kann ja auch wohl Heraklides Ponticus recht haben, wenn er einfach von den Lykiern meldet: „Von Alters her werden sie von Frauen beherrscht."

Wie dasselbe Volkstum, das die Lykier als ein Ueberrest vertreten, einst herüberreichte über das ganze Ostbecken des Mittelmeeres, so hat die iberische Urbevölkerung im Westen im kantabrischen und baskischen Volke der Nachwelt eine Probe erhalten. Darf man nun von einem nichtssagenden Zufall reden, wenn nun auch hier wieder dieselben Spuren einer Familienverfassung, die uns völlig fremd erscheint, hervortreten? Strabo (p. 165) spricht ausdrücklich von der staatsunklugen „Frauenherrschaft" der Kantabrer und er bezeichnet sie mit Zügen, die uns erst allmählich völlig verständlich werden sollen. Die Hauptpunkte sind: das Erbe besitzen die Frauen; es geht von der Mutter auf die Töchter über; diese geben ihre Brüder zur Ehe hinaus, und so bringt der Mann seiner Frau (als Abfindung für seinen Nutzgenuß am Erbe) eine Aussteuer, eine „Dos" ins Haus. Auch hier ist an der Richtigkeit der Angabe im ganzen nicht mehr zu zweifeln, seit wir durch Eugène Cordier [1] mit den auch im spät aufgezeichneten Volksrechte baskischer Stämme [2] erhaltenen Resten altkantabrischer Sitten bekannt geworden sind. Herrscht auch heute daselbst der Regel nach Vaterrecht, so kann doch immer noch eine Erbtochter Familienhaupt werden. Dann liegt aller Besitz in ihrer Hand, und alle Glieder der Familie mit ihrem ungeteilten Gute stehen im Dienstverhältnisse zu ihr. Ihren Namen erhalten der von ihr gewählte Gemahl und die Nachkommenschaft. Der Mann kommt besitzlos oder mit einer Mitgift ausgestattet in das Haus der Frau. Wer nicht selbst als Erbsohn ge-

[1] Revue historique de droit français et étranger, Paris 1859, S. 257 ff.

[2] Coutumes anciennes et nouvelles de Barège, du pays de Lavedan etc. Bagnères 1836.

boren ist, wird niemals selbständig. „Das Schicksal eines solchen jüngeren Kindes ist ewige Abhängigkeit. Aus dem Rechte des älteren Bruders oder der älteren Schwester geht es in das der Gemahlin über, und wie es seinen Namen verliert, wie es in das fremde Haus einzieht und dieses nur mit Zurücklassung der Kinder verlassen kann, so vermehrt es mit seiner Hände Arbeit fortan nur des Weibes Gut.“ ... „Legt die Natur das Erstgeburtsrecht durch mehrere Geschlechter in die Hand einer Tochter, so bietet ein solches Haus das vollendete Bild der kantabrischen Familie und wird in der Genealogie gleich dem lykischen nur der Mutter Mütter aufsteigend herzählen.“ [1] Mitten innen zwischen diesen Urvölkern treffen wir dann auch bei einer jener alten Volksschichten, auf denen die jüngere römische Kultur sich aufbaut, bei den Etruskern, wenigstens die Spuren mütterlicher Genealogien.

Durch die Beziehung, in welche der lykische Name als ein Rest jener vorhellenischen Menschheit, die man später unter dem Namen der Pelasger zusammenfaßte, tritt, wird uns die Thatsache nahegebracht, daß überhaupt auch in jenem Kulturkreise, über den sich nachmals der hellenische erhob, nicht anders als sonst irgendwo auf der Erde in Urzeiten die Vorstellung der Mutterfolge das soziale Leben beeinflußt, die Formen der ersten sozialen Organisation bedingt haben muß. Die Sache selbst können wir deshalb nicht mehr lebendig erwarten, denn, wie wir noch sehen werden, hat gerade im Kampfe gegen diese alte Organisation und gegen Völker derselben das jüngere „Heroentum“ seine neuen Herrschaftsgebilde aufgeführt.

Nur vereinzelte Spuren können demjenigen, der darüber schon Bescheid weiß, das Geheimnis verraten. Helena erklärt [2] ihre Liebe zu den Dioskuren damit, daß E i n e Mutter sie und diese gebar; den Gegensatz aber hebt an andrer Stelle [3] Lykaon unzweideutig hervor, indem er in Todesgefahr vor Achilleus, der in ihm den Bruder Hektors, der ihm den Patroklus getödtet, erkennt, um Schonung flehend zu bedenken gibt, daß er ja, wenn auch Hektors Bruder, mit

[1] Bachofen, Mutterrecht, Stuttgart 1861, S. 417, 1.

[2] Iliade III, 238.

[3] Iliade XXI, 95.

Hektor nichts zu schaffen habe — „ich bin nicht mit Hektor aus gleichem Mutterleib!“ Die erste Verwandtschaft, an die die Blutrache sich knüpft, ging also einst auch den Griechen von der Mutter aus. — In Attika hielten die Geschlechter viel auf ebenbürtige Ehen und beschränkten daher die Verwandtschaftshindernisse auf das äußerste; aber die Eine Grenze wagten sie nicht zu überschreiten; Kinder derselben Mutter durften einander nicht heiraten, wohl aber Geschwister von demselben Vater. Bestand auch nach hellenischer Auffassung zwischen Vater und Kind schon eine wahre Verwandtschaft, so schien sie doch immer noch ein lösliches Band; eine Adoption hob sie auf: aber „die natürliche Mutter konnte keine Adoption verleugnen“.[1]

Auch die Bibel enthält ein altes Erzählmotiv, das sie in der Geschichte von Abraham zweimal und in der parallelen von Isaak einmal anführt.[2] Die Erzählung gipfelt darin, daß sich der Erzvater scheinbar durch eine Notlüge hilft, indem er sein Weib für seine Schwester ausgibt und damit diejenigen täuscht, welche nach damals schon geläufiger Ansicht den Ehebund zwischen Geschwistern für ausgeschlossen hielten, in der That aber doch bei der Wahrheit bleibt, indem er sich auf den Standpunkt der Mutterfolge stellt: „Sie ist meines Vaters Tochter, aber nicht die Tochter meiner Mutter; und sie wurde mein Weib.“ Diese Erklärung gibt allerdings nur Eine der drei gleichen Erzählungen; mag dieses auch die spätere sein, sie kennzeichnet doch die Bekanntschaft mit dieser Vorstellung. Sicherer ergibt sich uns eine solche aus der Art der historischen Aufzeichnungen der Juden, wie sie uns in den Büchern der Könige und der Chroniken überliefert sind. Kultdenkmäler nach Art der ägyptischen hat uns Israel-Juda nicht hinterlassen; aber in den beiden genannten Werken befindet sich unbestritten ein Kern aus offiziellen Aufzeichnungen, wie sie als Annalen der Könige in den asiatischen Reichen gebräuchlich waren; in diesen Aufzeichnungen aber wird mit derselben Treue wie in ägyptischen Kulturkunden jedem Königsnamen der Name seiner Mutter beigefügt, und es ist schon von Ewald[3] darauf

---

[1] Wachsmuth, Hellen. Altertumskunde, II, 1, S. 205 und 211.
[2] Genes. c. 12, c. 20, c. 26.
[3] Propheten II, 65.

hingewiesen worden, welche auffällige Bevorzugung am jüdischen Hofe gerade der Königinmutter vor der Königin selbst zuteil wurde.

Kehren wir nun zum Schlusse noch bei unseren eigenen Vorfahren ein, so brauchen wir den Worten des Tacitus (Germania 20) keine Erklärung mehr hinzuzufügen. „Der Schwester Kinder genießen dieselbe Schätzung beim Oheim wie beim Vater. Einige halten sogar diese Blutsverbindung für heiliger und enger und gehen bei der Auswahl von Geiseln mehr darauf aus, gleichsam als ob sie damit das Gemüt fester und das Haus weiter umspannten; aber Erben und Nachfolger sind jedem seine Kinder.“ So lebte also auch bei unsern Vorfahren noch der alte Gedanke einer Mutterfolge, obgleich ein jüngeres Besitz- und Erbrecht ihn schon durchbrach.

Wir haben uns also überzeugt, daß die Vorstellung einer ausschließlichen Mutterverwandtschaft einst so gut wie über die ganze Erde verbreitet war, und mußten zugleich schließen, daß Zustände sozialer Ordnung, welche lediglich auf dieser Vorstellung beruhten, nur in einer Zeit vor einer anderweitigen Entwicklung liegen konnten. Es fragt sich nun: wie haben wir uns wohl das erste Glied, die Keimzelle einer solchen Organisation zu denken? Wir müssen zunächst den historisch bezeugten Thatsachen gemäß festhalten: die einfachsten Elemente dieser Urorganisation sind nicht Mann und Weib, sondern Mutter und Kind. Das Band zwischen beiden aber ist nicht bloß durch jene Vorstellung geknüpft, sondern durch den Zwang aller Umstände einer einfachen Lebensweise und durch — die Mutterliebe. Sie ist im Grunde der wirksamste Beweggrund, der aus der volksphysiologischen Vorstellung die Konsequenzen einer Sitte zieht, die, unendlicher Entwicklung fähig, die Schöpferin alles Segens der Menschheit geworden ist. Ohne Mutterliebe läge kein anregendes, kein zwingendes Motiv in jener Vorstellung; durch Mutterliebe tritt zuerst der Mensch aus sich selbst heraus, sie bewirkt die erste Erstreckung der Lebensfürsorge über das Ich hinaus; Mutterliebe ist aber auch fast der einzige Lichtblick, der uns aus der trüben Nacht der Vorzeit hoffnungsvoll entgegenschimmert.

Das Kind ist in den hilflosen Anfängen der Menschheit weit enger und ausschließlicher an die Mutter geknüpft, als später. Daß wir frühzeitig eine Ersatznahrung für die natürliche einzuführen vermögen, ist einer der vielen unterschätzten Fortschritte der sozialen Technik, und daß sich gerade unsere Rasse an solchen Ersatz im ganzen leicht und ohne schlimme Folgen gewöhnte, das kann nur durch Vererbung in sehr langen Zeiträumen eingetreten sein; heute noch besitzen nicht alle Rassen diese Fähigkeit oder doch nicht in gleichem Maße. Die Sklavenhalter Südamerikas beklagen den Umstand, daß die Kinder der Schwarzen zur Zeit der Entwöhnung einer ungewöhnlichen Sterblichkeit unterliegen. Die Kultur beseitigt diese Gefahr durch ein kunstvolleres System der Ernährung, oder sie führt sie auf ein kleinstes Maß zurück; die Unkultur kennt dagegen kein anderes Mittel, als das der möglichsten Erstreckung der natürlichen Ernährungsweise und ein entsprechendes Hinausschieben der Zeit des Ueberganges. Es trifft damit zusammen, daß die natürliche Ernährung für die Sitte und Lebensweise der Urkultur zugleich die leichteste ist. Das Leben des Buschmannes, den wir hier ungefähr als den Vertreter einer der niedersten Stufen hinstellen können, geht völlig auf in dem Suchen nach Nahrung. Die gewöhnlichste und meiste ist vegetabilischer Art, die geschätzteste animalischer; doch diese ist Festspeise. Zu der Arbeit des Spähens und Pflückens tritt allenfalls noch die des Grabens mit dem Grabstocke, sämtlich Arbeiten, die jeder vereinzelt für sich mit dem gewohnten, immer nur kargen Erfolge zu verrichten vermag. Nun würde aber jede Art Zubereitung von solchen Nahrungsmitteln mit Rücksicht auf die Entwöhnung eines Säuglings mühevoller sein, als die natürliche Ernährung durch die Mutter. Diese geht also wie immer ihren Ernährungssorgen nach, und indem sie wie vordem für sich sorgt, ernährt sie das Kind fast als wäre es immer noch ein Teil ihres eigenen Leibes. Für eine anderweitige Kindesversorgung fehlt es zunächst noch an Kenntnis und Beispiel, und aus diesem Grunde erstreckt sich die Zeit des Nährens bei allen Völkern niederer Kultur auf unserer Sitte gegenüber ungewöhnlich große Zeiträume. Man kann beispielsweise die Siamesen nicht einmal mehr von den Kulturvölkern ausschließen; aber doch werden auch bei ihnen heute noch die Kinder drei bis vier Jahre lang gesäugt; von afrikanischen und polynesischen Stämmen haben wir Nachrichten von einer gleichen Sitte, ja es fehlt nicht an Beispielen, daß sich diese natürliche Ernährung noch über die angegebene Frist hinaus erstreckt, und bei unseren Vorfahren galt es sogar noch als sehr löblich, auch in dieser Hinsicht der Urzeit näher zu bleiben. Wir erkennen daran zugleich, daß ein Gebrauch durch die Macht der heiligenden Sitte noch lange festgehalten werden könne, wenn die zwingenden Bedingungen, die ihn eingeführt haben, schon weggefallen sind. Die kleinsten Dinge vermögen auf dem Gebiete der Kulturentwicklung von größter Tragweite zu sein. Wir werden sogleich erkennen, wie folgenschwer ein längeres Festhalten oder ein schnelleres Ueberwinden des angegebenen Standpunktes der Kindespflege sein mußte. Der Leser wird sich ein Fortschreiten im allgemeinen erleichtert denken durch die Einschaltung des Genusses tierischer Milch, welche uns heute den Uebergang so sehr erleichtert, und es wird ihm vielleicht die Sage von dem glücklichen Zeitalter einer Urmenschheit vorschweben, die sanft und friedlich von Milch und Honig lebte. Es ist schade, daß wir diese Idylle zerstören müssen. Tierische Milch ist so wenig die allgemeine Nahrung der Menschheit auf einer sehr frühen Kulturstufe gewesen, daß vielmehr sämtliche Völker der neuen Welt aus eigner Entwicklung gar nie diese Stufe erklommen haben. Nur Blut, Mark und Fleisch lieferte auf niederer Kulturstufe das Tier dem Menschen zur Nahrung. Die Völker Amerikas blieben mit geringer Ausnahme beim Fange des Tieres stehen; aber auch die Polynesier, die zu dessen Hegung und Züchtung gelangten, sträubten sich noch zu Zeiten Cooks gegen den Genuß von Kuhmilch; sie hatten ihre Hegungsversuche nur an Hunden und Schweinen machen können. Nur der Kontinent der alten Welt war so glücklich, in verhältnismäßig früher Zeit zur Hegung von Tiergattungen zu gelangen, die jenes Ersatzmittel boten. Es ist kaum abzuschätzen, wie viel die Kultur gerade dieser Thatsache verdankt; sie steht kaum ganz außer Zusammenhang mit der Superiorität der Rassen der alten Welt und ihrer Kulturfähigkeit.

Die Zeit, durch welche die Mutter infolge jener einfachsten und natürlichsten Fürsorge für das Kind an dieses und durch dieses gebunden ist, übt wieder nach den verschiedensten Richtungen hin den eingreifendsten Einfluß auf die Gestaltung der Gesellschaftsformen und durch diese wieder auf die Feststellung des sittlichen Ideals. Wollten wir diese Einflüsse schon jetzt nach demjenigen Ziele der Entwicklung beurteilen, das uns als gewonnenes Ideal vorschwebt, so würden wir sie als gute und schlechte unterscheiden müssen; der natürliche Verlauf der Dinge kennt aber eine solche Einteilung nicht. In Bezug auf das Kind mußte die lange Nährfrist, durch deren Schule einmal alle Völker gingen, eben weil die Erfindung der besten Ersatznahrung erst ein spätes Ereignis ist, die Folge üben, daß sich dieses selbst mit schon erwachenden Sinnen auch des Bandes bewußt wurde, das es an die Mutter knüpfte. Bei dem Tiere entschwindet die Anhänglichkeit an die Mutter nicht lange, nachdem sich jene Verbindung gelöst hat. Sie löste sich aber beim Urmenschen nicht eher, als bis sie von dem schon thätigen Erinnerungsvermögen festgehalten werden konnte. Es kommt hinzu, daß bei Rassen, die noch einen nur geringen Schatz von Intelligenz zu vererben haben, und dann bei solchen südlicher Zonen überhaupt, eine gewisse allgemeine Reife des Menschen viel früher eintritt als bei uns. Es liegt also unter solchen Verhältnissen zwischen der Erinnerung des entwickelten Menschen und der Thatsächlichkeit ihres Inhaltes ein geringerer Zwischenraum.

Alles das muß in günstiger Weise dahin wirken, daß das Kind selbst wieder das erste Band, das die Menschen zusammenbindet, erfaßt und festhält: so zeitigt die Mutterliebe im Kinde die jüngere Frucht der Kindesliebe, der Liebe zur Mutter. Erfahrungen unter uncivilisierten Völkern lehren uns auch heute noch, daß es ein Traum ist, an ein frühzeitig erwachtes Gefühlsleben der Menschheit zu denken. Aber eine süße Gewohnheit zuvörderst lehrte das Kind immer wieder zur Mutter zurückzukehren, auch wenn es flügge geworden, bis es vielleicht einmal irgend ein Windstoß davontreibt, vielleicht auch bis es ein erwachter Liebestrieb anderer Art anderswohin lockt. An dieser Urerziehung aber nehmen alle Rassen teil.

Welche Anlässe immer einmal das Kind der Mutter entführen konnten: sie werden sich dem jungen Manne häufiger nahen als dem Mädchen. Dem sorgenlos-genügsamen Buschmann ist die Aussicht auf einen zeitweiligen Fleischgenuß das einzige, was eine Spur von

Thatkraft in ihm erwecken kann. Fleisch zu gewinnen kann also auch den Urmenschen schon zu vorübergehenden Vergesellschaftungen vereinigt haben, indem die meisten Arten der Jagd irgendwie eine solche bedingen. Eine solche Lockung lag naturgemäß dem Manne näher als der Frau. Was die Lockungen der physischen Liebe anlangt, so wäre wohl der Erfolg nach beiden Seiten hin ähnlich zu schätzen. Es ist uns wohl versagt, in dieser Hinsicht die Natur der Menschen zu durchschauen, aber bei dieser zunächst ganz sinnlichen Regung dürfte wohl der Schluß nach der Analogie am ehesten gestattet sein. Diese aber zeigt auf dem ganzen Gebiete der Lebewesen den männlichen Teil als den beweglicheren; er folgt dem anderen. Es ist, als hätte uns die Natur über dieses Verhältnis, so wie sie es wollte, gar keinen Zweifel gestatten mögen, indem sie bei einzelnen Gruppen ihrer Wesen dem umworbenen Geschlechte selbst die Flügel, ja fast jede Beweglichkeit nahm, dem werbenden aber einen großen Grad von Behendigkeit gab. In der That werden wir noch die Belege für ein ähnliches Verhalten der Geschlechter finden. All dem nach haben wir für die Urzeit zu erwarten, daß die Kinder derselben Mutter für längere Zeit eine der Art der Zusammengehörigkeit sich bewußte Gemeinheit um die Mutter bildeten und daß die Töchter an dieser Gemeinschaft noch festhielten, wenn die Söhne die Liebe oder der Hunger davonführte. Was aber der Liebe folgte, schloß sich wieder an eine solche Gemeinschaft um die Mutter an. Stellen wir so das Schema voraus, so werden die Thatsachen selbst um so schneller in das rechte Licht treten.

Dagegen war der Einfluß jener Grundsitte des jahrelangen Nährens auf den Bund von Mann und Frau und seine Dauer nach der Richtung einer solchen nicht günstig. Wollen wir diese Liebesvereinigung schon jetzt eine „Ehe“ nennen, so drohte jener von der harten Natur doch gebotene Brauch die Ehe immer und immer wieder zu zersetzen und zu lösen. Nicht im Manne kann von Anfang an der Antrieb gelegen sein, sich der Frau zuzugesellen, um der Versorger ihrer Kinder zu werden; diese Sorge kann nur von der Frau geheischt, aber auch nur in schon sehr vorsorglichen Zeiten zur Bedingung des Bundes gemacht worden sein. Was aber den

Mann zunächst herbeigeführt hatte, das stand der Uebernahme einer solchen Pflicht auch wieder im Wege: die Geburt eines Kindes löste durch die lange Säugezeit den Ehebund für eine ebenso lange Zeit thatsächlich wieder auf. Es hätte schon eine gewisse Machtstellung der Frau vorausgesetzt, wenn ein solcher Bund zunächst überhaupt über eine solche Frist hinaus geschlossen und gehalten worden wäre.

Kann die Mutter das Kind nicht anders als in der angegebenen natürlichen Art nähren, so legt ihr ein physiologisches Gesetz für die ganze Zeit dieser Muttersorge Entsagung auf, und dieses Gesetz, durch die Erfahrung frühzeitig dem Menschen geoffenbart, ist wieder ein mächtiger Faktor unter denen, die das Produkt der Kulturentwicklung bedingen. Wie eine höhere Offenbarung ist dieses Gesetz überall, auch unter den rohesten Völkern, mit einer unverbrüchlichen Heiligung umgeben worden — die Mutterliebe bringt ihr erstes Opfer auf den Altar der Menschheit. Die Sitte, erweiterter Lebensfürsorge folgend, erheischt es, sie legt bei afrikanischen Stämmen insbesondere einen schweren Fluch auf dessen Uebertretung.[1] Ein Ausfluß dieses Fürsorgegebotes ist sichtlich der harte Gebrauch, eine Mutter für den Tod ihres Kindes durch öffentliche Beschimpfung zu bestrafen, den Burton[2] bei den Wazaramo in Ostafrika getroffen hatte. Auch hier nährt die Mutter das Kind noch bis zu drei Jahren. Der Tod desselben während dieser Zeit erweckt die Vermutung, daß die Frau die Gemeinschaft des Mannes den Mutterpflichten vorgezogen habe. Außerordentlich roh schien der Gebrauch, eine Mutter in ihrem Schmerze zu beschimpfen; aber der Kulturhistoriker muß seine Entrüstung zügeln lernen. Rohes und Edles liegt auf seinem Gebiete in untrennbarer Vermischung. Noch spät tritt uns der Grundsatz — der heute in einer Art Aberglauben mit umgekehrter Tendenz fortlebt — auf halb und halb heimischem Boden entgegen, wenn wir bei Beda dem Ehrwürdigen[3] lesen, wie Papst Gregor denselben den Angelsachen durch ihren Bekehrer Augustin einschärfen läßt und

---

[1] S. Waitz a. a. O. I, 356.

[2] Andree, Burtons und Spekes Reisen, S. 95.

[3] Kirchengesch. I, 27.

daran das Urteil knüpft, daß der Gebrauch von Säugammen nur durch die Unenthaltsamkeit der Menschen aufgekommen sei.

Nur langsam tastend und auf vielen Umwegen gelangt die Menschheit vorwärts; das Mittel, das irgend einem nächsten Zwecke wohl entspricht, kann einem höheren hindernd im Wege stehn; dann ist mit der möglichen Wahl der Korrektur eine Differenzierung der Völkersitten angebahnt. Das Entsagungsopfer, welches für die Existenz des Kindes gebracht wurde, zerstörte für jene Zeiten die Möglichkeit einer dauernden und einpaarigen Ehe. Es hat im Bereiche des Mutterrechtes den Wechsel der Frauen bedingt, in dem des Vaterrechtes aber ist es die festeste Stütze der Polygamie geworden. Die verschiedenartigen Verhältnisse, welche sich so bei verschiedenen Stämmen entwickeln konnten und in ziemlicher Mannigfaltigkeit nachweislich entwickelt haben, konnten zum Begriffe einer Einheit und Heiligkeit der Ehe nicht führen. Reste von Lebensformen aus jener Zeit haben sich noch bis in die Periode beginnender ethnologischer Forschung erhalten, und ihre nähere Betrachtung zeigt uns recht deutlich, wie man die Begriffe jener Liebesbündnisse einerseits und der Ehe andrerseits als wesentlich verschiedene auseinander halten muß. Noch leben mitunter, ja vielfach beide Stufen bei demselben Volke.

So eröffnete sich vor hundert Jahren auf dem neuentdeckten Tahiti ein Paradies der Sinnlichkeit; nirgends zeigte sich eine Schranke des Genusses, und man war geneigt, hier ein sorglos glückliches Volk zu sehn, das noch vor der Entwicklung jedes Begriffes von fesselnder Sitte stände, — und dennoch lehrte bald nähere Vertrautheit mit diesem verführerisch leichtsinnigen Volke, daß es das Institut der Ehe wohl kannte und sehr ernste Begriffe davon hatte. Aber die Ehe war eben dem Tahitier etwas wesentlich anderes als ein Liebesbund; sie war ihm eine Vereinigung nicht zur Erzeugung von Kindern — dazu genügte jener ältere Bund — sondern zur gemeinsamen und geteilten Fürsorge für die zur Auferziehung bestimmten Kinder. Aber noch ist die Frau weit entfernt, diese Verpflichtung dem Manne zu stipulieren als Bedingung des Liebesbundes, sie beruht auf späterer gemeinsamer Entschließung; dennoch liegt hierin wirklich der wesentliche Fortschritt, auf den wir hier vorausgreifen; und wieder können wir dahin nicht gelangen, ohne den Leser an Scenen der Barbarei vorbeizuführen.

Hier nur eine Andeutung dessen. Ein Bündnis alter Art bedarf keines Fürsprechers; ein solcher meldet sich in des Menschen Blute; aber das Bündnis zweiter Art wird der Naturmensch kaum leichtsinnig schließen, obwohl auch in ihm, wie wir noch sehen werden, ebenfalls Momente liegen, die dem Eigennutz verständlich werden können; und Eigennutz ohne bösen Nebensinn ist ja die allererste Stufe, die Wurzel der Fürsorge. Der Tahitier der Entdeckungszeit [1] schloß ziemlich leichtsinnig den leicht zu lösenden Liebesbund, obgleich seine Liebe allein der Gegenliebe nicht gleich wog, vielmehr für des Weibes Gunst in irgend einer Leistung ein Daraufgeld gegeben werden mußte; das nahmen die, in deren Gewalt das Weib stand.

Man kann die Auffassung, aus der diese Sitte entsprang, wohl auch schon in eine Zeit zurückversetzen, in welcher Besitzverhältnisse erst im Keime bestanden. Stand da die Frau in keines anderen Gewalt, so war sie wohl immer oder oft in der Lage, für ihre Gunst noch ein besonderes Zugeständnis sich zu bedingen. Das erklärt eine einfache Betrachtung der natürlichen Verhältnisse — der Erscheinung liegt das ewig geltende Gesetz von Gebot und Anfrage zu Grunde. Unter normalen Verhältnissen ist das Verhältnis der Geschlechter so ziemlich das der Gleichheit; wenige Prozente fallen nicht ins Gewicht. Aber in dieser Gleichheit liegt in Bezug auf unsern Gegenstand schon eine sehr wesentliche durch die Natur gegebene Ungleichheit. Aus der gleichen Zahl der Frauen scheidet zunächst ein großer Prozentsatz der nicht mehr begehrten, dann der größere der unter jenes Gebot der Enthaltung und ähnliche Naturgebote gesetzten aus, während die Zahl der Männer letzteren Decimierungen gar nicht, ersteren in weit geringerem Maße unterliegt. Schon dieses Normalverhältnis bedingt also jenes Tarierungsgewicht auf der Wage. Dieses wird aber in dem Maße noch vergrößert werden müssen, als der Vorausblick der Menschen sich erweitert. Bei nur einigermaßen erwachter Sorglichkeit muß sich die Frau nachfolgender Leistungen

---

[1] Belege in Hawkesworths und Forsters Seereisen.

bewußt werden, die ihr der Mann auf jener Stufe nicht tragen hilft. Das alles hilft erklären, warum selbst in den ursprünglichsten Verhältnissen trotz der natürlichen Schwäche des Weibes irgend eine Art Werbung gerade dem Manne auferlegt war und wie gerade auf seiner Seite jene Tara von Geschenken und Dienstleistungen hinzu kam, die wir in irgend einer Form überall finden. So gab denn auch der Tahitier seine Gabe hin; aber damit war noch keine „Ehe" geschlossen. Er lebte mit dem Weibe in einem freien Liebesbunde, bis ihm ein Kind geboren wurde. Nun erst war der Anlaß da zur Erwägung, ob er eine Ehe schließen wolle. Das Resultat derselben hing ab von der Entscheidung der Eltern über Leben und Tod des Neugeborenen. Niemand war durch Gesetz oder Sitte gehindert, das Kind zu töten und das alte Verhältnis ohne Kindersorgen fortzusetzen; wer aber das Kind leben ließ, der trat in die Ehe.[1] Sie war ein Bund zu gemeinsamer Sorge für die Kinder, allerdings nicht ohne den Ausblick auf einen gemeinsamen Vorteil, der den Eltern daraus erwachsen würde. Diese Verbindung ist sonach nach ihrem Zwecke wesentlich verschieden von dem vorausgegangenen Liebesbunde.

Noch mischten sich aber beide Institutionen bunt durcheinander. Das Beispiel, das ich hier vorausgreifend anführen mußte, zeigt uns in nächster Perspektive schon den Kindermord, von dem wir noch weiter werden sprechen müssen, als eine der Staffeln auf dem Wege der Lebensfürsorge. Es ist nicht wesentlich Verschiedenes gemeldet, wenn uns von Eschwege[2] berichtet, daß die Frauen der brasilischen Guaycurus, um die Beziehungen zu den Männern zu erhalten, bis zum dreißigsten Lebensjahre durchgehends allen Geburten zuvorkämen. Es ist aber das gerade da — durch Einwilligung der Männer — besonders der Fall, wo Polygamie wegen der geringen Zahl der Frauen nicht möglich ist. So treten also Polygamie und Geburtenzerstörung wahlweise aus gleichen Anlässen hervor.

Hierher ist ferner die vielfach wiederkehrende Erscheinung zu zählen, daß bei Völkern, welche die Institution der Ehe wohl kennen

---

[1] Forster, Seereisen VI, 428.

[2] Journal von Brasilien II, 274.

und zugleich auf die Treue der verehelichten Frauen halten, den Jungfrauen kein Tadel daraus erwächst, wenn sie ihre Jugend vor der Ehe in geradezu ausschweifendem Leben dahinbringen. Sie benützen eben schon mit einer Art Berechnung die Zeit, die dem Genuß gegönnt ist, denn die Ehe selbst bringt für die Frau Zeiten der Entbehrung. Ja wir finden sogar auch den Standpunkt vertreten, daß die Hingabe der Mädchen eine Art sozialer Pflicht derselben sei, der die in Ehe lebende Frau sich zu Gunsten eines Sonderinteresses entzieht; sie dürfe sich aber nur entziehen, wenn sie jener allgemeinen Verpflichtung Genüge gethan habe. Wir werden an seiner Stelle die Zeugnisse vorführen.

Wir können nicht umhin, immer wieder einen Blick auf den sittlichen Einfluß vom Standpunkte unserer Zeit aus zu werfen, den diese unbeholfenen Versuche menschlicher Fürsorge jeweilig ausüben mußten. Indem viele Völker auf der zuletzt bezeichneten Stufe stehen geblieben sind, kann bei ihnen von einer Wertschätzung jungfräulicher Keuschheit keine Rede sein, selbst wenn sie das Weib in der Ehe zur Treue verpflichten. Darüber können wir uns ebensowenig wundern, als darüber, daß der Bestand einiger dieser Völker durch solche Sitten bedroht erscheint. Wenn wir die Leidenschaft in Vergleich ziehen, die im Gebiete der Civilisation insbesondere dem jüngeren Menschen das Blut wärmt, so müssen wir uns vielmehr wundern, daß wir bei so vielen wilden Stämmen ohne eine beschränkende Sitte immer noch einen gewissen Grad von Mäßigung und Zurückhaltung finden. Appun,[1] der lange unter ganz uncivilisierten Indianern von Guayana gelebt hat und selbst nach der Sitte des Landes zeitweilig mit einer Eingebornen verehelicht war, spricht sogar von einer „geringeren Neigung aller Indianerinnen zu physischer Liebe". Damit paare sich ein hoher Schicklichkeitssinn dieser fast nackten Menschen, der sie nur in einem höheren Grade des Rausches verlasse. Dazu sei es den Indianern völlig fremd, mit Mädchen und Frauen zu scherzen, wodurch etwa spontan eine erotische Stimmung vorbereitet werden könnte. Bedenken wir die vielen Mittel, die gerade die

[1] Appun, Unter den Tropen II, 425, 528.

Civilisation hierzu bietet, so dürfte dem befremdenden Urteile nicht mehr zu widersprechen sein, daß bei wirklichen Naturvölkern und unter normalen sozialen Verhältnissen der erotische Antrieb ein beschränkterer sei, als auf höheren Stufen der Civilisation. Ein affektloser Verkehr verbindet die Geschlechter von Kindheit auf, und der intermittierende Anreiz der Natur findet noch keine Vervielfältigung durch eine entwickeltere, am ahnungsvoll Halbbewußten geübte Vorstellungskraft, keine Nahrung und Ueberspannung in der Entbehrung.

Nach dieser Vor- und Umschau kehren wir zu der kleinen Menschengruppe zurück, die sich der Natur und ihren ersten Antrieben allein folgend, um die Mutter gebildet hat. Ihr Sohn im Jünglingsalter hat sich vielleicht einer Jagdunternehmung mehrerer Männer angeschlossen, überdrüssig der schmalen Kost aus den Händen der Mutter. Ihre Töchter indes sind bei ihr geblieben, selbst als auch sie schon daran waren, Mütter zu werden. Auch deren Männer tragen vielleicht die Ergebnisse ihrer Jagden zur Verbesserung des gemeinsamen Haushaltes herbei und schließen sich diesem überhaupt an, solange nicht auch für sie irgend ein Grund eintritt, sich wieder zu entfernen. Daß solche Verhältnisse stattfinden, wird uns nicht schwer sein, im einzelnen zu zeigen; wir stehen aber damit an derjenigen Grenze, an der die Vorstellung der Mutterfolge übergeht in die Thatsache des Mutterrechts, der Mutter- oder, allgemeiner gesagt, der Frauenherrschaft.

Wir brauchen uns die Nahrungsversorgung nur noch um einen Schritt vorbedachter und geordneter vorzustellen, als etwa die des Buschmanns ist, so erkennen wir die Mutter als Ordnerin der Arbeit, so groß oder gering diese sei, als Herrscherin in ihrem Kreise. Zu solcher vorausſorgenden Arbeit aber kann in der That unter Umständen auch von einem Leben vom täglichen Funde aus nur ein mäßig großer Schritt sein. Es ist eine unrichtige Vorstellung, daß überall die Seßhaftigkeit in Verbindung mit irgend einer Art Landbau erst einer notwendig vorangehenden Stufe des Nomadentums nachgefolgt sei. Diese Reihenfolge ist kein natürliches Kulturgesetz, sie gilt, wie schon angedeutet, überhaupt nur als historische Erscheinung für einen Teil der Menschheit, und es ist wahrscheinlich, daß auch bei diesem Teile vor der Erfindung der Hegung und Züchtung des Großviehes eine Entwicklung Platz greift, die es mit allen übrigen Völkern der Erde gemein hat. Die ganze „neue Welt" hat Viehzucht und Nomadentum nie gekannt; aber dennoch waren einzelne Stämme unmittelbar von der Jagd weg zum Anbau von Mais gelangt. Auch den Polynesiern blieb das Nomadentum fremd; aber dennoch haben sie gelernt, die genießbaren Pflanzen ihrer Heimat in ihre Hegung zu nehmen und Hunde und Schweine der Fleischnahrung wegen in seßhafter Weise zu züchten. Wem konnte solche Arbeit zuerst zufallen, wenn die Männer in beweglichen Verbänden zur Jagd ausschwärmten, einer Unternehmung, die zwar zeitweilig mit einem geschätzteren Leckerbissen lohnte, aber nicht in jener Weise den täglichen Bedarf des Lebens sicherte, wie jene mütterliche Hege und Pflege? So mußte die Mutter die Leiterin jener Arbeitssphäre werden, welche von einer weiterblickenden Fürsorge getragen war, die Herrscherin im Kreise dieser frühen, für unser Volkstum vorgeschichtlichen Kultur. Sie legte dann naturgemäß nicht nur ihren Kindern und Kindeskindern, sondern auch denen, die um ihrer Töchter willen in ihr Haus eintraten, ihren Arbeitsanteil in diesem Arbeitskreise auf, sie bildete den festen Punkt der ganzen Organisation; und hätte es unter solchen Verhältnissen schon einen Zusammenschluß mehrerer solcher Mutterfamilien zu einer Art Volksgemeinschaft gegeben, so hätte man wohl von einem Volke reden können, das von Frauen beherrscht wird.

Zum Teil haben uns schon die voranstehend für die Mutterfolge aufgeführten Belege über diese selbst hinausgeführt und damit bewiesen, daß die Kulturgeschichte wirklich eine Stufe des Mutterrechtes und der Frauenherrschaft kennt. Nur unter Voraussetzung von Verhältnissen, wie der gedachten, läßt Strabos durch so wichtige Rechtsaltertümer gestützter Bericht über die altiberischen Kantabrer Verständnis finden. Strabo hebt ausdrücklich hervor, daß es die Frau ist, welche bei diesem Urvolke den Ackerbau betreibe. In ihr Haus übersiedelt der Schwiegersohn uud er bringt in dasselbe als seine Ausstattung so viel mit, als ihm die Seinen als Ablösung seines Nutznießungsanteils mitgegeben haben — ganz so, wie unter einem jüngeren Rechte die Frau thut. Diese Angabe setzt zugleich voraus, daß umgekehrt die Söhne der Mutter, sobald sie um Frauen werben, diese nicht ins Haus bringen, sondern das Haus verlassen, ohne daß sie vom Erbe wieder mehr als eine solche Dos mitnehmen könnten. Naturgemäß müssen also im Besitze des Erbes, soweit schon ein solches da ist, immer die Frauen bleiben; es ist von der Mutter auf die Tochter übertragen worden.

Wäre noch eine Beruhigung über die richtige Deutung eines solchen Berichtes aus uralter Zeit nötig, so gewähren sie die bis auf den heutigen Tag erhaltenen Reste dieser Institution bei Völkern der entsprechenden Kulturstufe. Für ein Musterbild dieser Art haben wir keinen Geringeren als Livingstone zum Gewährsmanne; er fand es bei den Balonda, einem schwarzen Stamme am Zambesistrome im Südosten Afrikas. Der berühmte Missionar war sehr erstaunt, hier inmitten roher Hirtenvölker die Frau in einer Stellung zu finden, die im ganzen dem „Heidentum" nicht zugetraut wird. Das Wichtigste aber, was er mit eigenen Augen sah, nachdem er den bezüglichen Berichten der Portugiesen mißtraut hatte, war das, daß der Mann, um zu heiraten, zu seiner Braut in deren Craal übersiedeln mußte, daß er sich dieser Heirat wegen verbindlich machte, die Mutter der Braut fortdauernd mit Brennholz zu versorgen, daß er ohne Genehmigung jener Mutter keinem anderen zu irgend einer Dienstleistung sich verpflichten konnte und daß bei einer Lösung des Verhältnisses alle Kinder als Eigentum bei der Mutter bleiben. Dafür gewinnt aber auch der Mann an der von den Frauen bereiteten Nahrung einen reichlichen Anteil.[1] Das ist ein genaues Bild von Mutterfamilie und Mutterherrschaft. Von den Kindern des Mannes kann im Grunde gar nicht die Rede sein, sie gehören und bleiben auf alle Fälle der Mutter. Der Mann nimmt an der Arbeit des Hauses durch bestimmte, ihm passende Leistungen teil und erhält seine Nahrung aus der Frauenküche. Es ist darauf Bedacht genommen, daß er leicht wieder von der Familie abfallen kann; — die Frauen dagegen bilden das ruhende, konservative

[1] Bachofen a. a. O. 166.

Element im Craal. Doch ist mit diesem Systeme bei den Balonda Polygamie verbunden. Es gibt immer mehrere Frauen im Craal oder Dorfe, und es ist möglich und aus den oben erörterten natürlichen Gründen geboten, daß sich die Männer zugleich mehreren verpflichten.

Die Entdeckung einer solchen Familienorganisation zu einer Zeit, wo man überhaupt auf diese Verhältnisse noch nicht aufmerksam geworden war, mußte Livingstone um so mehr überraschen, als ringsherum, und insbesondere im nahen Zululande umgekehrt die Frau die Stellung einer Sklavin des Mannes einnimmt. Aber mit diesem Umstande trifft gerade ein anderer bedeutsam zusammen; alle umwohnenden Stämme sind Viehhirten, kaum mehr oder weniger aus dem Nomadenstande herausgetreten; dagegen wird auf dem Grunde der Balonda wegen einer giftigen Fliege, die das Vieh tötet, keine Viehzucht getrieben: hier herrscht allein der Feldbau und die Anordnungen über denselben liegen in den Händen der Frauen — wie bei den Kantabrern. Wie Livingstone wahrnehmen konnte, wissen die Frauen immerhin eine Art häuslicher Zucht zu üben; sie, die vorausschauenden und fürsorgenden, haben ein Mittel dazu in der Hand. Der Missionar hörte von einem Baume des Dorfes herab einen so Gemaßregelten kläglich rufen: „Hört, hört! Ich dachte, ich hätte Frauen geheiratet; aber sie sind nur Hexen! O, ich bin ein Junggeselle! Ich habe nicht ein einziges Weib!" — da hatten sie ihm nichts zu essen gegeben.

Nichts anderes als die Grundlage dieses selben Mutterrechtes ist aus den Nachrichten zu erkennen, welche Waitz[1] über einzelne Stämme der Malaien zusammengestellt hat; allerdings zeigt sich bei dieser geweckteren Rasse zugleich schon die fortschreitende Zersetzung. Doch ist das Wesentliche noch unangetastet: aller Grundbesitz gehört nicht den Einzelnen, sondern der Gesamtheit des „Suku" genannten Geschlechtes, für die Angehörigkeit zum Suku aber entscheidet die Mutter; Blutsverwandtschaft und Stammbesitz richten sich nach der mütterlichen Abstammung. Während so die Mutterfolge noch un-

[1] Anthropol. V, 1, 141.

angetastet bleibt, sind in dem Bereiche der Eheschließung neben den alten Formen auch schon jüngere eingedrungen, und damit ist das Mutterrecht wankend geworden. Doch steht die älteste der jetzt üblichen drei Eheformen, die mit „Ambil anak“ bezeichnete, noch ganz auf dem Boden des Mutterrechts. Eine solche Ehe gibt der Frau, beziehungsweise wohl deren Mutter, alle Rechte über den Mann; die Frau zieht nicht zu ihm, sondern er übersiedelt in das Heimwesen der Schwiegermutter. Aber bei einzelnen Stämmen, so bei den Lampongs, gelten diese Ehen allgemein schon als schimpflich für den Mann, und selbst die Männer, die darauf angewiesen sind, fangen an, lieber ohne Weib zu bleiben, wenn sie ein solches nicht nach jüngerer Form durch Uebereinkunft („Semando“) oder noch besser durch Kauf („Djudjur“) erwerben können. Werden einmal diese jüngeren Formen völlig durchgedrungen sein, dann wird auch die alte Hausverfassung verschwinden müssen, und hier entwickelt sich der Prozeß zu unsrer Zeit, allerdings kaum ohne äußere Anregung.

Wir begreifen nun, was der Rest einer alten Sitte bedeuten kann, welchen der Missionar Knud Leem[1] noch im vorigen Jahrhunderte bei den Lappen in Skandinavien vorfand. Obwohl hier schon der Vater das Haus regierte, mußte doch noch jeder Bräutigam nach der Hochzeit in das Haus der Schwiegereltern übersiedeln und daselbst ein Jahr lang bleiben.

Die weiteste Verbreitung bewahrte das Frauenrecht, wenn auch nicht in ungetrübter Form, auf afrikanischem Boden. Nachrichten von Völkern unter Frauenherrschaft kehren hier so häufig wieder und klingen zuweilen so sagenhaft, daß Forscher wie Nachtigal Mißtrauen gegen dieselben hegten; aber gerade ihm ist durch einen recht zuverlässigen Zeugen, einen dem Lande selbst benachbarten Gesandten des Häuptlings Gambei, die Existenz eines solchen in der Umgebung der sogenannten „Heidenstaaten“ südlich von Bagirmi neuerdings bestätigt worden. Die Bewohner scheinen dem Njillemstamme verwandt und werden stets von einer Frau, einer Königin — Mbang-

[1] Leem, Nachrichten von den Lappen, S. 198.

Nê tituliert — beherrscht[1]. Darum führt das Land schlechtweg die Bagirmibezeichnung Bê Mbang-Nê („Land der Königin“ — Queensland) und wird von den Arabern Beled el-Mrâ, „Land der Frau“ genannt. Das scheinbar Fabelhafte an der Sache muß verschwinden, wenn wir an die gezeichnete Familienverfassung denken, die immerhin bei einem Anwachse der so geordneten Familien zu einem ganzen Stamme auch zu einer weiblichen Oberherrschaft führen konnte.

Daß aber dereinst in diesen wie auch den nördlicheren Gegenden Afrikas das Mutterrecht geherrscht habe, das fand derselbe Forscher, wie er in einem Vortrage auseinandersetzte, selbst da noch durch zurückgebliebene Reste bestätigt, wo der alles umgestaltende Islam eingedrungen war. Bei den Tuareg, welche als gefürchtete Räuber den Westteil der Sahara beherrschen, zählt man die Verwandtschaft und Stammesangehörigkeit immer noch nach der Mutter; bei den Aschanti ist die Königin-Mutter die einzige Frau, welche sich in Staatsgeschäfte mischen und frei und unverschleiert ausgehen darf; auch in Bornu nimmt die Königin-Mutter eine auffallend hervorragende Stellung ein, und in Darfor herrschte wirklich vor der Eroberung des Landes durch die Truppen des Khedive eine Frau. In den sogenannten Heidenstaaten aber im Innern Afrikas kann man noch beide Principien nebeneinander sehen, indem Frauenverbände und Männerverbände getrennt nebeneinander bestehen; in diesem Falle fällt aber immer der Ackerbau unter die Verwaltung des Frauenverbandes, in dem natürlich auch Frauen die Ordnerinnen sind. Was die Männer bewegen konnte, getrennte Verbände zu bilden, ist leicht einzusehen, wenn wir die Erwerbsweise der Umwohner betrachten, für deren Nomaden- und Räubergewerbe die Leitung der zur Seßhaftigkeit neigenden Frau unmöglich genügen konnte. Zugleich kann der Mann auch als Schwiegersohn gerade auf diesem Wege die alte Verpflichtung sehr wohl reichlich abgelöst haben. Beutestücke eines Jagd- und Raubzuges ersetzten die kleinen Leistungen für das Haus, — so lange der Mann es nicht vorzog, bei entwickelteren Methoden seine Existenz ganz auf solchen Erwerb be-

[1] Nachtigal, Sahara und Sudan, II, 675.

gründend und in dem durch solche Unternehmungen geweckten Gefühle seiner Kraft, die Herrschaft ganz an sich zu reißen. Die Vorbedingung ist gegeben, sobald es gelingt, das Nahrung spendende Jagdtier so zu hegen, daß es wie eine aufgespeicherte Nahrung zu jeder beliebigen Stunde zur Hand ist — ein solches Jagdtier ist das halbzahme Tier in der Herde des Nomaden, das Nomadentum somit ein bedrohlicher Feind der alten Ordnung unter Frauenherrschaft. Diese ist in dem Maße gefährdet, als sich der Mann durch ergiebigere Jagd oder beginnende Tierzucht von der immer nur kärglichen Nahrung des Bodens emancipieren kann.

Leicht bemerkbar ist der Uebergang. Bei den Ama-Xosa beispielsweise treibt ebenfalls die Frau den Ackerbau, sie klärt den Boden und bringt mit der Hacke den ausgestreuten Samen des Kaffernkornes mühselig unter denselben; sie klopft ihn wieder mit einem Stocke auf der Lehmtenne aus den Rispen, mahlt ihn auf dem Steine und kocht ihn zu dickem Grützbrei; — aber diese Speise ist dem Manne, der als Jäger im Busch sein Glück versucht oder bei seinen zahlreichen Viehherden weilt, nur noch das Notgericht gemeiner Magenfüllung. Schon die beliebte Zuthat von Quark liefert sein Gewerbe hinzu; dieses gibt ihm saure Milch und alle Festtagsgenüsse — er verachtet neben diesen den armseligen Ackerbau der Frau und er ist der Herr im Hause. Noch vollendeter hat sich dieser Umschwung bei den nahen Zulukaffern vollzogen. Daß auch bei ihren Vorfahren einst Mutterrecht gegolten habe, zeigen manche Reste der Sitte, die an eine einst höhere Geltung der Frau erinnern, so das erhaltene Spiel der Mädchen, die sich eine „Königin" wählen und ihr in allen Dingen unterthan sind, von ihr verhängte Bußen wirklich lösen. Aber das „war einmal." Heute ist der Zulu so stolz auf sein Vieh und seine Viehzucht, wiewohl er den Kunstgriff des Handmelkens noch nicht kennt, und sieht das Weib schon so tief mit seiner karger gelohnten Arbeit unter sich stehen, daß er ihm gar nicht gestattet, sich seinem Vieh zu nahen und in den Betrieb seiner Zucht sich einzumischen; in dem Maße ist aber auch alles Mutterrecht aus der Praxis des Lebens geschwunden. So ist es bereits bei den meisten Ostafrikanern, es wäre denn, daß sie wie jene Balonda die Viehzucht nicht kennen; aber dennoch lebt auch in jenen etwas wie eine vererbte Gewöhnung fort, und Reisende haben beobachtet[1], wie noch der erwachsene Mann von plötzlichem Schrecken oder überwältigendem Staunen ergriffen unwillkürlich nach der „Mama“ ruft.

Iselin hat bemerkt, daß die afrikanische Frau intelligenter sei, als der Mann. Mit einiger Einschränkung möchte wohl das Urteil nicht ganz abzuweisen sein. Insoweit die Menschen unter Mutterrecht lebten — und das muß gerade in Afrika zu hoher Blüte gekommen sein — hat die nur der Frau zufallende, vorschauende und nie ganz unterbrochene Sorge wohl zuerst deren Geistesgaben nach einer gewissen Richtung hin höher entwickeln müssen; als aber ein ähnlicher Einfluß auch auf den indessen nach andrer Richtung hin geschulten Mann zu wirken begann, ging seine Geistesentwicklung über die der Frau, die ihre bestimmte Grenze hatte, hinaus. Spuren einer entsprechenden Befähigung könnte man wohl auch sonst noch entdecken wollen. In einem bestimmten Kreise ist die Auffassung der Frau eine schnellere und eindringendere; in ihrem Bereiche ist die geistige Ausbildung der Frau schneller beendet — des Mannes rechte Lehrzeit beginnt dann erst; über jener Grenze aber erscheint die entschiedene Begabung der Frau wie ein Ausnahmsfall. Das Weib hat einen Vorsprung vor dem Manne, und wäre die Rennbahn nur kurz abgesteckt, so würde es ihm den Rang ablaufen; aber im ausdauernden Rennen nach fernen Zielen überholt es der Mann.

Es muß also darauf ankommen, für welche Frist dieses Wettlaufes wir bei einzelnen Völkern das Urteil zu sprechen hätten. Alte Sagen, die, wie wir noch sehen werden, von der später nie mehr gesehenen Geistesgröße eines untergegangenen Frauengeschlechtes reden, können immerhin für ihre Zeit ein zutreffendes Urteil fällen, auch wenn nachmals fast der Mann allein der Träger des Geisteslebens war. Je nach der Entfernung der Ziele mußte der Erfolg jenes Wettlaufs auch in Wirklichkeit verschieden sein. Nicht überall konnte sich auf der allgemein und überall vorhandenen Grundlage

[1] Andree, Burton-Spekes Reisen 356.

der Mutterfolge eine Mutterherrschaft, eine Gynaikokratie, aufbauen und bis zu einer gewissen Höhe der Bedeutung erhalten. Des Buschmanns geringe Lebensfürsorge hat es zu einer Organisation außer und über der Familie überhaupt nicht gebracht; ihm ist bis heute noch die Familie unterster Form die einzige[1]. Wo aber die Ernährungsweise in der Beschränkung auf Pflanzennahrung und allenfalls die Hauszucht kleinerer Tiere, insbesondere der gefiederten, unter größerer Fürsorglichkeit zu einer höheren Entwicklung gelangte, da konnte man schon von wirklichen Herrschaftsformen auf der Grundlage des Mutterrechtes sprechen. Daß diese Herrschaftsform einmal auch auf nordeuropäischem Boden ebenso heimisch war, wie wir sie bei den Urvölkern des Südens trafen und wie sie insbesondere bei den Indianern Nordamerikas so deutliche Spuren hinterlassen hat, bestätigt Tacitus[2] ganz direkt, und wir werden jetzt leicht erkennen können, was seine Worte bedeuten, und was der Römer nach der ihn charakterisierenden Art als geistreiche Bemerkung aus eigenem zugab. Er läßt östlich von den nordgermanischen Suionen ein Volk der Sithonen wohnen. „Im übrigen (jenen) ähnlich, unterscheiden sie sich in dem Einen, daß (bei ihnen) die Frau herrscht: so weit sind sie nicht nur unter die Freiheit, sondern sogar unter die gemeine Knechtschaft herabgesunken.“ Von der sachlich unzutreffenden Randbemerkung des Römers abgesehen, erhält diese Angabe für uns nichts als das Zeugnis, daß auch in Osteuropa in jener Zeit noch Völker unter Mutterrecht lebten oder daß man wenigstens dafür hielt. Hierin unterscheidet sich aber Tacitus sehr von Herodot, daß letzterer das ihm Fremdartige mit der Versicherung einzuführen pflegt, er habe es nun einmal so erfahren, jener aber dasselbe durch eine geistreiche Wendung in den Kreis des Erfahrungsmäßigen hineinzuziehen sucht; man muß sich dann hüten, diese geistreichen Deutungen gleichmäßig als Berichte historischer Thatsachen hinzunehmen.

Daß vielmehr auch in diesem Nordostgebiete auf ein ehemaliges Dasein der Organisation des Mutterrechtes geschlossen werden muß,

---

[1] Fritsch, Eingeborne Südafrikas, 449.

[2] Germ. c. 45.

das zeigen uns verschiedene Symptome. Die dänische Ueberlieferung schreibt dem Könige Frotho [1] die Einführung der Kaufehe durch ein Zwangsgesetz bei den unterworfenen „Ruthenen" zu, erkennt also dieses Symptom der Mannesherrschaft als das der jüngeren Eheform an und stellt diese in der Begründung als die vorzüglichere und sittlichere hin.

2. Rudimente in Brauch und Sitte.

Sitten und Gewohnheiten der Menschen ändern sich nicht wie durch ein gegenseitiges Uebereinkommen. An sich hat jede ihre logische Begründung, und sobald man eine gewisse Voraussetzung zugesteht, ihre Berechtigung. Des Menschen erste Unterweisung ist das Beispiel; mit Nachahmung beginnt er das Lernen. Anlässe und Beweggründe zum Handeln überträgt diese Lehre nicht; sie weichen zurück, machen andern Platz: aber die Gewohnheiten des Handelns bleiben und vererben sich durch die Geschlechter. Von den Motiven getrennt, werden sie rätselhaft, unverständlich; ja selbst unsinnig, wenn man sie durch die treibenden Gedanken einer jüngern Zeit erklären will. Sie sind zählebig wie Reptile; auch ein abgeschlagenes Stück lebt noch fort, ohne Kopf, ohne Gehirn. Noch rätselhafter werden diese vereinzelten Bruchstücke, wenn sie die Zeit wieder in den wärmenden Schoß ihrer Denkweise aufzunehmen, sie mit einer geborgten Seele zu beleben sucht. Das Leben des Volkes aber setzt sich vielfach aus solcher Gewohnheitsthätigkeit zusammen.

So lebt noch eine Menge von Sitten und Bräuchen, aus deren je einer, sie für sich allein betrachtend, wir nie auf jene uralte Familienorganisation der Menschen hätten zurückschließen können; sobald wir aber diese als geschichtliche Thatsache erkannt haben, können wir solches versuchen. Es wird sich zeigen, daß viele rätselhafte Sitten die Trümmerreste sind, welche entweder aus jener zerschlagenen Gesellschaftsform selbst oder aus denjenigen Verhältnissen zurückgeblieben sind, welche der Kampf des Neuern mit dem Alten geschaffen hat.

Wir müssen also, ehe wir noch die vollendete neue Ordnung des

[1] Saxo Grammaticus, Edit. Stephanii V, S. 88.

Vaterrechtes betrachten, einen Blick auf die möglichen Phasen eines solchen Kampfes werfen. Was kann überhaupt irgendwo die Männer zu einer Umkehr der sozialen Ordnung des Mutterrechts geführt haben, und worin kann diese im wesentlichsten bestanden haben? Die letztere Frage beantwortet uns bündig der schon angeführte Fortschritt im baskisch-iberischen Rechte, das jetzt nur noch als Ausnahme festhält, was einmal die Regel war. Die ganze Hausordnung kann hier ungestört geblieben sein, denn für die Verteilung der täglichen Arbeiten wirkte wohl die geheiligte Sitte mehr als das Kommando der Frau. Der Umschwung bestand aber darin, daß der Sohn nach der Mutter das Familienerbe in Besitz nahm und wieder einem Sohne oder Bruder, nicht einer Schwester oder Nichte hinterließ. Auch das wäre, da die Söhne als Verteidiger des Eigens immer hervortraten, und zwar in unserem Falle nach römischen Begriffen als die tapfersten ihrer Art, von außen betrachtet kaum aufgefallen. Wesentlich aber war, daß fortan diese im verteidigten Erbe bleibenden Söhne Frauen aus andern Familien zu sich nahmen, nicht diesen folgten, und daß dem entsprechend die Frauen ihres Hauses fremden Männern folgten oder folgen mußten. Behielt nun der Sohn das Erbe, so mußte sich die Tochter mit einer Abfindung für das aufgegebene Nutzrecht an demselben — einer Dos — begnügen.

Die Römer schildern jenen iberischen Stamm als ebenso hingeneigt zu der Thätigkeit des Friedens, als fanatisch tapfer in der Verteidigung seiner bedrohten Existenz; solche Angriffe mit der Notwendigkeit, dem Verteidiger des Hauses den Vortritt zu gestatten, könnten jenen Umschwung verbreitet haben.

Außerdem liegt es am nächsten, an jene Männerverbände zu denken, welche die zu kärgliche Nahrung des Bodens durch den Ertrag ihrer Arbeit vermehrten. Bei Fischereien, Muschellesen u. dgl. treffen wir vielfach auch noch das Weib, immer und bei allen Beschäftigungen das Kind fest an den Leib gebunden, sei es auf dem Rücken, sei es vor die Brust; aber von der größeren Jagd hat es gerade diese Muttersorge, die es bei andern Verrichtungen wenig stört, fernhalten müssen. Die Jagd ist im ganzen Sache des Mannes und der Mannesverbände. Die großen Rinderrassen Amerikas blieben immer Jagdwild, die Rothaut immer Jäger. Dennoch ist von der Jagd zur Hegung der Tiere, wie sie dem Nomaden unterster Stufe genügt, nur ein Schritt. Ob er gethan wurde, das scheint von der Qualität der Tiere abzuhängen, welche die Natur dem Menschen vorführt. Der Altägypter hat sich nach Zeugnis seiner Bilddenkmäler zuerst an der Hegung zierlicher Antilopenrassen versucht, allmählich erscheint das kleine lenksame Rind afrikanischer Rassen an ihrer Stelle. Auch das kleine Buckelrind, das sich in Indien wie in Afrika findet, war leicht zu bewältigen; so fand man auf der alten Welt den Uebergang. Doch hat das Nomadentum nie verleugnen können, daß seine Mutter die wilde Jagd war, der Vater der Beutezug überhaupt. Gegenstand ist auf dieser Stufe alles, was sich erbeuten läßt — in diesen Bereich aber fällt bald auch der Mensch selbst. Wer das Bewußtsein der Macht über das starke Tier der Wildnis fühlen gelernt hat, der wagt auch seinesgleichen seinem Willen dienstbar zu machen, sobald sein Wirtschaftsbetrieb die andern Kräfte gebrauchen gelernt hat. Fremd und Feind werden gleiche Begriffe, und fremd ist jeder, den nicht das Band des Blutes oder der Ehe mit derselben kleinen Organisation verbindet. Als europäische Entdecker die erste Bekanntschaft mit den von fremdem Einflusse unberührt gebliebenen Menschen auf Neuseeland machten, da fanden sie diese in lauter kleine Stämmchen geteilt und hielten dafür, daß diese sich demnächst gegenseitig vernichten würden, denn sie schienen nur von solcher Jagd zu leben. Diese glichen aber umsomehr den Jagden auf Tiere, weil die Jäger gleich dem Herrenstamm in Altmejiko das Fleisch der Erlegten als den ausgesuchtesten Leckerbissen betrachteten und verwendeten. Das Nomadentum bot einesteils einen Ersatz für diesen Genuß und lehrte andererseits den Wert dienender Kräfte kennen und schätzen. So zeigt sich das Nomadentum nach jeder Seite hin als eine Erscheinung, welche umgestaltend in die Organisation der Vorzeit eingreifen mußte.

Fortan hat nicht nur die Früchte sammelnde oder bauende und erntende Frau, sondern auch der Mann seine sichere Habe, wie sie die Jagd nicht geboten. Was diese brachte, wurde verzehrt, und allenfalls aus Fell und Knochen konnte als Gerät und Kleidung auch dem Manne eine kleine Habe erwachsen. Aber die gehegte Herde machte ihn zum Herrn im wirklichen Sinne, und in der That erhebt sich überall das Nomadentum über das Mutterrecht, und ein härteres Vaterrecht tritt in den Vordergrund, ist gleich auch anderwärts eine ähnliche Entwickelung nicht ausgeschlossen. Fügt der Mann dem Besitzstande der Herden, deren Erwerb nun durch die Jagd zum Raube hinüberleiten konnte, noch mit Gewalt unterworfene dienende Menschen hinzu, beginnt er über diese zu herrschen, wie sollte er noch haben einer Frau dienen wollen? Sein Streben stand nun naturgemäß nach einer dienenden Frau. Die Kinder solcher Ehe würden sein Vermögen, seinen Wirtschaftsstand vermehren.

Die Formen eines Ausgleiches und Ueberganges können wir uns wohl recht verschieden denken, und sie sind es sicherlich auch nach Verschiedenheit der Lage gewesen. Es lag zunächst nahe, daß der Mann die Art der Erwerbung eines Weibes, die ihm nun die vorteilhafteste erscheinen mußte, in der Weise bei einer der nächsten Familiengruppen anzuwenden suchte, daß er die Braut mehr oder weniger mit Gewalt aus dem Besitze der Mutter in den seinen brachte, nicht aber mehr der Mutter als untergeordnetes Glied des Hauses sich anbot. Damit war zumeist zweifellos Feindschaft gestiftet, aber mannigfach müssen auch die Anlässe gewesen sein, welche die in ihren Rechten gekränkte alte Mutterfamilie zu einem billigen Ausgleiche mit der sich aufdrängenden Mannesherrschaft bewogen. Ließ man auch für diesen Raub die alte Pflicht der Blutrache fortwalten, die auf Bruder und Oheim und allen denen lag, die mit dem Blute der Mutter der Braut verbündet waren, so mußte ein ewiger Krieg die alten Familien zerreißen; wandte sich der Mann, dem vorbeugend, allein noch nach der Ferne, so mußten die Mädchen daheim ihre Verlassenheit beklagen oder selbst wieder den fremden Räuber herbeisehnen, wenn nicht eine Art Friedensbund von Haus zu Haus — ein Konnubium — zustande kam; wieder brachte die Liebe ein Opfer, — nicht die Mutterliebe, diesmal die Liebe der Frau.

So ist für verschiedene Formen der jüngeren Ehebegründung der Weg offen. Ein altes, allerliebstes Serbenliedchen trägt sie in harmlosester Weise vor:

„O ich möchte um dich werben!
Doch man wird dich mir nicht geben;
Dich mir rauben? — Kann's allein nicht,
Locken dich? — Du wirst nicht kommen!"
Ihm erwiderte die Jungfrau:
„Wirb nicht um mich, junger Knabe!
Denn man wird mich dir nicht geben.
Raub' mich nicht! — du wirst fallen,
Denn ich hab' der Brüder neune
Und von Vettern eine Heerschar.
Wenn sie schwarze Rosse reiten,
Mit dem scharfen Schwert gegürtet,
Schiefgerückt die Wolfsfellmützen —
Furchtbar ist es anzuschauen,
Grauenvoll ein solch Begegnen!
Sünde wär's, dabei zu fallen,
Schande wär' es dir zu fliehen —
Lieber locke mich — ich komme!"

Man beachte, wie diese Jungfrau noch von keinem Vater spricht. Nur auf Brüdern und Vettern lastet noch die Pflicht der Rache; aber auch diese tragen sie doch nur als die waffentüchtigen Blutsverwandten der Mutter. Diese, die künftige Schwiegermutter, ist die Beleidigte, und die ungesühnte Kränkung bleibt zeitlebens auf ihr lastend — wenn die Jungfrau sich verträgt. Selbst eine Auslösung durch Geschenke, die Werbung und der Kauf genügen dem Mutterrechte gegenüber nicht. Die Mutter beansprucht mehr, als den Wert einer dienenden Person; ihrem Dienste entzieht sich ja nicht nur die Braut, auch der Schwiegersohn selbst und die ganze Nachkommenschaft — ihr Haus ist zerstört. Steht aber einmal auf Grund der siegenden Organisation des Mannesrechtes das Mädchen — nicht als Blutsverwandte, sondern als ein Besitzgegenstand — in der Gewalt des Vaters allein, dann mag der Kaufwert für eine dienende Person dieses Besitzrecht gültig ablösen; aber das zerbrochene Recht des Blutes, das Recht der Mutter bleibt gekränkt und ungesühnt.

Und doch mußte dieser Bruch erfolgen. Das südslavische Gewohnheitsrecht anerkennt nicht bloß die Ehe durch Kauf (Werbung) und Einverständnis, beziehungsweise Flucht des Mädchens, sondern unter Umständen auch die durch Raub. Den Räuber verfolgt die Rachepflicht der Blutsverwandten und den Erreichten erwartet der Tod, — wenn nicht die Entführte erklärt, daß sie nun dennoch seine Frau sein wolle. Dann gilt die Ehe; aber die geraubte Braut, wie die entlaufene verliert den Anspruch auf eine Entschädigung aus dem Familienvermögen, dessen Genuß sie nun, dem Manne folgend, den Zurückgebliebenen überläßt, den Anspruch auf die Dos; die Ehe aber gilt. Raub der Mädchen war nicht weniger in Skandinavien noch im Mittelalter der gewöhnlich betretene Weg zur Erwerbung der Frau, bis der oft eingeschärfte „Weiberfrieden" auch sie unter den Schutz des allgemeinen Friedens stellte.

Wie verschieden einzelne Volksstämme durch die Wahl einer Ablösungsform, die sie ihrer Ehe zu Grunde legten, charakterisiert werden, und welchen Einfluß das auf die Frauenstellung jüngerer Zeit nahm, wird sich uns später noch genauer darstellen. Den Slaven zeichnet nicht unrichtig das angeführte Gedicht; er suchte im ganzen den mutuus consensus und fand ihn leicht. Schwerer lastete auf dem deutschen Festlande die Vaterhand; sie verlangte unerbittlich Kauf, und der genannte Dänenkönig Frotho vertrat das deutsche Prinzip gegen das slavische mit dem Hinweise, daß die Kaufehe die geordnetere und dauerhaftere sei. In Afrika deuten, wiewohl wieder mit lokaler Verschiedenheit, viele rudimentäre Gebräuche auf Raub als die gewöhnlichere Lösung.

Wir folgen Nachtigal[1] zu den unheimlichen Menschen, den Räubernomaden in das blutarme Gebirgsland Tibesti in der Sahara. Die Ehe ist jetzt daselbst Kaufehe. Der Frauen sind wenige in diesem armen Lande; ihre Arbeit ist hart, ihr Preis darum hoch: Kamele, Esel, Schafe und Ziegen; aber noch mischt sich viel Altes mit Neuem. Während der Lappe noch selbst in Person dem Hause seiner Schwiegermutter angehört, führt der Tubu seine Frau schon in sein Haus, behält sie aber hier nur sieben Tage, dann aber kehrt sie für längere Zeit wieder in das Haus der Eltern zurück. Ihr

[1] Sahara und Sudan I, 448, 450, 286.

Verhalten erinnert an die Zeit getrennter Männer- und Frauenwirtschaft: nie nimmt sie Nahrung in Gegenwart des Mannes zu sich; es gibt für beide kein gemeinsames Mahl. Selbst ungesühnte Feindseligkeit scheint die Sitte zu bezeichnen: sie spricht zu ihm nur abgewendeten Gesichts und vermeidet es, seinen Namen auszusprechen; „sie kann ihm nicht auf den Namen kommen", wie wir sagen. Noch weiter zurück führt der Brauch: der verheiratete Mann verliert eigentlich sogar noch seinen Namen, ganz als wäre er immer noch durch die Ehe das Glied eines fremden Hauses geworden; nur als der Vater der Kinder seiner Frau wird er umschreibend bezeichnet, als hänge immer noch am Kinde der Muttername und das Muttergeschlecht. „Auch die Anverwandten seiner Frau scheinen das Gefühl zu haben, zu ihm in eine höchst delikate und schwierige Stellung getreten zu sein. Für die Schwiegereltern und die Geschwister der Frau wird er ein Individuum, dessen man nur im Notfalle unter seinem eigenen Namen Erwähnung thut und das man meidet, soweit es möglich ist. Sitzt er in einer Gesellschaft von Männern, und sein Schwiegervater kommt herbei, so steht er eiligst auf und entfernt sich; kommt sein Schwager und erblickt ihn, so bleibt er zwar sitzen, doch jener geht vorüber. Andererseits setzt er sich nicht nieder in einer Versammlung, in der sich sein Schwager befindet, sondern zupft sich seinen Litâm [1] über das Gesicht und schreitet vorüber." — Dabei scheint es wirklich, als ob diese arme Frau, die zu gewissen Jahreszeiten die eßbaren Grassamen noch körnchenweise von den wildwachsenden Halmen sammelt und die Nächte hindurch den Klopfstein hebt, um die holzige Fruchtschale der Dumpalme — die elendeste Nahrung — mürbe zu machen, noch gar viel von Selbständigkeit und Tüchtigkeit ihrer Vorfahrinnen aus der Zeit des Mutterrechts geerbt habe. „Es ist in der That bewunderungswürdig, mit welcher Selbständigkeit die Frauen der Tubu Reschade dem Hauswesen vorstehen und in der Abwesenheit ihrer Männer die gemeinsamen Geschäfte besorgen. Der Mann bleibt Monate und selbst Jahre lang aus, und Haus und Kinder, Ziegen und Kamele bleiben

[1] Gesichtsschleier.

ganz der Frau überlassen, welche, ohne jemals fremden Beistandes zu bedürfen, alles überwacht, die Kinder abwartet, die Haustiere besorgt, Kauf und Verkauf abschließt, den Wohnsitz wechselt und Reisen im Innern des Landes macht. Ja man hegt im allgemeinen in Tibesti die Ansicht, daß die Frau besser zur Besorgung dieser Geschäfte geeignet sei als der Mann. Die Frauen haben dort in der That nicht allein den determinirten Gang eines Mannes und seine Fertigkeit im Tabakkauen, Gewohnheit und Erziehung haben ihnen auch den geschäftlichen Sinn, den Verstand, die Entschlossenheit gegeben, die sonst nur dem starken Geschlechte eigen zu sein pflegen." — Nach alledem könnte man fast glauben, daß die Kaufehe des Männerrechts bei diesem Volke noch kaum mehr sei, als eine von außen eingedrungene Sitte, die vielleicht nicht älter ist als der Islam in diesen Gegenden.

Dieselbe Sitte, das Verhältnis einer ungesühnten Feindschaft zwischen Schwiegersohn und Schwiegersleuten zu markieren und der Sühnverpflichtung durch einen Schein des Nichtbeachtens zu entgehen, trifft man noch vielfach im Innern Afrikas. Nachtigal fand sie ganz in derselben Weise wie in Tibesti auch in Borku und bei den Buddumas, einem Stämmchen auf den Inseln des Tschadesees.[1] Auch dort nannte man einen verheirateten Mann nicht mehr bei seinem Namen, sondern, da er vorher Haran geheißen hatte, nunmehr „Uërde aba huma, d. h. Uërdes sein Vater", gleich als ob die Zählung der Geschlechter immer nur von der Mutterfamilie auf das Kind sich fortsetzte, und der Vater nur als ein eingeschobenes Glied dazwischen träte.

An der Loangoküste dürfen Schwiegersohn und Schwiegermutter nur aus der Entfernung und mit niedergeschlagenen Augen, ohne sich anzusehen, miteinander verhandeln, und beim Begegnen nur mit abgewandtem Gesichte aneinander vorübergehen, und Bastian[2] versichert, daß dieselbe Sitte auch die Aschantis hätten. Fritsch[3]

---

[1] Sahara und Sudan II, 144, 370.
[2] Deutsche Expedition I, 168.
[3] a. a. O. 445.

beobachtete sie bei den Stämmen Südafrikas. Bei den Kaffern teilt auch die Frau selbst diese scheinbare Feindseligkeit gegen die Verwandten ihres Mannes, während der Mann wieder insbesondere die Schwiegermutter weder ansieht noch nennt.[1] Der Frau erwächst daraus die Notwendigkeit, nicht nur für die unaussprechlichen Namen selbst, sondern auch für alle Bezeichnungen, aus denen sie herausklingen, einen Namen zu erfinden, wodurch die Sprache in eigentümlichem Flusse erhalten wird.

Wir sehen also fast in ganz Afrika in der Erhaltung derselben uns so ganz fremdartigen Sitte einen Hinweis auf eine ältere Zeit, in welcher die neue Eheschließung als ein gewaltthätiger Eingriff in die geheiligten Rechte der Familie, der Mutter aber insbesondere, empfunden wurde. Es wird nicht schwer, den uns fremdartigen Gedankengang zu erfassen, wenn man bedenkt, welche Heiligkeit einst das Gesetz der Rache besaß, und wie gerade das gemeinsame Blut, das Brüder und Oheime mit der Schwester und Nichte verband, durch die Mutter seine Verpflichtungen weiter leitete.

Um so weniger kann diese an sich seltsame Sitte irgend einem zufälligen Anlasse oder dem nur etwa von einem Punkte ausgehenden Beispiele ihre Entstehung verdanken, als sie sich durchaus nicht auf die schwarze Rasse beschränkt; sie lebt vielmehr ebenso in dem jeder Berührung entrückten Amerika wie in Australien. Auch hier hat selbst ohne die Hilfe des so wesentlich fördernden Nomadentums der Mann die Herrschaft zu ergreifen gewußt. Bei den nordamerikanischen Stämmen der Dakota, Assiniboin, Omaha und Mandans[2] zog die Sitte genau dieselben Schranken zwischen Schwiegersohn und Schwiegermutter, und bei den Omahas wäre diese Feindschaft freilich noch sehr erklärbar, wenn die Nachricht verläßlich wäre, daß der Schwiegersohn, indem er sich nach dem jüngern Herrschaftsrechte in den Besitz des Weibes setzte, dabei noch aus der alten Mutterfolge die in diesem Falle ihm vorteilhafte Konsequenz zog, daß er mit der ältesten Tochter als Erbin des Hauses den ganzen Haushalt in seine

---

[1] Ebend. 114.

[2] Waitz a. a. O. III, 102.

Gewalt und die Schwiegereltern selbst, das alte Recht umkehrend, in seine Botmäßigkeit brachte.

Und es ist möglich, daß diese Angabe nicht aus der Luft gegriffen ist; auf eine solche Thatsächlichkeit könnte dann die wiederholt auftauchende Nachricht zu beschränken sein, daß bei manchen Stämmen, z. B. den Tschiroki's, der Mann die Tochter mitsamt der Mutter in die Ehe genommen habe. Diese Indianerehe bedeutet dann gewissermaßen eine Eroberung des gesamten Hauses der alten Mutterfamilie. Auch der Altkalifornier heiratete gewöhnlich mehrere Schwestern zugleich, und auch er vermied es, seine Schwiegermutter je wieder anzusehen.[1] Unter derselben Beschränkung lebte der Arowake. Eine seltsame Vermischung aber zeigt sich beim Antillen-Karaiben. Er nahm ebenfalls mehrere Schwestern zugleich zur Ehe, bezog noch eine Wohnung beim Schwiegervater, mußte aber die Verwandten der Frau mütterlicherseits meiden. Hier haben sich also die Männer unter einander verständigt und vertragen.

Daß die neue Lebensform, welche dem Manne die Herrschaft verlieh, geschichtlich nur auf dessen auf seinen Erwerbswegen gestärkte Gewalt zurückgeführt werden kann, unterliegt keinem Zweifel. Jene Reste der Sitte aber scheinen zu verraten, daß die Rothaut mehr als der afrikanische Nomade auf die Unterwerfung ganzer Familien ausgegangen sei, und daß er eine Art Recht zu deren Beherrschung in alter Weise an den Besitz der Erbtochter anknüpfte.

In Südamerika bewahrt die Indianersitte dieselben Reste. Nach den Beobachtungen, welche Alves do Prado[2] vor fast hundert Jahren bei den wilden Guaycurus in Brasilien machen konnte, vergab ebenfalls der Vater die Tochter — er hatte sich also schon des Hauses bemächtigt, — aber der Schwiegersohn zog noch nach alter Sitte zu ihm in das Haus und „Vater und Mutter sprachen nie mehr ein Wort mit dem Schwiegersohne.“ Bei den Araukanern tritt uns die Sachlage deutlicher entgegen. Die Ehe dieses gehobeneren, dermalen in Herdenbesitz sich befindenden Volkes ist zwar schon eine Kaufehe;

[1] Ebend. IV, 250, das folgende: III, 391, III, 383.

[2] Bei v. Eschwege a. a. O. II, 274.

aber dennoch gehört zu den Ceremonien ihres Abschlusses immer noch die vielfach wiederkehrende Aufführung eines Scheinraubes der Braut. Erst nach drei Tagen kehrt gewohnheitsmäßig das flüchtig gewordene Paar zurück; „nur die Mutter der Braut stellt sich erzürnt, wendet dem Schwiegersohn — dies ist ein Ehrenpunkt — stets den Rücken und spricht bisweilen selbst jahrelang kein Wort mit ihm.“ [1] Daß hier in der Sorglosigkeit des Vaters noch ein Rest der alten Mutterrechtsvorstellung zu Tage tritt, das wird durch die auffallende Sitte bestätigt, daß bei demselben Volke die Blutsverwandten der Mutter die Pflicht tragen, einen Kindesmord von Seiten des Vaters an ihm wie jede andere Blutschuld zu rächen. Das ist entschieden Mutterrecht; wo das Vaterrecht herrscht, liegt das Leben des Kindes in der Hand des Vaters. — Aehnliche Bräuche leben schließlich auch noch in Australien. [2]

Das Rudiment des Anschlusses des Bräutigams an das Haus der Frau, das ganz unzweideutig auf die alte Ordnung hinweist, haben wir nun schon in mancherlei Gestalten wiederkehren gesehen. Bei dem Stamme der Baele in Innerafrika [3] finden wir eine bemerkenswerte Mittelstufe. Die junge Frau folgt zwar noch nicht dem Bräutigam in sein Haus, aber dieser schließt sich auch nicht mehr bleibend an das ihrer Eltern an, sondern es wird in der Nähe des Hauses der Frau eine besondere Hütte errichtet, in welcher sich die jungen Eheleute zeitweilig zusammenfinden; so schwanken sie gewissermaßen unentschieden zwischen Mutter- und Vaterrecht. Erst die Geburt eines Kindes zwingt, wie ehedem auf Tahiti, zur Entscheidung. Dann siegt das Vaterrecht, und die Frau folgt dem Manne in sein Haus. Wie grundverschieden aber historisch die Wurzeln der Liebe zur Mutter und der Achtung des Vaters sind, das zeigen Familienverhältnisse, wie sie der genannte Stamm, der dem Mutterrechte noch so nahe steht, bewahrt hat. Noch erscheint kaum der geringste Teil der Kindesliebe auf den Vater übertragen;

---

[1] Waitz a. a. O. III, 516.
[2] S. Waitz V, 776.
[3] Nachtigal a. a. O. II, 176.

nur die „Herrschaft“, die er übt und die auf den Sohn übergeht, zeigt sich in ihrer kalten Konsequenz. „Bei den Baele scheint der Respekt vor dem Erzeuger, die Achtung vor dem Alter auf einer niedrigen Stufe zu stehen. Sobald der Sohn zum Manne herangereift ist, fühlt er sich vom Gehorsam gegen den Vater entbunden; er zankt und streitet mit ihm, wie mit einem Fremden, und es soll nicht selten geschehen, daß er wegen irgend eines Streitobjektes die Waffen gegen den erhebt, der ihn erzeugte. Wenn dieser alt und gebrechlich wird und eine junge Frau hat, so kommt es wohl vor, daß der Sohn sich ohne weiteres in den Besitz der letzteren setzt, während ihm nach der Landessitte dieselbe erst nach Tode des Vaters zufallen würde.“ [1] Stirbt der Vater, dann gelangt der Sohn in den Besitz aller hinterlassenen Frauen, und die rohe Sitte verhält ihn sogar dazu, sie alle mit Ausnahme der leiblichen Mutter zu ehelichen.

Wie wir schon sahen, mußten dem doppelten Prinzipe der Familienorganisationen auf einer gewissen Stufe auch zwei verschiedene Haushaltungen entsprechen. Diese Zeit lag zwischen der ausschließlichen Geltung des Mutterrechts und der der völligen Umgestaltung der Organisation durch das Vaterrecht. Diese beiden Haushaltungen müssen sich, soweit die Ernährung als die Hauptsache in Betracht kommt, durch die verschiedene Art der Ernährungsgegenstände, je nachdem sie der Frauenbeschäftigung oder dem Männererwerbe zukamen, unterschieden haben. Sehen wir nun, ob sich nicht auch diese Mittelstufe in rudimentären Bräuchen erhalten habe.

Auf den Südseeinseln führten zur Zeit der Entdeckung wirklich Männer und Frauen nicht bloß verschiedene, sondern selbst nach Feuer und Gegenständen völlig getrennte Küche, was die schon erfolgte Auflösung der Mutterfamilie voraussetzt, aber recht sehr an deren natürliche Veranlassung erinnert. Der Brauch war zum strengen Gesetze geworden, und niemals haben bis auf des Hawaikönigs Rihorihos Zeiten und die des eindringenden Christentums Männer und Frauen, sei es auf den Gesellschaftsinseln, sei es auf

[1] Nachtigal a. a. O. II, 176.

den Sandwichsinseln, an einem gemeinsamen Mahle teilgenommen; beide Geschlechter bereiteten vielmehr die Speisen für sich getrennt vor und nahmen sie getrennt ein. Die Trennung bezog sich aber auch auf die Gegenstände des Mahles, und das läßt uns auf den tieferen Grund blicken.

Daß die Männer, einst in der Kost der Frauen, auch diejenige Nahrung genießen wollten, an die sich die Frauen hielten, ist natürlich — für sich schieden sie überhaupt nichts aus — aber nicht auch umgekehrt. Die Frauenkost war vorzugsweise vegetabilisch, bestehend aus Farnwurzeln, Brotfrucht, Bananen u. dgl.; außerdem mochten sie Muscheln, gewöhnliche Fische und allenfalls das Fleisch der kleinen Masthunde genießen dürfen, sämtlich Speisen, die aus dem Bereiche ihrer Hausversorgung hervorgingen, denn auch der Fang gewöhnlicher Fische und das Sammeln der Muscheln ist Frauensache. Insofern sich aber auch die Männer dieser Speisen keineswegs enthielten, bildeten diese Gegenstände zu Hawai das „Ai noa", — „allgemeines Essen". Dagegen waren Schweinefleisch, Vögel, Schildkröten, ausgesuchte Arten der Fische und aus dem Pflanzenreiche die Kokosnüsse das den Männern allein vorbehaltene, für die Frauen also mit Tabu belegte Essen, — das „Ai tabu".[1] Es ist leicht zu erkennen, daß die Erwerbung dieser Gegenstände ursprünglich in den Thätigkeitsbereich der Männer gefallen war. König Rihoriho erwarb sich am Anfange unseres Jahrhunderts das Verdienst, durch Aufhebung dieses Tabu die Gleichstellung der Frauen und Männer wenigstens an der Tafel eingeführt zu haben. Bei tausend anderen Völkern ist uns der Träger des gleichen Verdienstes unbekannt geblieben.

Nun ist uns auch der Schlüssel für die Thatsache gegeben, daß bei kannibalistischen Völkern die Frau, wie immer sonst ihre Stellung sei, gerade vom höchsten Tafelgenusse durchwegs ausgeschlossen ist; der Menschenschmaus wird immer mit Abweisung der Frau und dadurch unter dem Scheine eines gewissen Geheimnisses vollzogen. In der That fällt auch diese auserlesene Jagd der wildesten, aber

---

[1] Ellis, Reise durch Hawai, S. 216.

nicht immer niedersten Völker, insbesondere in das Thätigkeitsbereich des Mannes, und das abgesonderte Mahl erinnert an die Zeit der getrennten oder doch zeitweilig sich trennenden Verbände.

In Afrika besteht noch in vollster Lebenskraft gerade in Gegenden einer betriebsameren Bevölkerung der östlichen Länder eine Wirtschaftseinrichtung, die auf keinem anderen Grunde ruht. Wie der Zulu und Betschuane noch den Ackerbau der Frau und die Viehzucht der Männer als zwei getrennte Betriebe betrachtet und bis zu einem Grade behandelt, so theilen auch dort beide Geschlechter sich in verschiedene Arbeit, wenn auch schon eine Art Industrie an die Stelle der Viehzucht oder zu dieser hinzugetreten ist. Hier scheinen Frauen und Männer trotz ehelicher Bündnisse wenigstens teilweise gleich den genannten Stämmen in den „Heidenstaaten" getrennte Wirtschaftsverbände zu bilden, indem wenigstens die Männer sich gesellig zusammenhalten und gemeinsam am Wohle des Hauses und Staates arbeiten. Sie bringen zu dem Zwecke den Tag gesellig in einer jener öffentlichen Ortshallen zu, die man in Westafrika Palaverhäuser nennt. Indem sie hier, wie es Sache des Mannes ist, unter Konsumtion des ortsüblichen Getränkes große und kleine Politik treiben, nähen sie allenfalls die schmalen Leinwandstreifen zu den gesuchten Tobenstoffen zusammen. Die Frauen aber bringen das Männeressen und die entsprechenden Mengen Getränks in diese Versammlungen, so daß die Männer auch gemeinsam speisen und zechen, indes die Frauen ihre Mahlzeiten für sich einnehmen.

Sind aber diese Spuren älterer Verfassung nur bei den „wilden" Völkern zu suchen? — Zu Milet lebten, wie wohl in allen Kolonien mehr oder weniger der Fall sein mußte, hellenische Kolonisten und Ureinwohner gemischt, jonische Männer mit karischen Frauen. Was nun Herodot (I. 146) von der seltsamen Sitte dieser Frauen erzählt, ist genau das, was wir eben kennen lernten: sie folgten dem Grundsatze, „nie mit ihren Männern zusammen zu essen, nie ihren Mann beim Namen zu nennen." Wir dürfen uns nicht wundern, wenn der Grieche für diese seltsame Sitte eine besondere Ableitung suchte. Herodot nimmt die nächstliegende: hatten doch die erobernden Griechen den karischen Frauen, deren Nachkommen jetzt die ihren waren, einst Väter, Männer und Söhne erschlagen; darum hätten dann die Frauen jenes Gelübde gethan.

Gehen wir einen Schritt weiter, über Kreta nach Hellas, so finden wir selbst hier die Spuren derselben Sittenrudimente: gemeinsame Mahlzeiten der Männer unter Ausschluß der Frauen; wir stehen vor den berühmten Syssitien, die sonach keineswegs einem besonderen Zweckgedanken eines Gesetzgebers ihren Ursprung verdanken können. Gerade auf Kreta, wo wir auch schon andere Spuren einer urzeitlichen Kultur auf Mutterrechtsboden fanden, haben auch in historischer Zeit die Männer in gemeinsamen Mahlzeiten gespeist, indes die Frauen daheim und vereinzelt aßen. Von dieser Sitte spricht Platon in seinen Gesetzen (6, 21) und Aristoteles und Hesychius wissen darum.[1] Indem Strabo den verwandtschaftlichen Zusammenhang der spartanischen Bevölkerung mit jener von Kreta behauptet, beruft er sich auch auf die gleiche Sitte der Syssitien oder „Männermahlzeiten". Wie sie in Sparta als Institution in die Gesetzgebung des Lykurgos aufgenommen wurden, so werden sie in Kreta durch die des Minos geschützt. Es wird betont, daß eine Fleischspeise bei diesen die Hauptsache war; auch hierin kennzeichnet sich die Wirtschaftsteilung, indem die Familie im Hause vorzugsweise auf Vegetabilien angewiesen sein mochte. Es hätte sich also auch hier ganz wohl wie auf Hawai die Fleischspeise den Frauen gegenüber zu einem „Ai tabu" entwickeln können. — Die spartanischen Syssitien sind allgemeiner bekannt, aber fälschlich als eine Spezialität spartanischen Lebens. Sie bestanden auch in Megara bis auf des Theognis Zeit und wurden in Korinth erst durch Periander aufgehoben.[2] Aristoteles[3] aber wußte, daß sie auch in dem von griechischen Kolonisten besetzten Süditalien üblich waren.

Mit dieser Trennung der Geschlechtsverbände erhielt sich gerade in Sparta noch eine ungewöhnliche Freiheit und Herrschaft der Frau in ihrem Gebiete: gilt sie gleich nichts bei den Unternehmungen

---

[1] Plutarch, Sympos. 7, 9; Strabo S. 482.
[2] Plutarch, Symp. 7, 9.
[3] Polit. 7, 9, 2.

der Männer, „ziert“ sie auch nicht deren Mahl, so ist sie doch die Despoina, die „Herrscherin“ im Hause. Aristoteles hat sogar[1] von seinem jüngeren Standpunkte aus die lykurgische Gesetzgebung wegen der großen Freiheit getadelt, die sie dem Weibe ließ: in Sparta bestand thatsächlich noch ein guter Rest der alten selbständigen Frauenwirtschaft neben der des Mannes, nur daß sich dieser nicht mehr als Glied des Hauses einfügte und unter Mutterkommando stellte, sondern seine eigenen Wege ging. Im wesentlichen blieb er doch immer noch, wie dereinst, trotz seiner abgesonderten Mahlzeiten der Kostgänger seiner Frau; nur daß er sich mit dem Vaterrechte zum Herren des Grundes erhoben hatte, aus dem die Frau mit Sklavenhilfe die Nahrung erwirtschaftete. Die Zuschüsse, die der Staat etwa aus dem Ertrage der unterworfenen Volksländereien leistete, entsprachen immer noch jenen Küchenzuschüssen, welche der Raubnomade von seinen Beutezügen ins Vaterhaus brachte.

Auf demselben geschichtlichen Grunde beruht die ausgezeichnete Stellung, welche sich die „erste Frau“ auch unter polygamischem Männerrechte gegen dessen Konsequenz gewahrt hat. Die Macht des Mannes hat das Weib in dessen Besitz gezwungen, wie er auch Kinder und Sklaven ohne Rücksicht auf Bande des Blutes im Besitze hält — aber ein Rest des altehrwürdigen Mutterrechts hat sich wenigstens in der häuslichen Stellung der Einen leitenden Frau herübergerettet in die Zeiten eines billigen Ausgleiches gegenseitiger Ansprüche.

Im Gebiete der mohammedanischen Kultur, die sich immer noch enger an den Standpunkt des beduinenhaften Nomadentums anschließt, hat konsequenterweise auch das Mannesrecht die schärfste Ausprägung erhalten, und was allenfalls die Stellung einer Ehefrau von der der Sklavin schlechthin unterscheidet, ist ungefähr mit der Bezeichnung „Bettsklavin“ erschöpft. Aber dennoch hat auch auf diesem Gebiete die Eine der Frauen eine Bedeutung sich gewahrt, die sich aus der Konsequenz des jüngeren Systems nicht ableiten läßt; sie ist ein glücklich erhaltenes Rudiment aus dem älteren und doch wieder der fruchtbare Keim jüngerer Gestaltungen. „In mohammedanischen

[1] Polit. 2, 6, 8.

Ländern bleibt die erste Frau, wenn später andere hinzukommen und mit jener dasselbe Haus bewohnen sollen, die Hauptfrau, wenigstens dem Namen nach, auch wenn die sinnliche Liebe ihres Eheherrn längst einer anderen gehört, und schlimmsten Falles löst die alttestamentarische Scheidung das eheliche Verhältnis." [1] Der nie unterbrochene Faden der Gewohnheit kommt dabei der Frau ebenso gut zu statten, wie jene schon erwähnte natürliche Begabung, die sie sich auf ihrem Gebiete gerade durch dessen Isolirung und frühere Selbständigkeit erworben hat. Oft wirkt die Erscheinung geradezu überraschend, wie die gewaltthätigsten Horden, die keinerlei Recht außer dem ihrer Waffe anerkennen, dem Joche einer Frau sich beugen, obwohl sie ihrem Rechte nach kaum mehr als eine Ware, ein Stück ihres Besitzes ist. Die gefürchtetsten Heroen der Wüstenstämme stehen daheim gar nicht selten unter dem absolutesten Regimente einer durch Kauf erworbenen Frau. „Letzteres schien freilich die Regel bei den Aulâd Solîmân zu sein, und es war nicht uninteressant, diese rohen Männer, deren ganzes Leben ein harter Kampf gegen Mühe und Gefahr war, diese weit und breit gefürchteten Räuber und Halsabschneider im eigenen Hause machtlos zu sehen." [2] Auch bei den Negern Westafrikas hat sich die „erste Frau" ein besonderes Vorrecht erhalten; während alle übrigen Frauen als Gesinde allein speisen und des Mannes Essen auch nicht berühren dürfen, darf die erste Frau allein dem Manne die Speisen kochen, ganz wie das ehedem die Hausmutter besorgte.[3]

Ganz unverkennbar geht die Erscheinung gerade da auf das alte Mutterrecht zurück, wo es die Frau gerade in ihrer Mutterstellung ist, die sich einer so widerspruchsvollen Auszeichnung erfreut. Auch da, wo nicht mehr eine Frau als Regentin bezeichnet wird, auch im Gebiete der ausgesprochensten Mannesherrschaft, in allen mohammedanischen Negerstaaten tritt ganz ähnlich wie im alten Israel-Juda die Königin-Mutter nächst dem Regenten am meisten

---

[1] Nachtigal a. a. O. II, 177.
[2] Ebend. II, 93.
[3] Deutsche Expedition I, 151.

hervor, und dieser „Magîra“ ist selbst noch ein Restchen weiblicher Herrschaft gewahrt, indem sie, wie jene zu Bornu, mit einzelnen Bezirken und Ortschaften unmittelbar belehnt wird.[1] Je tiefer nach Innerafrika hinein und je näher an die „Heidenländer“, desto größer wird die Bedeutung dieser Magîra, und in Bagirmi und Wadaï scheint der Posten derselben ein so wichtiger, daß er nach dem Tode der wirklichen Königsmutter merkwürdigerweise mit einem stellvertretenden Eunuchen besetzt wird.[2] Ebenso hat die ostasiatische Kultur das Mannesrecht auf das einseitigste entwickelt; aber doch bleibt wieder der Mutter eine ausgezeichnete Stellung am Hofe, sowohl in China, wie in Japan. Konnten doch daselbst Frauen sogar die Mikadowürde bekleiden. Ebenso steht über dem allmächtigen Kaiser von Birma eine Königin-Mutter mit großem Einfluß. Hier wiederholt sich aber auch immer noch der Brauch des peruanischen Inkahauses: die Verwandtschaftsehe des Kaisers zur Erhaltung des echten Blutes auf dem Throne.

So zeigt sich uns überall eine geschichtliche Begründung des widerspruchsvollen Wechsels von Licht und Schatten in den Verhältnissen einer aufstrebenden Urkultur. Hart erscheint das altdeutsche Vaterrecht, das unter Umständen die Mutter unter die Gewalt eines Knaben stellt. Es ändert wenig, daß man für diese väterliche Gewalt den besondern Namen der „Munt“ gebraucht; es bleibt Gewalt. Ein schützender und beratender Vormund kann doch ein solcher Knabe nicht seiner Mutter sein; aber das Recht hat er geerbt. Aus so hartem Rechte heraus kann sich aber unmöglich wieder die verhältnismäßig hohe Stellung entwickelt haben, in der wir die germanische Frau auf der andern Seite wieder finden, selbst in Zeiten, denen eine unbeholfene und ungenügende Lebensfürsorge den Stempel der Barbarei gegen Kinder, Kranke und Alte aufdrückte.

Eine feste Stütze gewährte hiebei der slavischen Frau nicht minder als der germanischen ihre enge urgeschichtliche Verbindung mit dem Kulte, dieser konservativsten aller Beziehungen. Kult in

---

[1] Nachtigal I, 723.

[2] Ebend. II, 610.

seinen einfachsten Formen ist die Gewinnung der den Menschen umgebenden Geister durch Gaben und Leistungen, die ihnen genehm, nach der kindlichen Auffassung selbst unentbehrlich sind. Ein Mensch auf der untersten Stufe hat auch im Wohlthun keine große Auswahl. Hunger und Durst sind ihm der häufigste Antrieb, Befriedigung derselben der beste Genuß; darnach verlangen dem kindlichen Menschen gegenüber auch seine Geister. Wer aber konnte ihre Wünsche zuerst dauernd befriedigen, wer sie, die zu schaden geneigt sind, zuerst bleibend für das Haus und seinen Schutz gewinnen, wenn nicht die Mutter? Sie allein behütete dauernd die Kultstelle im Hause, sie bereitete mit Fürsorge täglich das karge Mahl, — des Mannes Jagdglück war wandelbar. Auch er rief die Geister zum Mahle, wenn er glücklich gewesen, er „opferte" ihnen das Liebste, das warme Blut des erlegten Tieres, des Feindes; aber das waren doch nur seltene Festschmäuse, das war ein sehr ungeordneter Kult. In dauernder, gewinnender Beziehung mit den Geistern des Hauses blieb auf einer Stufe des Mutterrechts doch nur die Frau, und aus jener Zeit ist sie die Trägerin und Pflegerin aller frommen Beziehungen des Hauses geblieben. Die heilige Scheu vor ihren Kultobjekten ist auf sie übergegangen — einst im schönsten, einst im schlimmsten Sinne.

Nicht selbstlos ist des Menschen Kult: er will die Geister gewinnen, sie sollen ihm nützen und helfen, das Geheime und Verborgene verraten, ihr umfassenderes Sehen und Wissen zu seinem Nutzen lenken. Sie thun es auch; sprechen sie gleich nicht zu dem Menschen, durch verabredete Zeichen belehren sie ihn; ja sie treten, wenn durch Liebesgaben willig gemacht, in sein Haupt und denken in ihm ihre Gedanken dem Menschen zunutze. Alle diese Beziehungen hat lange mit überlieferter Treue die Frau als Herrin des Hauses gepflegt, ehe sich auch der Mann an den Herd desselben, den Sitz der schützenden Götter, fesseln ließ.

Darum stehen wir auch da vor Zeugnissen der Zeit des Mutterrechts, wo uns noch in späterer Zeit die Frau in solcher Thätigkeit entgegentritt. Bei den Slaven an der Ostsee waren es nach Saxo Grammaticus die Mütter, welche am Herde sitzend achtlos Striche durch die Asche zogen und dann abzählten, — mit Grad und Ungrad antworteten so die Geister auf die Fragen, die die Frauen ihnen vorgelegt. Die germanischen „Hausmütter“ sind es nach Cäsar,[1] welche durch Lose und deren Deutung entscheiden, ob die Männer eine Schlacht annehmen sollen oder nicht. Auch mit diesem Prophetenamte bleibt sichtlich noch lange ein Rest des Regimentes in der Hand der Frau; gerade so zeugte eine gleiche Zeit der Urgeschichte auch in Israel-Juda eine Debora, die als Prophetin den Männern die Zeit des Kampfes ansagte, ihre Waffen zwar nicht führte, aber lenkte. Darum haftete auch der deutschen Frau noch zur Zeit des Tacitus etwas „Heiliges und Prophetisches“ an. Sie pflegte aus innerer Anhänglichkeit und echt konservativem Sinne, aber nicht immer auch ohne das Bewußtsein des Vorteils dieses Heilige, selbst in absterbenden Formen noch. Es blieb von jener Seite je nach der Kulturstufe gehoben und veredelt die höhere religiöse Stimmung, von dieser die Verwertung geheimnisvoll überlieferter Kultakte zu nützlichen oder auch anderen Zwecken. Es lebte fort etwas von solcher Heiligkeit, entartet und entstellt, bis es ein konkurrierendes Mönchspriestertum jüngster Form zertrat. Warum wütete der „Hexenhammer“ gerade gegen die Frauen? Dieser letzte Nachklang des alten Kampfes durchzittert die Geschichte mit einem häßlichen Tone. Immer noch aber leben bescheiden und geräuschlos die „weisen Frauen“ und Besprecherinnen.

Hüterin des festen Herdes, des Keimpunktes der festen Ansiedlung muß auch in germanischer Urzeit die Mutter gewesen sein; aber damals war der Herd zugleich die Decke des Grabes, und darum waltete die Frau um das Heiligste des Hauses. Aus historischer Zeit wissen wir von Männern, die hier oder unter der Schwelle des Hauses begraben wurden; — aber einst mochte der Mann sein Grab lieber draußen an der Malstatt wissen, wo die Männergemeinde sich versammelte; so lange die Frau die Herrin des Hauses war, umschwebte das Grab im Hause der Geist einer Urmutter. Noch ist Helja, das Grabreich und die Göttin unter dem Herde — heute die „Hölle“ am Ofen — weiblichen Geschlechts; und noch ist der

[1] De bello gall. I, 50.

ganz Verlassene in seiner Kammer „mutterseelenallein" —; wer nur seinen Herd noch hat, der Mutter liebe Seele ist immer bei ihm!

Wo immer auf der Wanderschaft des Nomadentums die Hausmutter die Heiligtümer des Herdes aufstellen konnte, da nahm sie, indes der Mann schweifend den wilden oder halbwilden Tieren oder der Beute der Menschen nachging, für einen Sommer wenigstens ihr Stückchen Land unter den Spaten oder Pflug und scharte um sich das gezüchtete Geflügel und Kleinvieh und in jüngerer Zeit zur Arbeit abgerichtete Tiere. So treibt es der wandernde Kalmücke noch heute. Seine Weidezüge führen ihn weit fort; aber um eine feste Stelle bleiben im Schutze des schwächeren Geschlechts und der Alten die Herden der Gänse — der „zierlichen Vögel", die nach Sagenliedern auch nordische Königinnen zogen. Der arbeitsamen Hand der Frauen und Alten dankt die Hütte allerlei Gerät und Schmuck — das alles zusammen ist in Wahrheit eine „Mutterhabe", unterschieden von dem Besitze, dessen der Mann im Felde sich freut — von männlichem Schmuck, Waffen und Weidetieren.

Das Land, auf dem die nährenden Gräser wachsen, als einen Gegenstand des Besitzes anzusehen, fällt freilich jener Zeit noch nicht ein; schlüge man es aber nun schon zu jenen Habseligkeiten des Hauses, so müßte man es ein „Mutterland" nennen. In der That bezeichneten auch die alten Kreter in treuer Erinnerung ihren heimatlichen Grund und Boden nicht als Vaterland, sondern als ihr „liebes Mutterland."[1]

Solches Muttergut und Mutterland müßte dann natürlich unter Mutterrecht von der Mutter auf die Tochter oder doch überhaupt auf dem Wege der mütterlichen Blutsverwandtschaft sich vererben, sobald sich nur überhaupt ein Erbgang zu entwickeln begänne. Daß nun überhaupt auch im ältesten deutschen Rechte ein solcher Erbgang nach echter Blutsverwandtschaft stattfand, das wenigstens hat sich auch bei den Folgeverhältnissen der Knechtschaft noch ausgeprägt erhalten. „Die Geburten folgen dem Mutterleibe", ist der alte leitende Grundsatz, und aus Weistümern[2] ersehen wir, daß dabei nicht bloß

[1] Platon, de republ. 9, 3, S. 575.

[2] Grimm, Rechtsaltertümer 324.

jene Unsicherheit der Vaterbestimmung maßgebend war. Auch hörige Kinder aus zweifellos echten christlichen Ehen von Knechten verschiedener Herrschaften sollten der Herrschaft angehören, deren die Mutter war. Den gleichen Grundsatz erhob die Konstitution Friedrichs I.[1] auch für den Fall zum Gesetze, daß einer der beiden Elternteile dem Stande der Freien angehörte. Hier griff also das Recht wieder in die alten Grundsätze der Mutterfolge zurück. Der Verfasser des sächsischen Weichbildrechtes (Art. III) weiß, daß gerade dieser Rechtsgrundsatz im Laufe der Zeit vielfach umgestaltet worden sei, wenn er auch von der historischen Reihenfolge keine genaue Kenntnis mehr hat. Er weiß, daß zur Zeit des Magdeburger Bischofs Wickman, der in der Geschichte der deutschen Rechtsfixierung seine Stelle hat, und noch nach dem Statute Heinrichs VI. ganz der Grundsatz der Mutterfolge galt, daß Kinder aus Ehen von Freien und Unfreien, „Söhne wie Töchter geboren werden nach der Mutter und nicht dem Vater, d. h. daß sie dem Mutterleibe folgen, gleichviel ob der Vater ein Deutscher oder Sklave sei." Darin liegt zweifellos nur die Sanktionierung alten Volksbrauches, aber den Herren von Knechten mußte es allmählich darum zu thun sein, diese Rechtsmaterie in einer ihrem wirtschaftlichen Interesse entsprechenderen Weise zu ordnen. Man spreche davon, sagt das Weichbild, daß einmal die alten Fürsten das Recht gesetzt hätten, daß umgekehrt die Kinder dem Stande nach dem Vater folgen sollen; und wieder ein andermal „satzten die Fürsten und Gewaltige von ihrem selbst Rathe und mit der Aeltesten Witze und nicht mit der gemeinen Leut Willkör," daß die „Männlein" dem Vater und die „Weiblein" der Mutter folgen sollten. Man hatte also eine Erinnerung, daß auf diesem Gebiete altes Volksrecht neueren ausgleichenden Feststellungen hatte weichen müssen.

Auch das älteste germanische Erbrecht zeigt uns Spuren solcher Art. Allerdings sind auch unsere ältesten „Volksrechte" schon auf dem Boden echten „Vaterlandes" entstanden. Schon hatte der germanische Halbnomade auf römischem Boden echtes Eigentum an

---

[1] Ebend. 325.

Grund und Boden kennen gelernt und solchen Boden vererbt. Dieses Gut der „Sala“ oder des Herrenhauses — diese Deutung ist wohl die richtige für den Ausdruck „salisch“ — dieses „salische“ Gut war durch das Schwert des Mannes erworben, nicht durch die allmähliche Bestellung seitens der Frau und ihrer Gehilfen in ein Besitzverhältnis übergeführt worden. Jenes ging denn auch nur von dem Vater auf den Sohn über; aber das alte Allod, das Gemeinland älterer Art, kannte noch nach dem Volksrechte der salischen Franken einen andern Erbgang; wenigstens tritt ein solcher noch unter Umständen ein. Stirbt nämlich jemand, ohne einen Sohn zu hinterlassen, so erbt solches Land an die Mutter und durch diese an Brüder und Schwestern oder bei deren Ermangelung an die Mutterschwester und deren fernere Blutsverwandtschaft; dagegen findet an dem Sallande unter allen Umständen „keine weibliche Erbberechtigung statt, sondern dieses ist insgesamt dem männlichen Geschlechte als Brüdern zugehörig.“[1] Uns begegnet also hier auf einer etwas höheren Stufe und in anderer Form die Analogie der Erscheinung, die sich uns früher als eine Trennung der Tische beider Geschlechter darstellte. Die Männer hatten auf ihren Beutezügen ganze Landgüter mitsamt den sie bearbeitenden Kräften erworben und behalten diese nun geschlechterweise für sich, indem sie den Frauen daran so wenig einen Anteil gönnen, wie die Herren auf Hawai an dem „Ai tabu“. Dagegen kann zwar das alte „Mutterland“ unter Umständen auch noch im Besitze der Frau bleiben, ist aber für den Besitz des Mannes nicht in gleicher Weise tabuiert.

Auch an der alten beweglichen Habe der Frau hat sich noch ein Erbgang in weiblicher Linie erhalten, auch dann, wenn jene wegen Wiederverheiratung einer Witwe an die Verwandten des Mannes fällt. Das salische Recht nennt eine solche Habe „Reipe“, Reiphi“ und ähnlich, und das tschechische Wort Věno, das Ausstattung und Mitgift, also bestimmt ebenfalls eine Frauenhabe bezeichnet, stimmt mit der Bedeutung Reif, Ring, Kranz wesentlich überein. Es

[2] Lex salica LIX und Novelle 167.

ist also anzunehmen, daß der Name „Reif" für Frauenhabe aus einer Zeit stammt, in welcher Reife und Ringe an Geldesstatt den Schatz des Hauses bildeten. Im salischen Rechte aber (XLIV) dürfte jener Frauenschatz gemeint sein, welchen die Frau vom Manne zur Einrichtung ihrer eignen Wirtschaft als Morgengabe erhielt. Dieser blieb der Witwe zugleich als Leibgedinge, fiel aber an das Haus des Mannes zurück, wenn sie sich wiederverheiratete, wenn ihn der zweite Gemahl nicht von dem Erbberechtigten vor Gericht mit drei Schillingen und einem Denar auslöste. Der Anspruch an diese Frauenhabe aber vererbte sich durch die Schwester des verstorbenen Gemahl an deren Sohn, nicht an den Brudersohn, und so fort durch weibliche Verwandte bis zum sechsten Gliede.

Ebenso bestimmt müssen wir in der „Gerade" des Sachsenspiegels den Rest einer ursprünglichen Frauenhabe erkennen. So lange nach Mutterrechtsordnung die Braut auch nach der Verheiratung im Hause der Mutter blieb, war irgend eine Teilung dieser Habe nicht notwendig; auch die Verheiratete hatte samt ihrem Manne den Mitgenuß derselben in ungeteilter Wirtschaft. Verließ nun aber nach jüngerer Ordnung die Frau, von ihrem Manne aus dem Hausverbande ausgekauft, das Haus der Eltern, um in das Haus des Mannes einzutreten, so entstand für sie aus der Aufgabe jenes Mitgenusses der Anspruch auf eine Ablösung und Entschädigung; sie erhielt diese in der Mitgift, die dann ihr Gemahl durch eine „Morgengabe" zu vermehren pflegte. Diese Habseligkeiten bildeten nun wieder den Stamm ihres Hausschatzes, dessen entsprechende Teile bei ihrem Tode wieder ausschließlich ihren Töchtern und deren Erbfolgeschaft als „Gerade" anheimfielen.

Der Sachsenspiegel behandelt denn auch alle diese Dinge unter Einem und unterscheidet in seinen Uebersetzungen nicht einmal Dos (Mitgift) und Morgengabe, wie ja auch für den Zweck der Vererbung nichts darauf ankam. Aus seinen Bestimmungen läßt sich noch recht gut der alte Bestand einer gesonderten Frauen- und Männerhabe erkennen, die sich sowohl gegenseitig, wie auch von dem jüngeren „Erbe" der Familie jüngsten Sinnes recht scharf abgrenzen. Dabei tritt der Frauenschatz immer noch als der bedeutsamere vor dem des Mannes hervor. Wir werden den letzteren noch von einer andern Seite kennen lernen; er beschränkt sich im Grunde auf das, was der Mann einst als das Geräte eines nomadisch-kriegerischen Erwerbes bedurfte.

Zur Morgengabe zählen nach sächsischem Landrecht diejenigen Pferde, Kühe, Ziegen und Schweine, welche „vor dem Hirten gehen", also beim Hause gehalten und auf die Weide geführt werden, samt Zäunen und Zimmerungen. Die Glosse scheidet ausdrücklich die „wilden Pferde, welche man nicht allzeit zu Hause hat," aus, und der Text bestimmt jene als „Feldpferde". Es sind also zusammen diejenigen Tiere gemeint, welche der Mann, ursprünglich seinem Bereiche entnommen, der jungen Frau als den Stamm der Zucht- und Milchtiere für den späteren Wirtschaftsbedarf übergeben hat; sie treten zu den Schätzen der weiblichen Mitgift hinzu, gleichviel ob diese als solche der Frau mitgegeben wurden oder ihr als „Gerade" erbweise zugefallen waren. Dazu nun zählen Schafe und Gänse; Kisten mit beweglichem Lide, Garn, Betten, Pfühle und Kissen, Linnenlaken, Tischlaken, Handtücher, Banklaken, Becken, Leuchter, Linnen, Frauenkleider, Finger- und Armringe, Kopfreifen, beim Gottesdienst gebräuchliche Bücher, Kistchen, Laden, Teppiche und Umhänge, Rückenlaken (der Sitzlehnen) und alles Gebände, Spinn- und Nähgerät. Wir sehen also noch so ziemlich das ganze Haus — aber, wie wir gleich anfügen wollen, nur das Einzelnhaus der Sonderfamilie, nicht aber das Sal- oder Herrenhaus — mit dem Kleinvieh und Geflügel im Besitze der Frau, während dem Manne außer seiner Heerwat die Viehherden auf der Weide der offenen Mark angehören. Von Feldern und Wiesen ist hier keine Rede, weil sie nach älterer Besitzart noch der Gemeinde gehörten und das Nützungsrecht an der zum Erbe gehörigen Hofstätte hing.

Wie wir an den aufgezählten Gegenständen erkennen, hat nun wieder eine jüngere Zeit jenes Verzeichnis ergänzt; aber dem Keime nach scheint es so weit in die Urzeit zurückzureichen, daß es schon den Glossatoren sehr schwer fiel, jene zu begreifen. Ganz zweifellos ist dort das gezimmerte Haus selbst noch als eine bewegliche Habe gedacht, die, wenn auch jetzt als ein Geschenk des Mannes, ursprünglich der Frau gehörte; gerade so wie heute noch bei den Turkmenen die Aufstellung des Zeltes, bei den Eskimos selbst der Bau des Hauses Sache der Frau ist. Den jüngeren Erklärern ist eine solche Annahme so schwer gefallen, daß sie trotz des lateinischen Terminus „septa et carpentata aedificia“ für das altniederdeutsche „Tunete unn Tymmere“ angaben, unter „Gezäune und Zimmer“ könne nur behauenes Holz aber nicht ein Haus selbst mit seinen Umzäunungen zu verstehen sein; aber der Text (B. I, Art. XX) spricht doch zu deutlich für die altertümliche Auffassung. Und Artikel XXII besagt, wenn der Frau nach des Mannes Tod der Grund und Boden nicht bleibe, so müsse sie jenes Haus binnen 30 Tagen und 6 Wochen abräumen, ohne jedoch dabei den Boden aufzugraben (sine foditione fundi). Sie dürfe aber selbst den Boden aufgraben, wenn sie nur bereit sei, den Schaden nach dem Ermessen der Gemeindeangehörigen zu ersetzen und den Boden wieder zu ebnen. Damit kann doch nicht die Hinwegnahme des aufgestapelten Bauholzes gemeint sein! Vielmehr gehört nach der Voraussetzung des Sachsenspiegels das Recht an die Hofstätte, das jenes des Ackerbaubetriebes in der Feldmark einschließt, schon ausschließlich dem Manne oder doch der von ihm vertretenen Gesamtfamilie, das eine Haus der Sonderfamilie darauf aber immer noch der Frau. Während nun der Grund der Hofstätte in das „Erbe“ fällt, bleibt ihr jenes, und sie ist berechtigt, ihr Haus wegzunehmen und anderswo, allenfalls auf der Hofstätte der Ihrigen aufzustellen, wenn sie das Erbe mit ihrer Frauenhabe wieder verläßt.

Es fehlt nun noch die Verfügung über jene Vorräte der Küche und Speisekammer, die einst wohl jeweilig den Hauptschatz im Haushalte bildeten und beide Teile, Mann und Frau, zu ernähren bestimmt waren, also weder zum „Erbe“, noch zum Frauenschatze oder zum besondern Manneseigentum gehörten. Ueber sie bestimmt der im Sachsenspiegel niedergelegte Brauch in entsprechender Weise; sie werden alle gleichwie Gerade und Hergewät *vor* Teilung des Erbes ausgesondert und fallen dann als „Musteil“ — Speiseanteil — zu gleichen Teilen der Witwe und dem Erbe zu. — Zu so komplizierten Bestimmungen über die Auseinandersetzung von Mann und Frau würde ein Volksrecht auf so früher Stufe seiner Entwicklung unmöglich gelangt sein, wenn nicht vielmehr umgekehrt die Elemente dazu schon in der alten Zusammensetzung gelegen wären.

Auch die nachfolgende Geschichte zeigt, daß die Hausorganisation viel mehr der Tendenz der Einheit zueilt; es kann also das Doppelhaus, das wir hier antrafen, die „Sala" des männlichen Oberhauptes der Gesamtfamilie und das „Zimmer" der Frau je mit der entsprechenden Wirtschaftsausstattung, nur aus der Vorzeit herübergekommen sein. Ein interessantes Abbild solches alten Doppelregimentes bot die Verfassung der nordost-indianischen Stämme noch im vorigen Jahrhunderte, obgleich die Frau schon überall aus dem Regimente hinausgedrängt war. Indes hatte sich die Erinnerung an die alte Hausverfassung unter Frauenregiment noch sehr gut erhalten. Die ganze Organisation beruhte noch auf einem Dualismus der Gewalten; man hat sich gewöhnt, diese beiden Aemter nach englischer Weise als das des Captains und das des Chiefs zu unterscheiden. Auf größere Verhältnisse übertragen, entsprechen diese Würden der des „Herzogs" und des „Königs" im ältesten Sinne; der Captain hat mit Verwandtschaft, Familie und Friedensorganisation nichts zu schaffen; er ist der Führer der Männer auf ihrem Erwerbsgebiete, auf der Jagd und im Kriege. Er erhält seinen Rang weder durch Geburt noch durch eigentliche Wahl, sondern er schwingt sich durch glückliche Unternehmungen mit freiwilligen Gefolgschaften dazu empor. Im Hause hat seine Herrschaft keine Geltung.

Die Geschäfte des Friedens leitet vielmehr der Chief, der lebenslang wie eine — Mutter waltet, sein Amt aber nicht auf seinen Sohn vererbt, weil der ja nicht von seinem Blute ist, sondern nach Neffenrecht. Der Vergleich aber, daß dieser Chief nicht nach Analogie eines Vaters, sondern nach der einer im Hause herrschenden Mutter seines Amtes walte, machen nicht wir, sondern diesen haben in einer interessanten Weise die Indianer selbst gemacht.[1] Als die Indianer einsahen, daß den Weißen gegenüber ihnen nichts gefährlicher wäre als planloses Kriegführen, da schlossen sich die Stämme der Tschiroki, Irokesen und Delawaren zu einem Volksverbande zu-

[1] Belege bei Loskiel, Geschichte der Mission, 1789, S. 160 ff.

sammen und setzten in dem intelligenten Stamme der Delawaren „eine Frau“ über sich. Sie gaben ihr nach ihrer bildlichen Sprache „den Maisstengel und die Hacke in die Hand“.

„So ist die Delawar-Nation von besagter Zeit an die Friedensbewahrerin gewesen, der der große Friedens-Belt[1] in Verwahrung gegeben und die Kette der Freundschaft anvertraut ist. Sie hat darüber zu wachen, daß dieselbe unverletzt erhalten werde.“ Wie viel man hierbei immer auf Rechnung der Bildersprache schreiben möge, so zeigt sich doch, daß jene Stämme, indem sie eine neue Organisation des Friedens schaffen wollten, keine passendere Analogie dafür fanden, als die ihnen die Erinnerung an die ehemalige vermittelnde, friedenwirkende Herrschaft der Frau im Hause bot.

Betrachten wir nun die Art der jüngeren Herrschaft des Chiefs näher, so bleibt um so weniger irgend ein Zweifel darüber, daß sie in gleicher Weise entstanden sei, als die Indianer um jene Zeit den Begriff der Verwandtschaft des Sohnes mit dem Vater noch nicht festhielten und eine Vaterherrschaft auf dem Wege des Nomadentums bei ihnen nicht entstanden war. Der Keim zu einer solchen Entwicklung lag in der Stellung des Captains, gelangte aber auf jenem Boden zu keiner weiteren Entfaltung. Zugleich gibt uns die Stellung des Chiefs, die so sehr von allem absticht, was man sich von einem „Indianerhäuptling“ vorzustellen pflegt, ein vielleicht ganz treues Bild von der Art, wie einst die Frau, allerdings immer nur im engsten Verbande, die Herrschaft führte, welche gegenüber den Männern selbstverständlich keine unbeschränkte sein konnte. Dem neu eingeführten Chief wurde (nach Loskiel) eingeprägt, „über den Frieden zu halten und ihn wieder herzustellen; sich nicht mit Kriegssachen abzugeben, auch sein Volk davon abzuhalten; allezeit für das Beste seines Volkes zu sorgen, und sich's auch gefallen zu lassen, Erinnerungen von demselben anzunehmen“. Wohl soll er Ordnung halten und Händel schlichten; „aber er darf sich nicht einfallen lassen, zu befehlen, oder Schärfe, Zwang und Strafen zu brauchen.“ Seinen Anordnungen

---

[1] Die beurkundende Muschelschnur.

schafft er vielmehr durch ihre Begründung Geltung. Das Strafrecht bei verübten Gewaltthaten hat er nicht, infolge dessen noch weniger ein Begnadigungsrecht. Die Strafe liegt noch in der Rache, die der Betroffene selbst übt. So ungefähr mochte einst die Mutter des Hauses Männer regieren.

Die Geschichte der Slaven läßt uns darauf schließen, daß sie der Zeit nach jenem Uebergange, der sich in einer Art Doppelwirtschaft ausdrückt, noch um einige Schritte näher stehen mußten als wir. Ist doch das Großrussentum als der östlichste Zweig des Slaventums noch nicht einmal ganz aus dem Zustande der Beweglichkeit herausgekommen. „Ursprünglich sind die Russen wohl ein Nomadenvolk gewesen, das sich allmählich ansässig gemacht hat. Bis zu dieser Stunde haben sich noch gewisse Charakterzüge der Nomadenvölker bei ihnen erhalten. Noch bis jetzt sind die Großrussen kein echtes Ackerbauvolk, sie lieben den Ackerbau nicht, sondern treiben ihn nur aus Notwendigkeit.“ „Von den Flüssen aus haben sie sich allmählich in das Innere verbreitet, wo der Ackerbau ihnen dann eine Notwendigkeit wurde, aber da sie, wie gesagt, ihrem Volkscharakter nach ihn nicht liebten, so zogen sie, sobald er ihnen an einem Orte zu beschwerlich oder zu wenig lohnend erschien, nach einem andern. Der Russe kennt noch jetzt das tiefe Heimatsgefühl, welches die echten Ackerbauvölker, die Germanen und selbst die Polen, beseelt, nicht; ihn durchdringt dagegen energisch das Stammesgefühl, er befindet sich wohl, wo er Russen findet. Die große heilige Russia ist sein Vaterland, welches Gott seinem Stamme verliehen und das er liebt, weil er dort überall seine Brüder findet. Der Charakter des Ackerbaus ist demnach auch anders wie bei den echten Ackerbauvölkern; in der nördlicheren und mittleren Zone wird er eigentlich nur des nächsten Hausbedarfes wegen betrieben“.[1] Da, wo der Boden der „schwarzen Erde“ außerordentlich ergiebig ist und keiner Pflege bedarf, „findet sich häufig ein ganz nomadischer Ackerbau.“ „Es ist leicht, sämtliche Bewohner eines Dorfes unter einigermaßen günstigen Bedingungen zu vermögen, ihr Heimatsdorf zu verlassen

[1] Frh. v. Harthausen, Ländliche Verfassung Rußlands, 1866, S. 3.

und sich hundert Meilen weit anzusiedeln."[1] Nur eine „steinerne Kirche" im Heimatsorte soll es ihm anthun können; an sie knüpft sich eine Spur von Heimatsgefühl und Heimweh.

Es ist begreiflich, daß unter solchen Verhältnissen die Frau mit ihrem Haushalte der einzige Anker ist, der den wanderlustigen Mann da und dort festhält. Wo ist der Mann „zu Hause"? Darauf antwortet solchen Verhältnissen ganz entsprechend auch die altböhmische Landrechtsordnung: da, wo die Frau wohnt. Eine Gerichtsladung galt als vollzogen, wenn sie dort angebracht worden war, wo die Frau sich aufhielt. Noch scheint es also, als knüpfte sich auch hier der Begriff des Hauses nicht an den Mann, sondern an die Frau. Die slavische Frau erscheint aber hier auch zugleich noch in ihrem priesterlichen Wesen, indem sie nach derselben Auffassung dem Manne ein Asyl zu gewähren vermochte, gleich als hätte er durch ihre Berührung die Heiligtümer des Hauses berührt. Auch die ziemlich selbständige Stellung der Frau in der südslavischen Hauskommunion leitet sich wohl aus jenen Verhältnissen her.

So hat das Muttertum für die Entwicklung des Familienwesens, der Grundzelle aller Organisation und allen Fortschrittes den schönsten Keim geliefert; es ist, als ob mit dem siegenden Vaterrechte wieder ein Windhauch roher Barbarei über die junge Kultur dahingebraust wäre. Aber gerade hier trifft das Dichterwort zu:

„— wo das Strenge mit dem Zarten,
Wo Starkes sich und Mildes paarten,
Da gibt es einen guten Klang."

Erst auf dem Gebiete des Vaterrechtes wuchs der Gedanke der Unverletzlichkeit der Jungfrau; die Zeit des Mutterrechtes nennt die Wissenschaft mit etwas rauhem Namen die des „Hetärismus", in einem Sinne nicht ganz mit Unrecht, wie wir schon bemerken mußten. Zum Schutze des Hauses blieb der Arm der Frau zu schwach; soweit das Weib Schutz genoß, ging er vom Bruder und vom Oheim aus. So lange sich das Weib nicht in den Besitz eines Mannes gab, fiel sie leicht in den verschiedenen Zeiten ihrer

[1] Ebend., S. 3.

physischen Freiheit verschiedenen zu. So lange sie frei für sich in ihrer eigenen Gewalt stand, hatte sie für Niemand ihre Unberührtheit zu wahren; erst der besitzende Mann stellte den Gegenstand seines Besitzes unter seine beschränkenden Gebote. Wir werden den Uebergang zu dieser Begründung reinerer Sitte noch kennen lernen, vielfach aber auch noch die Rudimente der alten Zeit. Für diese hat die Hingabe des Mädchens vor der Ehe nichts Anstößiges, nichts Unzukömmliches, im Gegenteil erwächst aus dem Umfange der Bewerbungen das Zeugnis für den Wert des Weibes und er wird ein Gegenstand seines Stolzes, eine Quelle rechtlichen Erwerbes, der aus dem Gewinne des Mannes in den Hausschatz fließt oder dessen Anlage begründen hilft. So trug nach Herodot (IV, 176) die afrikanische Gyndanenfrau als Zeugnisse erhörter Bewerbungen ebensoviel Lederringe um die Fußknöchel; „die nun die meisten hat, wird für die trefflichste gehalten, da sie von den meisten geliebt worden ist.“ Wir werden Belege nachtragen, wenn wir den Umschwung darstellen werden, welcher die Folge des Eindringens des Vaterrechtes war.

Doch schon auf jener Stufe beginnt der Mann die geschlechtliche Annäherung an das Weib als eine Art Besitzergreifung zu betrachten. Dies bezeugt uns eine von den Alten mehrfach erwähnte Form, das Aufstecken eines Stabes vor der Wohnung der in Besitz Genommenen. Den Stab aufzustecken ist auf den Südseeinseln, in Westafrika und anderwärts Zeichen mit Besitzergreifung identischer Tabuierung — das letzte Stümmelchen ist der Hegewisch auf unseren Fluren. Der Massagete gebrauchte dafür nach Herodot (I, 216) den Köcher mit Pfeilen, den er an dem Wagen der erwählten Frau aufhängte. Die Nasamonen aber verwendeten das Zeichen des Stabes [1], und in der Sage von den fünfzehn arabischen Brüdern, welche die ihrer Liebe müde Schwester durch die List der falschen Stäbe hinterging,[2] spielen diese Stäbe die Hauptrolle.

Indem die Geburt eines Kindes der Anlaß werden kann, daß

---

[1] Herodot IV, 172.

[2] Strabo, S. 783.

bei dem unstäten Leben der Vorzeit der Mann seiner Frau völlig entfremdet, so kann dasselbe Leben der freien Liebe auch jenseits der Ernährung des Kindes wieder Platz greifen — das Mutterrecht vermag die Einheit der Ehe nicht zu schützen. Auch Ehehindernisse kennt es so gut wie keine, und so erscheint auch die polygamische und polyandrische Geschwisterehe als ein dunkler Fleck ihres Wesens. Auch diese weicht erst der Gewaltthätigkeit des Mannes, der sich zum Herrn aufwirft. Die Vaterherrschaft, auf Gewalt aufgebaut, bringt es mit sich, daß die Werbung der Gewalt sich nach außen richtet; es gilt für schwächlich und unerlaubt, den eigenen Stamm zu berauben, und darum bezeichnet bei vielen Stämmen auf dieser Stufe, insbesondere bei Indianern, das gleiche Stammeszeichen — das Totem — ein Ehehindernis. Dem gegenüber ist die Ehe unter Mutterrecht viel mehr auf die engere Inzucht im Stamme angewiesen und kennt kein Ehehindernis; Völker mit solchen Sitten führt Herodot viele an. Jene Araber Strabos bedienten sich gemeinschaftlich der Frauen ihres Stammes; als „Ehebrecher“ aber galt ihnen konsequenterweise „jeder aus einem anderen Geschlechte.“

Diese Schatten hätte die Frau mit ihrer alle Organisation begründenden Mutterliebe ohne die Gewaltthat des sich in höherem Egoismus erhebenden Mannes nicht hinweggeleuchtet; sie spielen dunkler und heller heute noch über die Gesellschaftsverhältnisse verschiedener Kulturkreise ziemlich genau nach dem Maßstabe, nach welchem sich diese der Zeit nach wieder von den Rudimenten der alten Ordnung entfernt haben. Das tändelnde Liebesleben gedeiht besser bei den in ihren alten Wirtschaftsverhältnissen gebliebenen Südslaven, die Adalbertslegende zeigt uns die Ehe der Altslaven in, vielleicht übertrieben, schlechtem Lichte, und die Sage von König Frotho, der den Slaven gegenüber die jüngere Kaufehe vertritt, hat ihren historischen Kern.

Noch ein Punkt, der erst später ausgeführt werden kann, soll hier wenigstens Andeutung finden. Wir sahen die Frau als die besondere Trägerin und Wahrerin des ältesten Kultus; sie war die Vetreterin des konservativen Elementes desselben. Auch darin lag für die menschliche Organisation Segen und Fluch zugleich. Mag der barbarische Mann das kannibalische Menschenopfer in den Kult eingeführt haben; — das Kindesopfer steht, so schwer der Glaube fallen mag, in einer Ursprungsbeziehung zur Mutter, und die Mutter als Priesterin des Hauses bleibt geschichtlich die Trägerin dieser unheimlichen Tradition. Wie der Kampf der Pflichten und Gefühle in dem Mutterherzen wüten mochte, das verdeckt uns mitleidig die Geschichte; aber viele Mythen weisen darauf hin, daß die Frau für das Wagnis, die Kultpflicht einer alten unmenschlichen Zeit von sich zu werfen, nicht die Kraft gefunden hat; wieder hat die härtere Hand des Mannes zerstörend hereingegriffen und — neues Leben wuchs aus den Ruinen.

3. Nachklänge in Mythe und Sage.

Die bunten Mythen der Völker sind nicht die Kinder eines Phantasiespiels; irgendwo wenigstens ankern sie in festerem Grunde des Menschentums. Nirgends ist der Willkür weniger Raum gewährt, als in den Grundgedanken des Kultes. Kaum aber besteht in irgend einer Hinsicht mehr Uebereinstimmung im Mythenstoffe auf der ganzen Erde, als mit Bezug auf das Bild einer göttlichen Mutter oder Urmutter, das sich jede Religion auf Erden entworfen und deren Kult jede Mythologie als die älteste und unterste Stufe allen andern Kulten zeitlich voranstellt. Nicht wenige Mythen zeichnen ganz direkt die Schicksale dieses allen Vaterkulten vorangehenden Mutterkultes im Kampfe mit jenen; wie ein verklärtes Spiegelbild erscheint die wirkliche Geschichte im Mythus wieder.

Selten ist die Rothäut in der Entwicklung von Religionsbegriffen weiter gekommen als zur Vorstellung eines „großen Geistes“, der sich von den zahllosen übrigen Geistern durch seine Macht abhebt. Doch daneben tritt vielfach noch eine Mutter des großen Geistes hervor, und was noch seltsamer ist, sie ist hier vielfach der böse Geist. Ist schon der „große Geist“ oft dem armen Menschen zu schaden geneigt, so ist seine Mutter immer übel gesinnt, ungefähr wie ja auch unser Teufel noch seine „Großmutter“ hat, die womöglich noch schlimmer ist als er. Diese Vorstellung entspricht also einer verdrängten Kultpersönlichkeit ältester Art, die nun gerade so grollt, wie auf Erden die beleidigte Mutter als Schwiegermutter.

Die Muyscas am Rio Bogota haben in ihrem Mythus noch eine Erinnerung an die Zeit des Kampfes erhalten. Erst waren, sagt derselbe,[1] die Muyscas oder „Menschen" völlig Wilde ohne Landbau, ohne Religion, ohne Sitte, ohne Staat. Darauf folgte eine Zeit der Organisation: es kamen die Götter, nach den Geschlechtern Mann und Frau geschieden. Huythaca hieß das Weib, Botschika der Mann. Die Göttin war schön, aber bösartig und ihre Thätigkeit von unheilvollen Folgen; die Unternehmungen der Männer wurden durch ihren Einfluß gestört und trübe Fluten überschwemmten das Land, so daß die Menschen nur vereinzelt auf den höheren Punkten sich halten konnten. „Jetzt aber entbrannte der gerechte Zorn Botschikas, er verjagte das böse Weib für immer von der Erde und verwandelte es in den Mond." Der Mann nun öffnete den Fluten den Abfluß durch die gespaltenen Felsenwände, legte das Land trocken und berief die Menschen von ihren Höhen herab zu einem Leben der Kultur. Jetzt hat Botschika seinen Sitz in der Sonne, und so leben denn noch im Kulte die beiden Prinzipien der Organisation wie Mond und Sonne verschieden fort; aber das Weib ist mit seiner unzulänglichen Macht unterlegen; nun ist Ordnung im Lande.

In Altägypten erscheinen als die ältesten der zahllosen Gottheiten Isis und Osiris, und während die andern nur da und dort eine Hauptmalstätte haben, sind diese im ganzen Lande heimisch; — aber der Mythus nennt ausdrücklich Isis, die Mutter, voraus. Der babylonische Mythus weiß von einer Urmutter Tiamat, im Schlangenleibe gedacht; sie hat Merodak, der männliche Gott, in jüngerer Zeit bekämpft und erlegt. Eine Schlange schiebt sich im biblischen Berichte vor den Willen der väterlichen Gottheit, und wird von dieser verworfen und verflucht; im Staube muß sie leben. Ueberall ist die Erde selbst der Sitz dieser alten Urmutter, und auch die Ahnenreihe der griechischen Götter eröffnet eine Gäa,

[1] Müller, Amerikanische Urreligionen, S. 423.

„Mutter Erde", und der Kult der Demeter bezeichnet in zahlreichen Mythen eine der Herrschaft jüngerer Götter vorangegangene Zeit friedlichen Erdenglückes aus dem Gesichtspunkte einer nachmals erfolgten Versöhnung beider Gewalten. In ihrer Tochter — beide identische Personen hat nur die Erzählung des Mythus getrennt — hat sie selbst mit dem Eintritte der Herrschaft männlicher Götter in die Unterwelt gestoßen werden sollen; aber ein billiger Vergleich hat ihr eine halbe Herrschaft belassen — so hat auch im Zeitalter der Heroen die Mutter-Frau nur die Hälfte ihrer alten Herrschaft gerettet.

Im Demeter-Kulte tritt ganz die alte Zeit des Mutterrechtes vor unsere Augen. Ihrem Abschiede weinen vorzugsweise die Frauen nach, die Frauen jubeln ihrer Wiederkehr zu. Frauen sind vorzugsweise ihre Priesterschaft und Trägerinnen eines geheimnisvollen, nächtlichen, weil einer verschollenen Zeit entrissenen Kultes. An Demeter knüpft sich noch immer die Vorstellung eines friedlichen Lebens des Ackerbaues um die häusliche Stätte im scharfen Gegensatze zu dem wilden Unternehmungsgeiste, der den Mann der Heroenzeit zu Raub und Plünderung hinaustrieb. Aber auch die unheimlichen Züge der Vorzeit stehen mit jenem Kulte in einer nahen Beziehung; er ruft die Erinnerung des Menschen- und Kindesopfers ins Leben zurück, um die Menschen einer milder gewordenen Zeit dieses Umschwunges sich freuen zu lassen, und er entfesselt wieder die Ungebundenheit geschlechtlichen Lebens. In dem Hinzutreten von Dionys-Bacchus zeigt sich dieselbe Vorstellung von der andern Seite; die siegende und befreiende Neuzeit führt die Ungebundenheit der alten Sitte und ihrer Vertreterinnen triumphierend durch die Welt; in der Zeit der Heroenkämpfe stürzt das Mutterrecht zusammen. — Auch Athene, das edelste Bild des griechischen Olympes, steht noch mit einem Fuße auf derselben Basis; aber vom Alten sich abwendend, wird sie die Göttin der segensreichen Vermittlung beider Zeiten; sie ist die geschworene Gegnerin des gemeinen, rohen Ares und hat ihr Land vor Poseidons Herrschaft beschützt.

Rom bewahrte in Kult und Mythus das Andenken des Sieges über die Organisation eines älteren Volkes unter Mutterrecht. Zum Marsfelde gehörte einst das Tempelgut der alten Dea Dia, die in grauer Urzeit hier ihren Kult empfangen hatte. Acca Larentia, die Larenmutter, und die weibliche Wölfin sind dieselben Gestalten jener Urzeit, und der römische Mythus erzählt von ihnen, wie sie das Römervolk unter Mars und Jupiters Herrschaft zum Erben eingesetzt hätten — die neue Zeit des Vaterrechtes trat die Erbschaft der entthronten Mutter an. Aber Mania, die mütterliche Urgöttin, blieb noch lange der Gegenstand volkstümlicher Hauskulte, wie sich aus unserer altgermanischen Erinnerung keine Gestalten so deutlich erhalten haben, wie die der weiblichen Urgöttin Hellia und Frau Holda. Freia ist wie Juno und Here das Bild der in geteilter Herrschaft waltenden Frau — Hellia ist die alte herrschende Mutter; zu ihr kommen alle zurück ohne Wahl.

In der slavischen Volkserinnerung sitzt kein Bild aus dem gestürzten Götterreiche so fest, wie das einer Urmutter, der „Großmutter" — Jedzi-baba, und der neue Christenglaube hat ursprünglich bei Germanen und Slaven kaum für einen Kultgegenstand ein entgegenkommenderes Verständnis finden können, als für die „Gottesmutter", und auf slavischer Seite noch insbesondere für „Mutter Anna", die Großmutter des Herrn. Wer den Pulsschlag des Volkes fühlt, der kann sich heute noch vergewissern, wie tief in den Herzen die Muttervorstellungen Wurzel geschlagen haben. Daher stammt heute noch in katholischen Gebieten die große Innigkeit des Kultes der „lieben Frau", und wenn uns aus dem frühen Mittelalter Klagen vorliegen, daß die Christenheit fast ihres Gottes vergessen habe über der Verehrung seiner Mutter, so werden wir damit nur daran erinnert, daß jene Zeit der Quelle der betreffenden Einflüsse zeitlich noch um Jahrhunderte näher stand.

Die klassische Griechensage hat uns in drei Gebieten das Andenken an die Zeit der Mutterherrschaft, ihre Kämpfe und ihren Untergang bewahrt: in den Heroinen, denen der Dichter Hesiod seine altertümliche Kunst gewidmet hat, stehen noch Denkmäler der ersten Zeit vor uns, doch nicht mehr unberührt vom Hauche der jüngern; in den Sagen der Heroenzeit glüht und lodert der Geburtskampf der neueren Zeit, wie ihn in Epen und Tragödien der griechische

Genius künstlerisch gestaltet hat; in den Amazonensagen erscheint er der ungezügelten Phantasie des Volkes preisgegeben.

Ist es wohl zufällig, daß gerade die Urzeit griechischen Lebens wie griechischer Poesie sich einführt durch das Auftreten einer heroischen Weiblichkeit, die einer spätern Zeit wie einem erloschenen Geschlechte angehörig erschien? Nicht gleichmäßig verteilt erscheinen in Griechenland die Heroinen der Urzeit; man erkennt vielmehr bald, in welchem Zusammenhange mit den Traditionen einzelner Völkerschaften sie stehen müssen. Bemerkbar treten sie gern dort hervor, wo die Sage die Verbindung mit einem östlichen oder südlichen Volke der ältesten Kulturschicht festhält; haben wir doch auch gerade in diesen Ländern noch die verschiedensten Reste alter Organisation gefunden. Auffallend vertreten erscheint das Prinzip der Heroinen im kadmeischen Geschechtsverbande: Semele, Ino, Antonoe, Agane, Harmonia gehören ihm an, und die Sage heftet zugleich an dieses fremdländische Haus alle Zeichen hoher Altertümlichkeit. — In Libyen läßt die Argonautensage Heroinen wohnen, die Jason gebieten, vor allem die Mutter zu ehren. Es ist der stiefmütterliche Sinn Inos, welcher mit der Flucht des Phryxus die ganze heroische Bewegung dieses Sagencyklus in Fluß bringt. Auch Kolchis hat wie Libyen seine schützenden Heroinen — Hekate, die Muttergöttin, Medea, Kirke, Perse. — Herakles, in dessen Figur sich der Kampf der Zeit gegen das Frauenrecht personifiziert, hat dem Zeus die großen Kultfeste der Olympien gestiftet — aber diese verbannen das Weib aus der Nähe des Heiligtums; es soll zur Zeit der Spiele nicht den Alpheus überschreiten; nur die Priesterin der Demeter, der in den Olymp aufgenommenen Muttergöttin, darf auf ihrem weißen Malsteine sitzend, dem Spiele zusehen, sie allein von allen Frauen. Dem Opferaltare des Olympiers dürfen sich Frauen nicht über eine bestimmte Grenze hinaus nahen, obgleich doch einst in demselben Olympia die alte Göttermutter Gäa ihre Kultstätte und ihr Orakel hatte — die Zeiten waren andere geworden.

Fern von hellenischer Kultur lebt das Volk der Phäakeninsel in jener stillen Glückseligkeit dahin, welche in der Vorstellung der Nachwelt die Mutterstaaten kennzeichnete, und die Königin Arete tritt in gleichem Verhältnisse als Richterin zwischen streitende Männer, unverletzlich und schutzgewährend, geehrt wie eine Göttin vom Volke, über die Stellung der Hellenin hinaus. Hesiod hat in seinen Eöen nur Heroinen — Mekionike, Antiope, Thero, Coronis, Cyrene, Almene — besungen — ein Gegenstand der Poesie, der der historischen Zeit als ein untergegangener erschien. Wie aber der Mythus so vielfach die Reihe der Götter mit einer Allmutter eröffnet, ganz so führt die Sage die Frauen der Urzeit — Semiramis, Dido — als die Gründerinnen der Staaten und Kolonieen an.

Der Feuerschein am nächtlichen Himmel gibt uns von einem Feuer Kunde, das unter unserem Horizonte brennt, nach Umfang und Formen für uns schwer bestimmbar; so zeugt die Sage für die Vergangenheit. Deutlicher aber tritt uns im Gebiete der griechischen Geschichte die Zeit jenes Kampfes zunächst selbst entgegen; es ist, als schösse da und dort die Flamme über den Horizont. Das Pelasgertum mit seiner geringen, nicht genügend widerstandskräftigen Organisation unter Mutterrecht muß verschwinden — damit beginnt für uns die Geschichte der Hellenen. Das Schwert, das einst die Mutter ihren Söhnen zu ihrem Schutze in die Hand gegeben, stürzt die alte Ordnung im eignen Hause — überall brechen junge, kriegerische Männer hervor und begründen Herrschaften der Eroberung und Gewalt auf dem einst friedlichen Mutterboden. Der Zeit fluchend, flieht die Mutter in ihr Frauengemach, und mit ihr zieht sich der mütterliche Kult vom öffentlichen Leben zurück; Gäa und Demeter flüchten in das Megaron des Hauses; jüngere Götter — männliche Götter errichten die Herrschaft: Zeus und Apollon oder der kretische Poseidon, der das Meer beherrscht, dem die Frau sich nicht anvertraut. Der Mutterkult der alten Zeit schließt sich noch an das Grab, — die Malzeichen der jungen Götter erheben sich zu luftigen Höhen; mit den aufstrebenden Völkern steigen die Götter empor und nehmen auf Bergen und im Himmel selbst ihren Sitz. So scheiden sich noch schärfer die Objekte des alten und neuen Kultes als die der dunklen Erde und des lichten Himmels, oder, um griechischen Ausdrücken zu folgen, als chthonische und uranische. Ueberall ertönen Kampfrufe, die uranischen Götter siegen auf der ganzen Linie; neue Staatengebilde erstehen: Frieden kehrt in Hellas wieder ein, und die Mythen sind geschäftig, Bande zwischen Unterthanen und Siegern zu knüpfen.

Einen leicht verständlichen Mythus dieser Art hat uns seltsamerweise gerade der heilige Augustinus in seinem „Gottesreiche“ (c. 18, 9) nach einer Erzählung Varros aufbewahrt. Es war hiernach in Attika zu Urzeiten, da brach gleichzeitig an der einen Stelle ein Oelbaum, an der andern ein Wasserquell aus der Erde hervor. Das Orakel zu Delphi, um dieses Wunder befragt, antwortete, der Oelbaum bedeute Athene und ihre damals noch mütterlich frauenhafte Herrschaft, das Wasser Poseidons männliche, erobernde Gewalt. Das Volk möge wählen, nach welcher der beiden Gewalten seine Stadt genannt werden solle. Da wurde eine Versammlung berufen, und es kamen die Männer und die Frauen, denn es war bis dahin Sitte und Recht gewesen, daß auch die Frauen an den öffentlichen Beratungen teilnahmen. Doch jedes Geschlecht stimmte für sein Teil, die Männer alle für Poseidon, die Frauen alle für Athene; aber der Frauen war um eine mehr, als der Männer. Poseidon durch diesen Wahlausfall beleidigt, sann auf Rache und ging daran, ganz Attika samt seinen Oelbäumen mit seinen Wasserfluten zu überschwemmen. Da sahen sich die Männer genötigt, dem Zorne des Gottes ein Recht der Frauen zu opfern, und sie legten diesen die erniedrigende Beschränkung auf, daß sie fortan kein Stimmrecht mehr besitzen, und daß die Kinder nicht mehr nach der Mutter Namen genannt werden sollten.

Wir sehen sonach deutlich jenes allgemeine, alte Mutterrecht in seinen wesentlichsten Merkmalen gekennzeichnet; es sinkt in Attika dahin einem fremden Stamme zulieb, der unter dem Poseidonszeichen im Lande sich festsetzt. Athene rettet zwar ihre Herrschaft, verliert aber ihren mütterlich frauenhaften Charakter und erscheint als Mannweib fortan als Vermittlerin in dem die ganze ältere „Heroenzeit“ ausfüllenden Kampfe um altes und neues Recht.

Auf solchem Grunde erhebt sich der tragische Mythus von Orest. Die That des Weibes, die den Mord des Gemahls auf sich geladen, und die Schuld des Sohnes, der zur Sühne für den Vater die Mutter ermordet, stehen einander gegenüber, und an der

Wage mit den schwankenden Schalen streiten altes und neues Recht. Zur Vatersühne hat Apollo, der Gott der neuen Gesellschaftsordnung, den Sohn getrieben, den Muttermord verfolgt die Erinnys, die alte chthonische Gottheit. Wieder stehen, sich widerstreitend, dieselben Prinzipien einander gegenüber, und wieder halten die Stimmen des Urteils sich die Wage; da legt Athene, die vermittelnde Göttin — die Frau, aber die unmütterliche und mutterlose, ihren Stein für Orest in die Urne: Orest wird freigesprochen. Durch seine Göttin repräsentiert, erscheint Athen als die Stadt, die, mit ihren Anfängen selbst noch in der Zeit des Mutterrechtes wurzelnd, es verstanden hat, dem Zuge einer neuen Zeit zu folgen; Spartas Männer sitzen bei ihren Sissytien und die Frauen essen daheim ihre Grütze.

Bachofen[1] hat es zuerst erkannt, wie uns Aeschylos in seinen Eumeniden in der Dramatisierung dieses Mythus den tragischen Konflikt des Kampfes zweier Zeitalter vorgeführt hat. Athen ist nicht nur durch einen poseidonischen, sondern mehr noch durch einen jüngeren apollinischen Bevölkerungsteil in die Herrschaft des Vaterrechtes hineingeführt worden, und die feinsinnige, verständige Athenerin hat, — wenn wir die Göttin für ihr Allbild nehmen dürfen — nach beiden Seiten erwägend, dem Fortschritte der Organisation das Recht des Blutes geopfert. An dieselbe Grenzseite zweier Zeiten versetzt der sinnige Mythus die Ablösung der Blutrache durch ein Blutgericht. Dieser Wink hat historischen Wert. Die Zeit des Mutterrechtes ist in der That gekennzeichnet durch die auch dem Namen nach an jene erinnernde Blutrache, deren nie abreißender Fäden jede Organisation weiteren Umfanges in ihrem Beginne erdrosselt. Aber Blutrache ist ein Recht und eine Pflicht, so sehr in der Natur gelegen, daß das auf die Natur allein sich stützende Mutterrecht sie nicht zu beschränken vermag. Mit der Bändigung des Racherechts und der Rachepflicht thut die Organisation des Mannes zum erstenmal der Natur Gewalt an — ein folgenreicher Schritt.

Nur der Mann, in dessen Händen die physische Gewalt ruht, kann eine solche Bändigung mit Erfolg versuchen; aber er kann es

[1] Das Mutterrecht, S. 45.

auch nur durch eine Organisation, für die das ungebrochene Mutterrecht ihm keinen Raum gewährt. Das erste Strafgericht, das Männer aufgerichtet haben, ist ein **Bündnis** gegen die Selbstrache, gegen die der alten Vorstellung von der Blutsverwandtschaft allein folgende Blutrache. Indem dieser Bund jemand durch Urteil dem Tode preisgibt, überläßt er — dafür zeugt noch das alte germanische Strafrecht — die Tötung des der Blutrache verfallen Erklärten immerhin noch denjenigen, die das Blutband verpflichtet, aber er schneidet die weitere Rache ab für diese unter allgemeiner Uebereinstimmung vollbrachte That. Alle, das ist der Sinn dieses Gerichtes, wollen nun zusammenstehen gegen den Einen, der den nach Aller Uebereinstimmung getöteten wieder rächen wollte; so wirkt das Gericht jenen Frieden, ohne welchen keine Organisation erstarken könnte. Diesen Frieden kann Frauenrecht nicht schaffen: so hängt das Strafrecht mit dem **Vaterrecht** zusammen, und der Mythus zeigt uns diese Verbindung.

Vor diesem Gerichtshofe vertritt nun in der Tragödie die **Erinnys** das **Mutterrecht** gegen Apoll und Orest. Sie kann von ihrem Standpunkte aus nicht anerkennen, daß auch das Weib eine „**Blutschuld**" treffe durch den Mord des Gatten und des Vaters ihres Kindes. „Sie war dem Manne nicht **blutsverwandt**, den sie erschlug" — darum hat keine Erinnys rächend **ihre** That verfolgt; die Rache folgt nur dem Blute, darum stürzt sie sich auf Orest allein:

„Trug denn, du Blutger, unter ihrem Herzen sie
Dich nicht? Verschwörst du deiner Mutter theures Blut?"

So ist der Mann vogelfrei gegenüber dem herrschenden Weibe; aber **Apoll** führt die Rache ein auch für den Mann und zugleich das beschränkende Gericht; **er** heißt Orest die That vollbringen und reinigt ihn vom Blute; Apoll verkündet vor den Richtern das jüngere Gesetz der Vaterfolge.

„Nicht ist die **Mutter** ihres Kindes Zeugerin,
Sie hegt und trägt das auferweckte Leben nur;
Es zeugt der **Vater**, aber sie bewahrt das Pfand,
Dem Freund die Freundin, wenn ein Gott es nicht verletzt."

Die Erinnyen erfassen ganz die Wucht des Satzes und der Zeiten Umschwung:

„Darnieder stürzest du die Mächte grauer Zeit!
Du, der junge Gott, willst uns, die alten, niederrennen."

Athene entscheidet mit ihrem Stein den Spruch, und sie, die der Mythus, ihre Geschichte widerspiegelnd, mutterlos gemacht, zerschneidet vollends den Faden der Vergangenheit:

„. . . . für Orest leg' ich diesen Stein hinein,
Denn keine Mutter wurde mir, die mich gebar" . . . .
„Drum acht' ich minder sträflich jetzt den Mord der Frau,
Die umgebracht hat ihren Mann, des Hauses Haupt."

Dies war das erste Blutgericht unter den Sterblichen; die Vergangenheit kannte nur Rache — kein Gericht. Klagend singt der Chor der geschlagenen Erinnyen:

„O neue Götter — alt' Gesetz und uraltes Recht,
Ihr rennt sie nieder, reißt sie fort aus meiner Hand."

Athene ist wieder die Vermittlerin. Zwar nehmen die Erinnyen, dem alten Mutterkult entsprechend, ihren Wohnsitz in den Tiefen der Erde; aber Athene, die weise Göttin, sichert ihnen Kult und Verehrung der Menschen und gewinnt sie so; in der That hat Hellas neben den uranischen Kulten der Eroberer die chthonischen des friedlichen Hauses bewahrt, neben dem des Odysseus auch der Penelope ihr herrliches Denkmal gesetzt.

Ein ähnlicher Schein fällt auf den Mythus von Alkmäon. Um einen Halsschmuck verrät Eriphyle ihren Mann Amphiaraus — und wieder erhebt sich keine Erinnys gegen die Schuldige. Wieder rächt ein Sohn, Alkmäon, den Vater an der Mutter, da doch seine That nicht unter der Weihe der Pflicht nach altem Gesetze steht, denn kein Blutband verbindet ihn mit jenem. Da erhebt sich die Gottheit des Mutterrechtes selbst, „Mutter Erde", zur Rache an Alkmäon, und er findet keinen Frieden, bis ihm wieder Apoll, der Gott der neuen Ordnung, ein Stück Landes zeigt, das zur Zeit des Mordes die

Erde noch nicht geboren hatte — eine auftauchende Insel; hier im neuen Lande findet das Recht des Vaters seinen Schutz.

Aus einer Zeit wirklicher Kämpfe dieser Art nahm das griechische Epos und Drama seine blutigen und doch wegen ihrer Größe und Wahrheit ewig fesselnden Stoffe. Ein unaufhaltsames Verhängnis bricht über die alten Lebensformen herein; auf seinem heiligen Rechte steht der Mensch, und das unheilige Verhängnis muß ihn stürzen. Vernichtung droht die aufstrebende Gewalt des Mannes, und sie allein rettet das Leben aus unhaltbaren Formen. Kaum irgend etwas ist wirksamer in den Meisterwerken griechischer Tragödie als dieser tiefe, dunkle Hintergrund. Woher aber bei einem Volke, bei dem in historischer Zeit die Frau so wenig aus ihrer Häuslichkeit hervortrat, diese Fülle unheimlich großer Gestalten, fluchbeladener Frauen, einer Helena und Klytämnestra, Hippodamia und Eriphyle, woher der weibliche Impuls zu den Gräueln im Tantalidenhause und zu medeischen Thaten?

Wie wunderbar aber stimmt mit dieser Mythenwelt das blutige Kolorit zusammen, das eine ganz ähnliche Entwicklungsphase unserer eigenen Vorzeit trägt! Wir lernen an der Hand der Volksrechte unsere alten Franken kennen, wie sie, wohl erst gefolgschaftsweise, in das Römerreich einbrechen, dann mit Weib und Kind in das erworbene Land vom „Seeland“ aus hineindrängten. Noch trug ihre Organisation daheim deutlich die Spuren des alten Mutterrechts an sich; erst auf gallisch-römischem Boden vollzog sich ein ähnlicher Prozeß zersetzenden Aufschwungs, wie der des hellenischen Heroenalters. Die Fülle der Güter und Gewalten, die sie erwarben, zersprengten die engen Formen einer veralteten Organisation, und wieder erscheinen auf den Trümmern titanenhaft gewaltige, in ihrem schrankenlosen Machtbewußtsein und der Unkenntnis jeder Schranke mit Bestien wetteifernde Frauen. Uns ist auf diesem Boden kein Drama erwachsen; aber wer von den Fredegunden und Brunhilden bei Gregor von Tour liest, der wird die Tantalidenzeit vor sich erstehen sehen. Leider hat unsere Kunst nicht mit dem bewunderungswürdigen Geschichtssinne der Griechen die Größe der Zeit festgehalten; sie hat sie fast lieber in der Ungeschlachtheit der Formen gesucht. Immerhin knüpft auch bei uns die beste Epoche der älteren Kunst an jene Zeit, da über dem Männerkampfe Frauen wie furchtbare Göttinnen sich erheben.

Haben wir oben die Deutung des Mythus von Athene und Poseidon richtig gegeben — und dessen ist kaum zu fehlen — so liegt ihm ein historischer Kampf von verschiedenen Bevölkerungsteilen Attikas zu Grunde, welch letztere unter verschiedenen Organisationen und auf verschiedenen Organisationsstufen lebten. Die Formen der Volkserinnerung sind zufällig und mannigfaltig. Ganz dieselbe Thatsache kann sich naturgemäß noch in anderer Weise als gerade im Kleide eines Mythus dem Volksgedächtnisse einprägen. Der Mythus kennzeichnet die Repräsentation der Volksgruppen durch ihre Kultobjekte, ihre Gottheiten; nicht bloß in dieser Form kann das Volk Geschehenes merken; auch Anführer mit historischen oder dafür gehaltenen Namen können als Träger der Thatsachen fortleben. So tritt uns dieselbe Thatsache als Sage entgegen, und dieser Wechsel der Form gibt ihr trotz der Identität des Inhaltes ein wesentlich verändertes Aussehen; es mag scheinen, als ob dann Mythe und Sage gänzlich verschiedene Dinge berichteten.

Ein solches Beispiel liegt in der athenischen Amazonensage vor uns. Indem diese der berichteten Thatsache nach mit jenem Mythus — in der von uns hervorgehobenen Richtung — zusammenfällt, gibt sie uns zugleich einen guten Schlüssel für das Verständnis des Amazonentums. Die Vorstellung eines solchen mußte sich — lange vor Homer und Hesiod — bilden, indem die erzählende Dichtung die Erinnerung an alte Völkerschaften unter Frauenregiment, wie solche einst mit der aufstrebenden heroischen Organisation unter Vaterrecht um die Existenz und um den Boden gerungen hatten, plastisch ausgestaltete und in das Schmuckgewand der Romantik kleidete. Manche dieser Amazonengeschichten, wie die virgilischer Herkunft, mögen frei und nach Analogien erfunden sein; im ganzen aber liefern sie ein Zeugnis für die weite Verbreitung des Mutterrechts und der Erinnerung an dasselbe. Daß sich die umgestaltende Dichtung und die individualisierende bildende Kunst gerade dieses Stoffes mit solcher Vorliebe bemächtigte, ist leicht verständlich; er ist so bildsam, wie poesievoll, und der Widerstreit weiblicher Anmut mit dem Trotze der Selbständigkeit hat uns immer gefesselt. Aber die Lokalisierung der Sagendenkmäler in Athen und anderen Städten Griechenlands ist eine so auffallende, die Verbindung mit den heiligsten Kultobjekten eine so auszeichnende, die künstlerische Verwertung der Motive überhaupt eine so außerordentlich reiche, daß man unmöglich daran denken kann, ein etwa von einem Lederhändler heimgebrachtes Märchen von einem Völkchen am Kaukasus hätte das alles geschaffen und in Schwung gebracht.

So zahlreich aber die Ausprägungen der Motive sind, ebenso weit mögen sie sich auch wohl im Einzelnen von der Naturtreue entfernen. Wenn die Geschichte nur überhaupt von einem Kampfe zweier Organisationsformen weiß, so muß die Kunst nicht immer das Richtige treffen, wenn sie uns die Trägerinnen des einen Prinzips hoch zu Roß als Kämpferinnen zeigt, — aber sie hat in ihren Mitteln keinen andern Ausdruck dafür. Daß sich auch Völker mit Mutterrecht mit der Waffe zu wehren wüßten, ist gar nicht zweifelhaft, denn auch sie hatten gar keine Not an streitbaren Männern; — wie oft aber die Frau selbst auch dieser Organisation des Krieges sich mag an die Spitze gestellt haben, das ist historisch nicht mehr zu ergründen. Ganz undenkbar ist es aber nicht. Auch in den Perserkriegen trat eine Frau noch in solcher Rolle hervor, und auch heute noch zeigen Völker, die der Stufe der Mutterfolge noch näher stehen, nicht unähnliche Erscheinungen. Die Könige von Laongo vertrauen im Felde ihren Kriegsfetisch, — die Standarte, — nur einer ihrer Frauen an, und der König von Dahomey hat sich bekanntlich aus ausgemusterten Schönheiten seines Harems ganze Garderegimenter gebildet.

Auch das in den Amazonensagen häufig wiederkehrende Moment, daß die Frauen als eine von der Männerwelt geschiedene Gemeinschaft hingestellt werden, erscheint im Hinblicke auf das, was wir in Bezug auf noch existierende Völker und deren Sitten wissen, nicht notwendigerweise aus der Luft gegriffen. Gesonderte Verbände von Frauen und Männern kennen wir auf einem Boden, der dem Mutterrechte noch näher liegt, vielfach genug, und jene Hütte, die sich in den „Heidenstaaten" Afrikas der Ehemann in der Nähe der Schwiegereltern baut, lediglich um hier zeitweilig mit seiner Frau, die getrennt von ihm wohnt, zusammenzukommen, ist eine reale Grundlage für mancherlei Dichterwerk. Selbst heute noch wird man vereinzelt auf der Balkanhalbinsel Männern weitab von den Dörfern auf den Viehweiden, und Frauen daheim begegnen, die regelmäßig nur die Feste des Jahres und der Winter zusammenführen. Wenn wir den Geist der Urzeit nicht ganz unrichtig auffassen, dann erkennen wir freilich auch sofort, wo sich die Dichtung von der Wahrheit entfernt hat: in dem angeblichen Männerhasse, dem Stolze der Jungfräulichkeit und jener Verstümmelung, von welcher unglückseligerweise gerade das ganze Amazonentum den Namen erhalten haben sollte. Zu dem Motive des Männerhasses konnte die Kunst leicht gelangen, wenn sie nach ihrer Art das Generelle individualisierte; aber sie entschädigte dafür auch wieder die gekränkte historische Treue, indem sie jenen als keineswegs unbesiegbar zeigte.

Kehren wir nun zu derselben Thatsache zurück, die wir als den historischen Kern aus dem Mythus von Athene und Poseidon ausschälten. Statt Poseidon, dem göttlichen Vertreter eines pelasgisch-hellenischen Volksteiles, dessen Vorgeschichte auf Kreta weist, nennt uns die Sage einen menschlichen Helden — Theseus, welcher das alte drückende Abhängigkeitsverhältnis jenes Volksteiles zu Kreta gelöst hat. An der Stelle jener Athene aber, die noch als feindseliger Gegensatz zu dem poseidonischen Elemente erschien, nennt die Sage ein Volk unter Mutterrecht — die Amazonen. Wir treffen sie zu Athen. Gerade auf demselben Areshügel, auf dem das siegende Heroenrecht das erste Blutgericht errichtet, da hatten nach Aeschylos einst die Amazonen ihre trotzende Burg im Angesichte der des Theseus. Auf den Hügeln der Akropolis und des Areopag standen sich die um die Herrschaft ringenden, nach Organisationsstufen geschiedenen Volksteile Attikas gegenüber.

Theseus, das junge Hellenentum, besiegte die Amazonen, und dieser Sieg gilt fortan als ein Ereignis von unvergeßlicher Bedeutung; dieser Sieg eröffnet die Geschichte Athens; er wird gerühmt als das größte Verdienst, das sich Athen um Hellas, um die junge Kultur erworben; er ist der Stolz der jüngeren Geschlechter und das unverwüstlichste Motiv der Künste. Die „Amazonenschlacht" hat einst nach dem Berichte des Pausanias (I, 25, 2) die Burgmauer der Akropolis geschmückt, den Schild der Pallas und den Sockel des Zeusthrones; im Theseustempel und in der Poikile bildete dieser Moment der Geburt des Staates den Mittelpunkt der Darstellungen, und zahllose Vasenbilder zeugen von der Beliebtheit dieses Motives. Nicht minder zahlreich als die Denkmäler, welche in bewußter Weise dem hoch gehaltenen Ereignisse der Geschichte gesetzt worden waren, waren jene, welche das Volk als uralte Zeugnisse desselben ansah. Amazonendenkmäler müssen ungefähr so populär in Attika gewesen sein, wie „Schwedenschanzen" in Deutschland. Eine Säule in Athen sollte noch nach Plutarch[1] die Stelle bezeichnen, wo die Amazonenkönigin Hippolyte gefallen sei; in der Nähe des Theseustempels sollte eine Stelle, das Horkomosium, die Stätte des Friedensschlusses sein, und sowohl den gefallenen Amazonen, wie den Siegern seien hier Feste gefeiert worden. Im „Amazoneum" seien einige der Gefallenen begraben; nach anderen war dies ein Andenken aus der Zeit der Amazonen selbst; dort hatten sie nach Diodor (4, 28) jenes Lager aufgeschlagen. Man zeigte das Grab Antiopes, der durch Liebe Besiegten, und Molpadias. Man sagte, die Boëdromien wurden dem siegreichen Apollo gerade am Jahrestage jener Schlacht auf dem Gebiete der nachmaligen Stadt Athen gefeiert.

Ein so reichhaltiger, man möchte sagen, vordringlich hervortretender Stoff historischer Erinnerung, kann der wohl hier in dieser Weise festgenagelt worden sein, nachdem er lediglich auf den Flügeln der Sage, als ein Schiffermärchen von Amazonenkämpfen in weiter Ferne herbeigetragen worden wäre? Gewiß nicht. Wohl aber ist unter gegenteiliger Annahme sehr leicht erklärlich, wie es kam, daß dieser einst einheimische Sagenstoff seine Lokalisierung immer weiter in die Ferne schob, so daß mythische Helden die Amazonen entweder dort auf weithin unternommenen Zügen heimsuchen, oder von dort-

---

[1] Theseus, c. 27

her auf das heimische Schlachtfeld der Sage herbeilocken mußten. Nicht in Athen wären dann die Amazonen daheim gewesen, sondern vom Flusse Thermodon im pontischen Lande Kleinasiens im Rache- und Verwüstungszuge herangenaht — die Feindinnen einer jüngeren Kultur.

Auch dieser Gang der Sage selbst steht mit der historischen Entwicklung, wie schon angedeutet, in gutem Zusammenhange. Ursprünglich tauchen, wie ich sofort zeigen werde, überall in Griechenland „Amazonen" auf; ihre Denkmäler sind über das ganze Land zerstreut; mit der Begründung der Heroenherrschaft verschwindet natürlich das einheimische Amazonentum. Aber in den Kolonien, da wo sich nun die unternehmenden Griechen mit fremden Völkern altertümlicherer Sitten berühren, da taucht jenes bald da, bald dort wieder auf; auch die Kolonien werden griechischem Leben unterworfen, und die Amazonen verschwinden wieder. Nur aus den fernsten Ländern bringen jetzt noch Reisende ähnliche Gerüchte; da, an der Grenze des Skythentums, da haben sie von Einrichtungen gehört, die auf die Anwesenheit von „Amazonen" schließen ließen. Nur hier bestehen dann Amazonenvölker fort, insofern die oft getäuschte Welt der Kultur es nicht vorzieht, mit Strabo an ihrer Existenz überhaupt zu zweifeln, oder gleich Neueren diese einfach zu verneinen trotz der festgemauerten Zeugnisse zu Athen. Steht aber andererseits, wie für den alten, trotz aller Bedenklichkeiten sorgfältig konservierenden Herodot, die Existenz eines solchen Amazonenvolkes noch fest, und kann sein Stammland auch nur hier in der weiten Ferne gesucht werden, wo es noch seine Beweise hat, so können auch alle jene Amazonen der Erinnerung, die in Hellas und in den Kolonien ihre Fußstapfen zurückgelassen haben, nur von dort ausgegangen, und da, wo die Zeichen dessen sind, müssen diese Züge untergegangen sein. So gewinnt die Sage das Substrat für jene großen Amazonenzüge, und diese wurden das dankbarste Motiv für phantasievolle Ausgestaltung; die fertige Trace des Zuges aber ergaben die vorhandenen Denkmäler und Erinnerungen.

Ein solches altes „Amazonengrab", angeblich das der Hippolyte, besaß auch Megara über seinem Markte. Trözen verehrte in dem Arestempel ein Denkmal des Sieges über ein Amazonenheer; auch hier hatte ihn seltsam genug derselbe Theseus erfochten; Trözen und Athen teilen sich eben in diesen Heroennamen. Aber ein solches Denkmal hatte auch die lakonische Stadt Pyrrhichium. Auch bis hierher war der Zug der Amazonen gekommen, und auch gerade hier hatte er wieder sein Ende gefunden. Das ist das seltsam Charakteristische dieser Amazonen, daß sie überall geschlagen, überall vernichtet werden und überall weiterziehen. Ein Artemisheiligtum und ein „Apollon-Amazonius“ bezeichneten hier nach Pausanias (3, 25, 2) die denkwürdige Stelle. Ueber Skotussä und Kynoskephalä in Thessalien leiten uns ähnliche Spuren bis nach Chäronea am Ufer des Thermodon. — Auch in den griechischen Kolonien standen zum Teil lebende Denkmäler jener Zeit des Amazonentums; die ganze lykische Familienorganisation bewahrte oder bildete ein solches. Wenn man einen aus Lykien fragte, erzählt der reiseerfahrene Herodot, wer er sei, so nannte er seine Mutter und seiner Mutter Mütter. In Milet haben sich die „Amazonen“ mit dem Tempel der Artemis ein Denkmal gesetzt; ja hier im Schutze dieses Tempels wohnten noch zu des Pausanias Zeiten (VII, 2, 8) Frauen aus dem Geschlechte der Amazonen mitten unter Abkömmlingen der eingewanderten Jonier. Und doch glaubt wieder Pausanias, daß unmöglich Frauen vom Thermodon den Kult der Artemis hierher gebracht haben könnten, sondern daß es einheimische Frauen gewesen sein müßten, wie auch die Erinnerung behauptete. Auch vor Troja erschienen zur Zeit des großen Kampfes Amazonen. Wie nun einmal die Auffassung der späteren Zeit lag, so war der Sagenkomposition ihr Weg vorgezeichnet: sie verband alle die markierten Stellen durch den großen Kriegszug der Amazonen, der von ihrem Stammland jenseits des Thermodon ausgegangen sei.

Wenn sie so im allgemeinen den geschichtlich möglichen Zusammenhang zerstört hat, so hat doch die Theseussage den alten echten Faden nicht ganz durchschnitten. Sie läßt das Amazonentum selbst in sich gespalten sein: die Liebe hat die Herrschaft verraten. In Athen selbst wohnt ein von Liebe bekehrtes Amazonentum; hier kämpft an des Theseus Seite Antiope, die liebende Amazone gegen ihre Schwestern. Aber freilich, die Sage muß sich konsequent bleiben: Antiope ist dem Helden aus ihrer fernen Heimat dahin gefolgt; sie hat ihm dort Themiskyra, die Stadt, verraten. Sie vermittelt in Athen den Waffenstillstand der Kämpfenden und verwendet sich für die Pflege ihrer verwundeten Schwestern.

Wie überhaupt das ältere Heroenzeitalter der Griechen durch den Uebergang zur neuen Organisation gekennzeichnet ist, so sind auch Dionys, der Gott, Perseus, Herakles, Bellorophon u. a. die Träger desselben Gedankens. Ja diese ihre historische Bedeutung war den Sagenerzählern des Altertums ganz und gar nicht unbekannt. Diodor von Sizilien (3, 54) weiß es ganz klar: „Herakles, der sich vorgenommen hatte, das ganze menschliche Geschlecht ohne Ausnahme zu beglücken, hielt es für unrecht, einige Völkerschaften unter der verächtlichen Frauenherrschaft zu belassen."

Wie es aber so überall eine Amazonenherrschaft, d. h. Organisationen auf Grundlage des Mutterrechtes oder Reste derselben gab, so gab es in der Zeit des Umsturzes auf griechisch-pelasgischem Gebiete in der ältesten Heroenzeit auch überall einen Herakles, einen Heros des Vaterrechtes, sei er nun ein solcher als Ueberwinder solcher Organisationen im eigenen Volke, oder als erobernder Besieger von Völkern solcher niederer Organisationsstufen und als Begründer von Staatswesen durch die größere Kraft der Mannesorganisation. So hat sich denn auch eine große Zahl von Erzählungen dieser Art um die mythische Einheit einer solchen Heraklesperson gesammelt; wie alle Amazonen in der Erinnerung zu Einem Volke, so sind auch alle Heroen dieser Art zu Einem Herakles geworden — nur selten, daß da und dort noch eine Spur landschaftlicher Unterscheidung zurückbleibt. So habe, erzählt nun die so bereicherte Sage, Herakles Gorgonen und andere Amazonen auch im Süden und Westen getroffen, als er das Abendland bis an die Säule im Westen durchzog, und er habe beiderlei auf diesem Zuge völlig vernichtet. Es ist ganz konsequent: gerade so wie durch eine historisch unstatthafte Individualisierung die Amazonen in der Sage Männerhasserinnen werden mußten, so erscheint Herakles als der „Misogyn", der Weiberfeind.

Strabo weiß als Geschichtskundiger von all den großen Zügen

der Amazonen; aber als Geograph glaubt er sie nirgends mehr auffinden zu können. Nur von Einem Amazonenlande hat er einige nicht gänzlich zeugenlose Beweise. Ein Theophanes, der den Feldzug mit Pompejus mitgemacht hatte und auch nach dem kaukasischen Albanien gekommen war, hatte „Amazonen“ als Nachbaren der skythischen Gelen und Legen gefunden, andere dieser Gegenden nicht Unkundige haben solche in der Nähe der Garganier gesehen — immer also erscheinen die Symptome des Amazonentums an den Grenzen der Kultur. Einiges von dem, was uns Strabo nach diesem Gewährsmann mitteilt, läßt wenigstens eine zutreffende Deutung zu; anderes ist aus dem einmal feststehenden Begriffe des Amazonentums der Alten abgeleitet, so die angebliche Sitte, der Waffenführung wegen die Entwicklung der Brust zu hindern. Sie besorgten, heißt es, alle Geschäfte, Ackerbau und Gärtnerei, aber darüber hinaus angeblich auch Viehzucht und Kriegsgeschäfte für sich allein. Durch zwei Monate des Frühjahrs aber kämen sie auf bestimmter Stelle mit den jenseits des Bergkammes wohnenden Garganiern ehelich, zugleich aber auch zur Begehung von Opferfesten zusammen; dann gingen die Männer wieder ihrer Wege. Von den Kindern behielten die Frauen die Mädchen bei sich, die Knaben aber brächten sie den Männern zur Erziehung. Wenn zugestanden werden dürfte, daß an jenen Grenzen der Kultur ein Volk von halbnomadischer Lebensweise gewohnt habe, so wäre der obige Bericht nur von wenigen Uebertreibungen zu reinigen, um in der Hauptsache zutreffend zu erscheinen. Ackerbau und Gärtnerei ist dann Frauensache, ebenso Viehzucht, soweit sie sich auf Geflügel und Kleinvieh erstreckt. Die Männerwelt kommt von den Viehweiden her außer dem Winter nur bei Festzeiten mit der Frauenwelt zusammen; die Mädchen bleiben beim Hause, die Knaben ziehen, allerdings nicht sofort, mit den Männern aus. So leben heute noch selbst in Europa einzelne Völkchen, und wer ihre Dörfer im Sommer besucht, wird von kleinen Frauenreichen reden können — nur das Kriegsgeschäft und die Verstümmelung sind Fabeln, abgeleitet aus der durch die Tradition einmal genährten falschen Voraussetzung.

Der „Vater der Geschichte“ hat es dem skeptischen Geographen gegenüber mehr darauf abgesehen, eine geschichtliche Möglichkeit des Amazonentums festzustellen. Ein solches bestand zu seiner Zeit und nach seiner Meinung noch in der heutigen südrussischen Steppe, drei Tagereisen nördlich vom Azowischen Meere und ebensoweit östlich vom Don. Er, der so viel Wunderbares auf der Welt gesehen, stößt sich gar nicht an den abenteuerlichen Zügen ihres Lebens, die, abgesehen von dem Zusammenleben mit Männern, ganz der schon fertigen Sage entlehnt sind, sondern ist nur bedacht und besorgt, den Verbindungsweg zwischen ihren dermaligen entlegenen Wohnsitzen und der alten, wohl bezeugten Amazonenstraße herzustellen. Zu diesem Zwecke muß er eine vermittelnde Erzählung aufnehmen, die uns noch tiefer in die Abenteuerlichkeit hineinleitet. Diese Ungeschichtlichkeit des Geschichtsvaters verdankt ihren Ursprung der schon feststehenden Meinung, daß alle Amazonen genealogisch an diejenigen angeknüpft werden müßten, welche einst den fabelhaften und doch so unablehnbaren Zug gegen die Hellenen unternommen hätten. Irgend eine Station — die bequemste natürlich — ist also der gegebene Anknüpfungspunkt; irgend eine gefällige Seele mag dabei dem alten Forscher behilflich gewesen sein; wäre es bloß seine Mutmaßung, er hätte es gesagt. Herodot läßt hiernach schon die Hellenen selbst bis an den Thermodon — in Urzeiten! — vorrücken und dort die Amazonen besiegen. Da werden nun natürlich die gefangenen Frauen auf Schiffe des Schwarzen Meeres gebracht, erschlagen — Amazonen, wie sie sind — die Männer und treiben nun — echte Weiber, des Steuerns unkundig — ins Meer hinaus, nach Norden, an die Gestade des Skythenlandes. Dort rauben sie Vieh. Die Skythen ziehen auf, erkennen die Frauen und greifen zur List. Junge Leute schleichen sich an, die Vorposten gewinnen Fühlung — Vater Herodot hat das sehr genau erkundschaftet und erzählt's recht behaglich — die Liebe kommt und sieht gar nicht und siegt; aber ganz nach Frauenrecht führt sie den Mann zur Frau. Wohl wollen die jungen Männer mit den gewonnenen Frauen zu den Eltern zurückkehren, aber die Frauen weigern sich, sie, die Männer sollen vielmehr ihren Vermögensanteil holen und zu ihnen kommen. Das geschieht, aber nun treibt sie die Furcht vor den Schwiegereltern weiter ins Land hinein — drei Tagereisen nach Norden, drei Tagereisen nach Osten. So erscheint ihr abseitiges Vorkommen, fern von der alten Amazonenstraße erklärt, und das kleine Restchen richtiger Angabe hat sich in die Erzählung aufgelöst — so arbeitet die Sage und auf einem niedern Stande auch die Geschichte.

Zeigten sich uns nicht nur in Aethiopien, sondern auch in Aegypten die deutlichsten Spuren einer der nachmaligen Kultur vorangegangenen Zeit der Mutterfolge, so darf es uns nicht wundern, daß auch den afrikanischen Saum des Mittelmeeres entlang die Amazonensagen ihren Boden fanden; auch dort hat die Heraklesarbeit auf die Vorstufe der Kultur die des Vaterrechtes gesetzt, die „Weiberherrschaft" niedergeworfen. Die sonstigen Schicksale und Züge des Amazonentums daselbst stimmen zu sehr mit denen des eben betrachteten überein, als daß wir sie wiederholen sollten. Wichtig und kennzeichnend für die Art der Sagenkomposition ist nur das Eine, daß sich auch hier die kindliche Geschichtsbildung mit der Einen Aufgabe abmüht, die lokal auftauchenden „libyschen" Amazonen ebenfalls an jene große Heerstraße des angeblichen Amazonenzuges anzuschließen. So müssen denn Nebenzüge durch Vorderasien über den Archipel und Thrazien verbindungsweise geleitet werden; man sieht, wie weit eine einzige schiefe Begriffsfassung des Menschen natürliche Wißbegierde und Forschungslust irre führen kann. Aus einem solchen Labyrinth leitet kein Ariadnefaden mehr eine kindliche oder eine verzweifelnde Kritik heraus. Der Fuß gerät nur immer tiefer in das Irrsal, je weiter ihn die Begierde drängt. So ruht dann das Bild der libyschen Amazonen, das uns Diodor (III, 52) entwirft, nur noch einzig und allein auf dem notwendig erscheinenden Unterbau des alten Sagenkernes. Die griechische Bildnerkunst, die der Sage so viele herrliche Motive verdankt, ist der Geschmacklosigkeit aus dem Wege gegangen, die — vielleicht überhaupt falsche — Etymologie des Namens zu illustrieren. Aelteren Schriftstellern genügte es noch, den streitlustigen Jungfrauen den rechten Arm nach allen Richtungen hin frei zu machen, um doch schon der Namensableitung das notwendige Opfer zu bringen; Diodor aber läßt die Mädchen seines libyschen Amazonenvolkes lieber symmetrisch verkümmern — nun steht er aber auch vor einer unabweisbaren Folgerung: die Männer müssen die Kinder nähren; sie können das natürlich nur als Kochkunstverständige, sie müssen also ihr Regiment in der Küche aufschlagen. So rollt das Steinchen erst in gefälligen Sprüngen und klatscht dann in den Sumpf.

Fortan beherrschen die Vorstellungen der klassischen Zeit auch die mittelalterlichen Gelehrten, und wo immer ein einzelnes Merkmal der Mutterrechtsverhältnisse in ihren Erfahrungskreis tritt, da weiß ihre ehrwürdige Gelehrsamkeit sofort alles — die Diagnose lautet unfehlbar auf Amazonentum. Wieder wie einst, als die Hellenen die Länder jenseits ihrer Meere betraten, leuchtete jetzt das Irrlicht des Amazonentums da und dort und überall auf und ließ sich nirgends erhaschen. Nichtsdestoweniger lohnt es sich, auch noch auf einige dieser Berichte einen Blick zu werfen. Wir sahen, wie das in seiner Fabelhaftigkeit rätselhafte Land der Frau immer über die an sich bewegliche Kulturgrenze hinausgedrängt wird, immer jenseits derselben sich zeigt. Dem Altertum verschwand das Irrlicht in der südrussischen Steppe, dem Mittelalter tauchte es im Westen Rußlands wieder auf, wieder da, wo dunkle Erinnerungen des Volkes eigene Heimat zeigen mochten.

Dort ist vom Quänenlande, dem „Land der Frau", der „Queen", noch ein Teil des Namens geblieben, und der Name, in seinem Sinne wohl berechtigt, genügte, in dem gelehrten Kopfe Adams von Bremen die ganze Ideenverbindung auszulösen. Was die Phantasie hinzuthut, zeigt den echt nordischen Hauch. Nicht Menschen, Ungetüme sind es, deren Umarmungen von Zeit zu Zeit die Frauen suchen, wenn nicht gar das Wasser des Landes allein von wunderbarer Kraft ist; dann gebären sie Mädchen von wunderbarer Schönheit, aber die männlichen Kinder werden zu Ungetümen, haarig und hundeköpfig, die nicht reden, sondern bellen — auf russischen Märkten könne man sie sehen. Aber der Scholiast des genannten Chronisten hat es von Bischof Adalbert erzählen gehört, daß Anuad, des Schwedenkönigs Edmunds Sohn, als er gegen die Skythenvölker auszog, zuletzt zu Schiffe in das „Land der Frauen" kam. Diese Frauen aber müssen den Krieg keineswegs antik amazonenhaft geführt haben;

sondern sie hätten die Brunnen vergiftet „und auf diese Weise den Sohn des Königs und dessen ganzes Heer vernichtet.“ — Auch solches Vorgehen hat allerdings keine Wahrscheinlichkeit für sich; aber der Kern der Nachricht ist doch wohl der, daß ein so organisationsloses Volk mit Haushaltungen unter Frauenherrschaft im Falle der Not keine andere Gegenwehr kennt, als die Unwirtlichkeit des verlassenen Landes.

Wir stehen hier der Lage des Landes nach in derjenigen Gegend, in welche ungefähr Tacitus jene „Sithonen“ versetzt, die noch so weit unter die Knechtschaft herabgesunken seien, daß bei ihnen „die Frau herrscht“. Von da aber führen uns stufenweise verblassende Spuren des Mutterrechtes bis zu den Kerngruppen der germanischen Völker, deren Heroismus längst aus der Organisationslosigkeit der Mutterfamilienhaftigkeit herausgetreten ist. Dort, etwas westlicher von den Sithonen, die jetzt noch — wenn wir von des Tacitus Zeit sprechen — unter Mutterrecht leben — wohnen die Völker der Aestier, von denen der Römer zwar das Gleiche nicht melden kann; aber ihr Gottesbegriff — immer ein untrügliches Zeichen! — ist noch nicht über den einer „Mutter der Götter“ hinausgelangt. Weiter westlich von diesen, über Holstein bis an die Nordseekante reichend, treffen wir jenen anglo-warinischen Bund, dessen Zentralheiligtum wieder eine „Mutter Erde“ vorstellt. Hier, sicher zwischen der See und den Morästen der märkischen Brüche lebt das Völkchen unbeachtet und friedlich unter dem Regimente seiner Göttermutter; da aber aus diesem Lande heraus erobernde Scharen der Angeln nach Britannien segeln, da folgen dieselben Männer keiner Göttin Mutter mehr — sondern Woden ist ihr Führer geworden!

Auch die Sagengeschichte des slavischen Nachbarvolkes in Böhmen beginnt mit einem Kampfe der Männer gegen ein vorgeschichtliches Amazonentum. Bekannt ist die Frauenherrschaft der Libuscha und ihrer Schwestern, und der auch in deutscher Dichtung verherrlichte Kampf der Amazonen unter Wlasta. Libuscha unterwirft sich selbst wie Antiope dem durch den Wink der Götter aus der Fremde herbeigeführten Gemahl; die Frauen aber führen unter Wlastas Anführung den Kampf mit den Männern. Die älteste Redaktion der Sage stammt aus der Feder eines klassisch gebildeten Priesters, eine weitere Entwicklung gab ihr Aeneas Sylvius, der nachmalige Papst Pius II. Es ist also anzunehmen, daß die mit den klassischen Vorbildern übereinstimmenden Züge von dorther genommen sind; dennoch spricht die Libuschasage ihrem Kerne nach für eine Erinnerung an jenen bei jedem Volke, dessen Geschichtszeugnisse weit genug zurückreichen, so sehr markierten Uebergang der Organisationen. Noch wunderbarer wird die Uebereinstimmung, wenn wir die älteste Zeit der beglaubigten Geschichte mit in Betracht ziehen. Wie in der urhellenischen und der altfränkischen Geschichte treten auch hier zur Zeit der Aufrichtung einer jüngeren umfassenderen Herrschaft die Frauen in Verbindung mit blutigen Greueln verhängnisvoll hervor. Neben eine fränkische Brunhilde stellt die Vorgeschichte Böhmens eine Drahomira, und die Sagengeschichte schildert sie mit solchen Farben, daß ihr unseliges Ende — die Erde hat sie verschlungen — dem Volke noch heute ganz angemessen erscheint.

II.

Die Zeit des Vaterrechtes.

1. Das Vaterrecht und sein Einfluß.

Es ist ein schönes Zeugnis für den Genius unseres Volkes, daß sich der Begriff eines Eigentums des Mannes an Weib und Kind zugleich mit der alten dafür geltenden Bezeichnung „Mund" von jenem allgemeineren Begriffe des Eigentums, unter den auch Knecht, Vieh und Sache fällt, abgezweigt hat; aber mehr darf man auf das Vorhandensein dieser besonderen Bezeichnung auch nicht aufbauen. „Mund" ist ja ursprünglich nur ein anderer Name für Hand, und in jemandes Hand sein, ist eine klare Umschreibung für den Begriff des Besitzes. So ist auch dem Römer ein Mancipium, was die Hand des Mannes erfaßt hat. Noch erkennen wir in historischer Zeit einzelne Stufen der Beschränkung des deutschen Vaterrechtes, durch die es erst allmählich aus einem unbeschränkten Besitze zu einer modernen Vormundschaft wurde; aber eben weil wir diese Stufenreihe in ihrer Richtung erkennen, dürfen wir uns über den ursprünglichen Sinn nicht täuschen lassen.

Dringt unser Blick tiefer in das germanische Altertum, so erkennen wir ganz deutlich, daß die väterliche Macht, auf der sich eine jüngere Art von Familie im Gegensatze zu der natürlichen der Mutterfolge aufbaut, keine andere ist, als jene, welche den Mann zum Herren über Herden und Sklaven gemacht hat. In dieser Familie gehört das Weib dem Manne als ein Teil seines Besitzes, und ihre

Kinder gehören ihm, nicht weil und wenn er sie gezeugt hat, sondern weil die Mutter ihm gehört; das Kind ist ein Teil, ein Zuwachs derselben.

Daß dabei auch wieder gerade die Eine der mehreren Frauen, die der Mann möglicherweise besitzen kann, vor den anderen hervortritt, das entspringt zum Teil aus der wirtschaftlichen Organisation des Hauses und des Frauenerwerbes, teils aus den Ansprüchen, welche die zuerst geheiratete Frau, wenn auch in eingeschränkter Weise, aus einer früheren Zeit herübergenommen hat. Rechtlich ist und bleibt sie nur ein Besitztum des Mannes und er erwirbt sie wie ein solches. Die Zahl der Frauen, die der Mann erwerben kann, ist zunächst nur durch die thatsächlichen Verhältnisse beschränkt; aber die Frau kann nun überhaupt keinen Mann mehr erwerben und sie kann, wenn nicht der Familienbesitz eigentümliche Formen angenommen hat, nur Einem Herren gehören. Aber der eine hat an ihr ein Recht, das er seiner nackten Konsequenz nach auch andern überlassen kann; er kann sie auch verschenken wie ein anderes Gut. Lange brauchte nun wieder die Menschheit, ehe sie aus den brutalen aber doch logisch berechtigten Konsequenzen dieses Besitzrechtes heraus zur Entwicklung edlerer Verhältnisse gelangte.

Was unsere Auffassung und Würdigung altertümlicher Verhältnisse vielfach erschwert, das ist der Mangel passender Namen für die Begriffe auf ihren getrennten Entwicklungsstufen. Die fortschreitende Geschichte füllt den Worten immer und immer wieder einen neuen Inhalt ein, und so werden dieselben in ihrer heutigen Bedeutung unbrauchbar für die Bezeichnung der Begriffe, die einst unsere Vorväter mit denselben Namen bezeichneten. Indem die Geschichtsdarstellung diesen Wandel selten gebührend berücksichtigt, ist sie zu mancherlei Irrungen gelangt.

Sollte es dem Leser noch nicht aufgefallen sein, daß so viele, die meisten Sprachen eine doppelte Form für den Vaternamen haben? Die eine ist gewöhnlich eine kindlich-volkstümliche, die andere die des äußern Verkehrs. Die letztere Form zeigt in den verschiedenen Sprachen große Mannigfaltigkeit, die erstere tritt in den meisten in einer Uebereinstimmung auf, die nur noch beim Mutternamen übertroffen wird. An die Uebereinstimmung von beiden Namen, von Mutter und Vater, in der häuslichen und Kindersprache in allen wie immer sonst getrennten Sprachen reicht kein anderes Beispiel. Die Erklärung wird sich der Leser schon selbst gegeben haben. Das noch sprachlose Kind bringt jedes Gefühl des Ungenügens zur Kenntnis, indem es unter gleichzeitigem Ausatmen die Lippen öffnet. Je nach der Kraft, die es vor dem Ausatmen in den Lippenschluß und den Atemstoß zu legen vermag, entstehen die Laute ma und pa. Diese Laute bezeichnen noch keinen Begriff; sie gleichen nur dem Signale, das beim Telegraphieren den Wortbildern vorausgeht. Wer sich gerufen fühlt, bezieht den Laut auf sich. Darum führt die Mutter in aller Welt denselben Namen; nur wenige Völker sie bekannt geworden, bei welchen umgekehrt der härtere Laut auf sie bezogen wird. Sonst erscheint der Vater in der Sprachfindung des Kindes erst in zweiter Reihe. Griechen und Römer haben noch genauer unterscheidend das erste Lautbild zunächst nur auf die Mutterbrust und dann erst auf die Mutter und von dieser auf die Großmutter bezogen. So gewöhnen sich auch sonst Eltern, auf die Bezeichnungsweise der Kinder einzugehen.

Während so das erste Kindeswort die Mutter für sich in Anspruch nimmt, deuten Worte wie Papa, Atta, Tata schon auf eine etwas entwickeltere Modulationsfähigkeit des Rufens; aber sie sind immer noch als Kindeslaute leicht erkennbar. Von diesen Worten müssen einst diejenigen, welche unserem „Vater“ gleichstehen, auch dem Sinne nach sehr unterschieden gewesen sein. Der „Vater“ bezeichnet für jene Zeit den Herrn, eine Mannsperson, die in keines anderen Besitze steht, selbst aber im Besitze von Frauen und Knechten, von Kind und Kegel ist. Der Knecht mag selbst wieder Kinder erzeugt haben; er ist darum nicht deren „Vater“ — sein Herr ist sein und auch ihr Vater. So sind auch wieder in jenem älteren Sinne alle, die der Herr besitzt, seine „Söhne“, so fremd sie auch seinem Blute sein möchten. Arabische Verbände bezeichnen sich heute noch als Söhne ihres Hauptes; es ist ihr Vater in jenem alten Sinne. So haben die „väterlichen Häupter“, die mit Esra aus Babylonien nach Juda heimkehrten, bis zu zwei und dreitausend „Söhnen“. In dem Namen

Familia liegt noch der Begriff der Dienstbarkeit; in der Beziehung der Dienstbarkeit stehen alle, die einer Vaterschaft unterworfen sind.

Man könnte glauben, daß sich in einer Familie auf solcher Grundlage der Begriff der Freiheit und Knechtschaft gar nicht hätte bilden können; aber die Natur der Sache schuf solche Unterschiede. Wir müssen bedenken, daß die Vorstellung von dem engeren Bande des Blutes durch die neue Organisation nicht verdrängt werden konnte. Wer als „Herr" eine Familie sich begründet hat, dem sind allerdings alle unterthan, die fremd Erworbenen wie die „Hausgeborenen", wie die Bibel eine Gruppe von Knechten nennt. Aber näher stehen müssen dem Vater doch diejenigen, die außer dem Herrschaftsbande noch ein Band des Blutes mit ihm verbindet. Hier tritt wieder die alte Vorstellung in ihre Rechte; die Mutter und die erste Frau und die Beziehungen zu diesen erlangen eine naturgemäße Geltung, und der lebende Vater mag einen nicht blutsverwandten Knecht seiner Tüchtigkeit wegen zum Verweser des ganzen Hauses setzen, wie uns die Patriarchengeschichte ein Beispiel vorführt; aber in Betreff der Nachfolge nach dem toten Vater werden die Bande des Blutes sicherlich sich zum Worte melden. Alle, die sich so mit der bestehenden Vaterschaft verbunden wissen, werden als nähere Anwärter derselben aus der Menge hervortreten. Dieser Anspruch aber spaltet den ganzen Familienkörper. Die ihn erheben dürfen, das sind nun die Kinder in engerem Sinne im Gegensatze zu Kegel und Knecht, das sind die liberi — die „Freien". Noch hat die lateinische Sprache für beides, Kinder und Freie, denselben Namen. Auch unser „frei" steht vielleicht dem Begriff Fron, nordisch Freyr, näher, als die Lexika angeben, so daß die Freien in einer Familie diejenigen wären, welche in Blutsverwandtschaft zu dem Herren stehen. Indem diese selbst wieder Herren oder Väter werden können, die andern aber nicht, erweitert sich die Kluft zwischen Freien und Knechten im Schoße der Familie selbst. Die Vaterfolge hat diese Zweiteilung nicht geschaffen; denn gälte nur diese, so könnte auch das Kind der letzten Magd dem Vater so nahe stehen wie das der ersten Frau. Die Gruppierung von Freien und Unfreien in der Familie hat der Einfluß der Frau und des Mutterrechtes hervorgebracht.

Mit der herrschenden, der „ersten Frau“, ist das Prinzip der Blutsverwandtschaft wieder in die neue Familie eingetreten; aber durch diese Unterscheidung wird auch wieder die Stellung der ersten Frau geadelt und gehoben; sie tritt weit vor den Bettsklavinnen hervor, indem nur sie ihren Söhnen der Regel nach die Fähigkeit, des Hauses Herrschaft zu üben, zu geben vermag. Aber diese Eroberung macht und befestigt sie doch wieder erst sehr allmählich.

Kehren wir nun zu denjenigen Thatsachen zurück, welche die Verhältnisse beleuchten und unsere Darstellung begründen. Wenn solche beweisen, daß selbst bei unseren vorgeschrittenen Vorfahren noch nicht die Thatsache der Zeugung die Beziehung von Sohn und Vater knüpfte, sondern daß dies nur der Besitz jenes Mundiums, jene väterliche Herrschaftsgewalt, vermochte, die man auf die verschiedenste Weise, nur nicht durch die Zeugung selbst gewinnen konnte, wenn dies noch für unsere Vorfahren gilt, so werden wir dafür Beweise von niedriger stehenden Völkern nicht hervorzuheben brauchen. Nach unseren „Volksrechten“ aber kommt wirklich noch alles darauf an, daß sich der Mann jenes Mundium über die gewählte Frau von demjenigen durch Kauf oder Tausch oder auf welche Weise immer rechtsgültig erwerbe, der im Besitze desselben ist. Darüber läßt uns das alemannische Volksrecht (54, 2, 3) keinen Zweifel. Gebiert eine Frau Kinder, ohne daß der Frau Vater den Besitz an ihr, d. i. jenes Mundium, an ihren Gemahl, den Vater jener Kinder, abgetreten hat, so fallen diese Kinder als ein Zuwachs des Hauses in die Gewalt jenes Vaters, auch wenn sie der Erzeuger zu sich nehmen und nähren wollte. Sterben aber diese Kinder, so muß ihr Erzeuger sogar jenem Vater das entsprechende Wergeld bezahlen. Hierin ist das rein Rechtsgeschäftliche des ganzen Verhältnisses schwer zu verkennen. Der Sinn läßt sich nur in Einer Weise erfassen: derjenige, welcher sich mit einer Frau ehelich verbindet, die sich noch in eines anderen Mundium befindet, verübt an dem Vermögen dieses Mundträgers eine Schädigung. Indem aber der Mundinhaber so in den Besitz von Kindern gelangt, nimmt er diese, die seine Familie verstärken, seinen Reichtum erhöhen, als einen Ersatz des Schadens. Sterben sie aber, so entgeht ihm diese Entschädigung und er verlangt einen Ersatz nach gesetzlichem Ausmaße.

Es fragt sich also: wie erlangt jemand auf dieser Stufe jenes Recht? Pomponius Mela (III, 3) sagt von unseren Vorfahren: „Das Recht liegt ihnen in der Kraft, so daß sie sich nicht einmal der Räubereien schämen“ — und das wird wohl einmal auch mit Bezug auf jenes Recht der Fall gewesen sein, das eine jüngere Familie begründete, zumal ja auch heute noch nach schon erwähntem südslavischen Brauche die Entführung zu einer gesetzlich anerkannten Ehe führt. Trifft den Räuber, um es zu wiederholen, der Verfolger, ehe das Mädchen selbst durch Einwilligung den Raub gut geheißen, so mag er sein Wagnis auch mit dem Tode bezahlen. Im andern Falle gilt die Ehe; aber das Mädchen verliert alle Ansprüche auf das Vermögen, dessen Nutznießerin im Hause sie sonst geblieben wäre. Ganz dasselbe gilt, wenn das Mädchen schon vor der Entführung mit einer solchen einverstanden war, also freiwillig folgte. Das slavische Haus straft diese Flucht nicht höher als mit dem Verluste der Mitgift.

Ein solches Zugeständnis würde das altgermanische Recht dem Willen des Mädchens nicht gemacht haben; in seinem Bereiche fällt die geschlechtliche Liebe des niemals eigenberechtigten Mädchens so gut wie gar nicht ins Gewicht: bei den Slaven durchbricht sie die unfertigeren Rechtsformen. Es tritt uns auch hier der Unterschied von germanischer Kaufehe und slavischer Liebesehe entgegen, wie ihn die dänische Sage von König Frotho anführt. Dieser Unterschied dürfte aber kaum in einer höheren Achtung vor der Persönlichkeit des Weibes zu suchen sein, vielmehr in einer noch geringeren Entfernung von der Sitte des Mutterrechtes. Darum genießt die Frau noch eine größere Wahlfreiheit. So erzählt der alte Nestor mit vieler Entrüstung von den slavischen Radimicen, Wiaticen und Severiern: „Auch hatten sie keine förmilichen Ehen, sondern sie stellten lustige Spiele in den Dörfern an, wo sie zum Sang und Tanz und allem teuflischen Spiel zusammenkamen, und da entführte sich jeder das Weib, mit dem er eins geworden war.“ Sehen wir von der Form der Entführung ab, so besteht ja die Sitte, gerade bei Volksfesten die Braut zu suchen, noch heute, und das nicht nur bei Südslaven. Von diesen sagt ihr Lobredner Rajacsich:[1] „Bei den verschiedenen Kirchfesten, die im Sommer stattfinden, gehen Vater und Mutter mit dem freien wollenden Sohne zum Kolotanz und nehmen hier alle Mädchen in Augenschein." Es ergibt sich von selbst, daß wir es in der berühmten Sage vom „Raube der Sabinerinnen" lediglich mit einer Kultursage zu thun haben, d. h. einer Sage, welche durch das Paradigma eines einzelnen Falles eine alte, den Jüngeren nun schon ungewöhnlich erscheinende Lebenssitte vorführt. Die Elemente der Sage treten in den angeführten Zügen des altslavischen Lebens wieder vor uns: ein Volksfest, die Entführung der Frauen, die nachfolgende Männerrache und die Entwaffnung derselben durch die Einwilligung der Frauen; diese vermitteln den Frieden, und die Ehen bleiben geschlossen. Wenn sich die römischen Kurien nach weiblichen Namen benannten und diese angeblich diejenigen der Sabinerinnen gewesen sein sollen, so liegt auch darin immer noch eine Erinnerung an die Thatsache, daß eine Mutterfamilie der des Vaters, der gens, vorausging. Selbst darin hat die römische Sage wohl einen tieferen Grund, daß sie die Rechte der Hauptfrau, außer Wollespinnen und Weben jeder Knechtsarbeit enthoben und vom begegnenden Manne durch dessen Ausweichen ausgezeichnet zu werden, mit der Sage von den sabinischen Stammmüttern in Verbindung bringt. Wir sahen ja, wie die höhere Stellung der ersten Frau wirklich aus ihrer Stellung im Mutterrechte herübergenommen war.

Nach Nestor hätten auch die Drewier — dem Namen nach wohl „Waldbewohner", slavische „Holtsaten" — ihre Frauen durch Entführung gewonnen. Das montenegrinische Recht (§ 70) stellt, den Thatsachen nachgebend, die Allgewalt der Liebe über die Konsequenz des Rechtes: „folgt aber ein Mädchen dem ledigen Manne freiwillig ohne Vorwissen ihrer Eltern, so kann man ihm nichts anhaben, da sie die Liebe selbst verband."

Bei roheren Völkern finden wir denn auch den Raub der Frauen zur Begründung des Familienverhältnisses nach Vaterrecht in echter

[1] A. a. O. 137.

Form wieder, sei es, daß er, wie bei den Tasmaniern,[1] noch fortbestand, oder in ein Rudiment von Scheinraub verschiedenster Form übergegangen ist. Wie wir schon erwähnten, tritt auf dieser Stufe an die Stelle der dem Mutterrechte so nahe liegenden Verwandtenehe vielmehr die Stammesangehörigkeit als Ehehindernis. Auch die römische Sage betont, daß die geraubten Frauen fremden Stammes waren; später aber trat an die Stelle des Raubes ein Austauschverhältnis, ein Connubium. Auch die Tasmanier versuchten ihren Frauenraub nur bei fremden Stämmen. Wachsen solche näher aneinander heran, so ergibt sich die Notwendigkeit einer gegenseitigen Anerkennung solchen Raubes — das Connubium — und während die Sache gestattet wird, bleibt ein Scheinraub als Hochzeitsceremonie und Rudiment zurück, gerade wie ehedem die Feindschaft der Schwiegermutter.[2] Bei den Zulu besteht der letzte Rest des Scheinraubes nur noch darin, daß die Braut, der dazu ein Vorsprung gewährt wird, das Thor des Craals zu gewinnen sucht, während sie der Bräutigam verfolgt und der Regel nach einholt. Entflieht die Braut wirklich, so bleibt zwar die Ehe nicht ungeschlossen, aber der Mann muß ein Stück Vieh mehr als Kaufpreis zulegen.

Selten bleibt dieser Scheinraub allein, sondern er bildet nur noch einen Akt in dem Ceremoniell, welches den übrigen Stufen der Entwicklung entspricht. So ordnet zwar der Bräutigam auf Tukopia auf Polynesien als eine Art Schauspiel die Entführung seiner Braut durch seine Freunde an, sendet aber dann Geschenke an die Familie der Braut und ladet sie in sein Haus zu einem Festmahl.[3] Hier sind so ziemlich schon alle in Betracht kommenden Elemente angedeutet. Die Geschenke bezeichnen die friedliche Auseinandersetzung mit den Eltern, das gemeinsame Mahl die Einwilligung der Braut, den Haushalt mit dem Manne zu teilen. Das gleiche Rudiment findet sich auch sonst noch auf den Südseeinseln. Bei den Misteken im Mejikanischen trug der Bräutigam die Braut noch eine Strecke

---

[1] Waitz V, 813.

[2] Ebend. I, 360.

[3] Ebend. V, 2, 191.

weit auf dem Rücken fort,[1] was zweifellos dasselbe bedeutete, und anderswo, wie z. B. in Bornu, muß die Braut wenigstens noch ein scheinbares Widerstreben zum Ausdruck bringen.[2] Bei den Araukanern zahlt der Bräutigam den Eltern den Kaufpreis, „kommt dann herangaloppiert, nimmt das Mädchen mit Gewalt und trägt sie vor sich fort in das Gebüsch", von wo sie erst nach zwei Tagen in die Wohnung zurückkehrt. Bei der Vermählung von Casikentöchtern ist dies nicht Sitte.[3]

Bei der südslavischen Hochzeitsfeier treten heute noch die Freunde des Bräutigams als eine bewaffnete Rotte mit einem Hauptmann (Wojwoden) und Fähnrich und entsprechenden Titeln auf, ganz als ob sie für jenen einen Eroberungszug auszuführen hätten.[4] Außerdem besteht in Syrmien auch noch die Sitte, daß der Bräutigam die Braut, sobald sie ihm seine Gesellen in das Haus bringen, ein wenig mit einem Stocke schlägt „zum Zeichen, daß er ihr beständiger Herr und Gebieter sei." Die Unterthanschaft, in welche die Braut jetzt tritt, wird ihr auch weiter noch trotz aller Neigung zum Liebesspiel doch recht deutlich vor die Augen geführt. Sie muß am Morgen nach der Brautnacht die erste auf den Beinen sein, das Haus ausfegen und allen Männern des Hauses, dann aber auch allen Hochzeitsgästen das Haar auskämmen.[5] Anderwärts gießt sie den Gästen das Waschwasser über die Hände.

Während die südslavische Braut, bevor sie jene Schläge erhält, von ihrer Schwiegermutter erst mit Getreidekörnern beworfen wird, empfängt bei den Fullah in Afrika die Schwiegermutter die Schwiegertochter mit Besen, Spinnrocken und irdenem Topf, welche Gegenstände sie ihr als erkennbare Zeichen des Berufes im Hause des Bräutigams überreicht. Dann aber tritt der Vater der Braut hervor und schlägt die letztere, worauf der Bräutigam dasselbe thut.

---

[1] Waitz IV, 130.
[2] Nachtigal a. a. O. I, 739.
[3] Musters, Unter den Patagoniern, 255.
[4] Rajacsich a. a. O. 141, 159.
[5] Ebend. 147.

Es ist nicht zu verkennen, daß damit die Strafgewalt, und somit überhaupt jede Gewalt von dem Mundinhaber dem Bräutigam eingeräumt werden soll.[1] Von den Somali in Ostafrika erzählt uns Burton, daß auch bei ihnen die Braut durch eine Tracht Schläge in ihr neues Verhältnis eingeführt wird. Ob es nun gerade wahr sei, daß, wie berichtet wird,[2] in S. Miquel in Neukalifornien die Neuvermählten sich gegenseitig blutig kratzten, weiß ich wohl nicht; wenn aber etwas Aehnliches vorkommt, so dürfte es zu derselben Reihe von Rudimenten zu zählen sein.

Weit verbreiteter ist noch die Sitte, den Abschluß des Ehebundes durch ein gemeinsames Genießen von derselben Speise und demselben Trunke. Hält dabei die Sitte an einer bestimmten altertümlichen Speise fest, wie z. B. an gerösteten Getreidekörnern, so entstehen Formen, wie die der römischen Konfarreation. Von Einer Speise essen und Einem Trunke trinken gilt überhaupt, letzteres vielleicht nicht ohne Erinnerung an eine ehemalige Blutbeimischung, als Ausdruck enger Verbrüderung und künstlicher Blutsbefreundung. Darum ist noch heute das gemeinsame Mahl auch bei der deutschen Hochzeit keineswegs das Letzte und Kleinste, und es hat sich außerdem die Sitte erhalten, daß der Braut und dem Bräutigam vorab gewisse Speisen und Getränke zum gemeinsamen Genusse gereicht werden. Auch wird bei der Mahlzeit selbst gern auf die veralteten Gerichte der Vorfahren zurückgegriffen. So kommt in Böhmen bei Hochzeiten regelmäßig der sonst ziemlich verdrängte Hirse wieder zu Ehren, und anderswo greift man selbst auf die gerösteten Speltkörner wieder zurück. Dieses konservative Element hängt mit dem Kultartigen der Handlung zusammen. Brasilianische Indianer thun gemeinschaftlich einen Trunk Branntwein — dann ist die Ehe geschlossen.[3] Die serbischen Brautleute trinken dreimal aus demselben Glase roten Wein.[4] Die Betonung der roten Farbe dieses Weines ist nicht ganz unbedeutend; dies ist noch die ursprüngliche Form des richtigen

[1] Waitz a. a. O. II, 471.
[2] Waitz a. a. O. IV, 243.
[3] v. Eschwege a. a. O. I, 96.
[4] Rajacsich a. a. O. 175.

Bundestrinkens, aus welchem unser Zutrinken durch eine Reihe noch erkennbarer Uebergänge erst abgeleitet ist.

Auch die chinesische Hochzeit wird durch gemeinsames Essen und Trinken der Eheleute eingeleitet; die Art des Trinkens ist schon ein wenig abweichend. Statt aus einem einzigen Gefäße wirklich von demselben Getränke zu trinken, wechseln die Brautleute zwei Gläser, welche mit einem „roten“ Faden verbunden sind. Hier ist der Uebergang zu unserer Sitte so schön angedeutet, daß ihr hier noch einige Worte gegönnt sein mögen. Ehemals trank man auch bei germanischen Festtafeln den Minnetrunk aus ein und demselben Gefäße, das dann von Hand zu Hand ging — gerade diese Gemeinsamkeit des Trinkens war das Verbrüdernde. Jetzt ist gewissermaßen das eine große Gefäß in so viel kleine, handlichere zerlegt worden, als Gäste um die Tafel sitzen. Wollen wir nun noch dasselbe wie unsere Vorfahren thun, so bringen wir erst alle diese Einzelngefäße wieder in eine unmittelbare Berührung, nicht wie der Chinese durch einen Faden, sondern indem wir sie aneinander legen, als bildeten sie wieder die eine große „Skala“, die der Langobarde kreisen ließ. Dann aber trinkt jeder wie aus ein und derselben Quelle seinen Trunk — wir „stoßen an“, bevor wir trinken.

Den alten Völkern bildete auch in dieser Hinsicht das gemeinsame Essen die Parallele des Trinkgebrauchs, und in einem ähnlichen Entwicklungsgange bildete sich vielfach die Sitte des gegenseitigen Zusendens einzelner Speisestücke bei ähnlichen Festzeiten. Auch dabei greift man gern wieder zu den einfacheren Speisen der Voreltern zurück; so bilden den Japanern Seetang und Muscheln ein solches rudimentäres Festessen, und sie senden sich bei solchen Gelegenheiten Stücke getrockneten Fisches zu. Ein solches Essen bilden die ungesäuerten Fladen der Juden. Auch diese übten jenes Zusenden der Gaststücke.[1] Das „Zusammenessen“ als Zeichen des Eheabschlusses kennen außerdem sowohl die Indianer von Südamerika, wie die Lappen in Skandinavien. Appun (Unter den Tropen II, 274) erzählt die Hochzeitsceremonie bei den wilden Arekunas in Guyana

---

[1] 1. Mose 43, 34; Esther 9, 9; Nehemia 8, 10 ff.

so: „Meine Schöne trat darauf an mich heran und präsentierte mir ein Stück Kassadebrot und Fleisch mit der Bitte, es zu genießen, was ich denn auch, obwohl mit dem größten Widerwillen, that; dann füllte sie eine der Trinkschalen mit Paiwari, überreichte sie mir, einige unverständliche Worte dabei lispelnd, und ich mußte nolens volens das ekelhafte Getränk hinunterschlucken;" — dann übergab ihm der Häuptling das Mädchen, und die Hochzeit war geschlossen.

Die Uebergabe der Braut durch ihren bisherigen Herrn an den Mann ist in der That auf dieser Stufe das Wesentliche; aber der Mann steht wieder in einem innigen religiösen Verhältnisse zum Hause, als dessen zeitweiliger Verwalter einem höheren Herrn gegenüber er gewissermaßen erscheint. So hat sich denn da und dort als ein wesentliches Moment der Hochzeitsceremonie noch ein Rest alten Kultes erhalten. Aber auch dieser schließt sich in unverkennbarer Weise an den Vorstellungskreis des Vaterrechtes an und bezeichnet die Frau als einen dem Hause neu zugeführten Besitzgegenstand. Nach altväterischer Auffassung gehört das Haus und all sein Besitz in letzter Reihe dem urväterlichen Schutzgeiste desselben. Dieser hat da, wo einst der Ahn begraben wurde, unter dem Herde seinen Sitz. Der Herd ist das Malzeichen dieser Gottheit und daher ohne alle Symbolik in Wahrheit das Heiligtum des Hauses. An die Stelle des Herdes ist seit nicht allzu langer Zeit der Ofen getreten; er hat im alten Brauche dessen Heiligkeit geerbt; unter ihm ist immer noch die „Hölle", die alte Hellia oder unbestimmter das „Hel". Montanus hat in Westfalen und Rheinland noch die alte Sitte gekannt, die Braut „ums Hel zu leiten". Darin bestand ihre Aufnahme in das Haus des Mannes; das war also auch der wesentlichste Teil des Aktes. Aber — und das kennzeichnet das Wesen der Sache — auch der ins Haus aufgenommene Knecht wird „ums Hel" geleitet und hierbei werden ihm seine Pflichten gegen das Haus im einzelnen vorgehalten. Er wird also damit dem Urvater des Hauses zu eigen gegeben und von diesem in Pflicht genommen; genau so wurde auch der jüdische Sklave „vor den Göttern" des Hauses verpflichtet. Sonach erscheint auch die ums Hel geleitete Frau dem Hause in Besitz gegeben.

Seit man auch im westfälischen Landhause den Herd aus der Mitte der Stube an die Wand gerückt hat, mußte das Umleiten, wiewohl die Bezeichnung stehen blieb, eine andere Form annehmen. Man führte nun den von dem Kesselkrahn an einer Kette herabhängenden Kesselhaken, als wäre der das Wesentlichste am Herde, um die Braut herum und nannte auch das das „Helleiten". Dagegen führt man da und dort in Böhmen die Braut noch vor den Ofen. Ebenso haben die Südslaven einen Rest der Sitte erhalten; nur ist hier, wie noch häufig, da man den Herd in seiner Doppeleigenschaft nicht mehr kannte, das Feuer auf demselben, wie nahe lag, für das Wesentliche gehalten worden, und danach hat sich die Sitte geändert. In der ehemaligen Karlstädter Militärgrenze wurde die Braut, sobald sie die Schwelle übertreten hatte, „um das Feuer herumgeführt, wobei sie nach allen vier Seiten gegen das Feuer gewendet eine tiefe Verbeugung machte".[1] Hier steht eben der Herd noch nach alter Art frei inmitten der Stube. Obendrein küßt die Braut aber auch noch die Kotlenica, das Kesselgestell auf dem Herde. In Syrmien greift die eintretende Braut statt dessen nach einem im Schornsteine, also über dem Herde eingeschlagenen hölzernen Nagel; den folgenden Umgang um den Herd aber muß die neuere Deutung rationalistisch auf ihr Küchenamt bezogen haben, denn die Braut hat zunächst mit einem Kochlöffel in allen Töpfen zu rühren.[2] In solcher Weise ändern sich allmählich durch neue Erklärungsversuche die alten Sitten und entfernen sich dabei immer mehr von Form und Sinn ihres Ursprungs.

Weit entfernt im äußersten Osten, in China, begegnen uns dieselben Sitten in ursprünglicher Reinheit. Das Brautpaar tritt hier, nachdem es jene rudimentäre, gemeinsame Mahlzeit gehalten, an den Herd, auf welchem das kleine Bild des Hausgottes steht, und die Braut legt niederknieend vor dieses Bild ein mit einem roten Faden zusammengehaltenes Bündel Stäbe zum Zeichen ihrer Unterwerfung. Ueberall tritt also gerade in dieser Ceremonie der Sinn dieses Ehebundes auf das klarste hervor. Der Mann wird

---

[1] Rajacsich 146.

[2] Ebend. 160.

nicht mehr von den Eltern der Braut aufgenommen; er tritt auch in kein Verhältnis der Gegenseitigkeit, wie es in Bezug auf die Haushaltung durch das Zusammenessen markiert ist; sondern die gewonnene Frau wird dem eigentlichen Herrn des Hauses als ein Gegenstand seines Besitzes zugeführt und verpflichtet. Wir werden noch sehen, wie in jüngerer Zeit nach Einer Richtung hin das Gotteshaus an die Stelle des Herrenhauses getreten ist; sein Herd wurde der gemeinsame Herd Aller; was heißt also: die Braut zum Altare führen?

Hört die Frau unter entwickelteren Verhältnissen des Völkerrechtes auf, ein Gegenstand der Beute zu sein, so muß sie sich es doch noch lange gefallen lassen, als eine Art Besitzgegenstand behandelt zu werden, bis sich allmählich der Kaufpreis oder „Mundschatz" immer mehr zu einer Art Ehrengeschenk verwandelt und endlich ganz rudimentär wird. Aber das Altertum und unsere eigenen Voreltern waren nicht so sehr darauf bedacht, der Sache einen solchen Schein zu geben. Der Dänenkönig Frotho hatte eine Schwester Ulvilda, die an Ubbo zur Ehe gegeben war. Als aber Frotho den ihm feindlich gesinnten Ubbo besiegte, da nahm er ihm die Gemahlin wie ein anderes Beutestück weg und verfügte über sie als Bruder, indem er sie einem seiner Freunde schenkte.[1] Selbst Geschenke mit der eigenen Frau zu machen, sei es zu zeitweiligem, sei es zu bleibendem Besitz, ist auf dieser Stufe nicht unkonsequent und kommt vor. Die peruanischen Inkas, welche die Großen des Landes durch Geschenke aus dem eigenen Harem auszuzeichnen pflegten, stehen hierin nicht allein da. Die Konsequenz der Auffassung läßt es zu, selbst nach altgermanischem Grundsatze. Es kommt nur darauf an, die Mundschaft über das Weib zu erwerben; sie unbeschränkt zu übertragen, hindert zunächst kein Gesetz — nur die Sitte schiebt sich allmählich dazwischen. Gerade das Germanentum zeigt eine gewisse starre Konsequenz der Rechtsbegriffe und steht hierin trotz der in der zu kurzen Zeit der Selbständigkeit wenig entwickelten Form dem römischen näher als irgend ein anderes Volkstum. So ist nicht zu

---

[1] Saxo Grammaticus II, 24.

bezweifeln,[1] daß der germanische Vater nicht gehindert wurde, Frau und Kinder hinzugeben und zu verkaufen. So bezahlten — allerdings nur in der Not und unwillig — die Friesen den Römern den Tribut durch Auslieferung ihrer Frauen.[2]

Wie nun der Mann in den von seiner Gemeinschaft anerkannten und sonach gefriedeten Besitz der Frau gelangte, das war zunächst für den Begriff der neuen Ehe selbst gleichgültig; es hing ja auch nur von Lebensformen ab, die sich ohne alle Rücksicht auf das Haus entwickelten, vorzugsweise von den mehr oder weniger geordneten Beziehungen zu den Nachbarn. Ob man insbesondere die Erwerbungsart Tausch oder Kauf nennen wolle, ist vollends gleichgültig, denn der Begriff des Kaufes trennt sich überhaupt erst mit der Einführung geprägten Geldes von dem des Tausches; diese kommerzielle Einrichtung ist aber für das Wesen der Ehe völlig belanglos.

Tausch- oder Kaufehe tritt nun allmählich überall dem sich erweiternden Friedensbedürfnisse folgend an die Stelle der Raub- oder Entführungsehe; auf den Raub der Sabinerinnen folgt das Connubium, der Vertrag mit dem sabinischen Stamme. Je geordneter die gesellschaftlichen Verhältnisse schon sind, desto mehr tritt zunächst das nackte Moment des Kaufes in den Vordergrund. Sachlich läßt sich ein wirklicher Kaufpreis von „Geschenken“ oft nur schwer unterscheiden, und häufig beruht diese Unterscheidung nur auf dem Vorzuge, den unsere Berichterstatter dem einen oder andern Namen gegeben haben. Wo es sich aber wirklich nur um unbestimmte Geschenke handelt, da bleibt es an sich noch zweifelhaft, ob dieselben eine verstümmelte oder eine unentwickelte Form des Kaufschillings darstellen. So ist ja auch das deutsche Wergeld zunächst nicht der Preis, den man als Kaufgeld für einen Erschlagenen gab, sondern derjenige, mit dem man die Blutrachepflichtigen bewog, von der Rachefehde abzulassen und dem Schuldigen und seiner Sippe wieder Frieden in der Gemeinde zu gewähren. So konnte man auch durch Geschenke, die man dem Bruder oder Vetter der Braut ohne eigent-

---

[1] S. Grimm, Rechtsaltertümer 329.

[2] Tacitus, Annalen 4, 72.

liche Kaufverabredung gab, allenfalls sich nur versichern wollen, daß sie nach Entführung von der Rache abstehen würden. Und in der That scheinen solche Geschenke noch vielfach neben dem eigentlichen Kaufpreise einherzulaufen. Wo die Rudimente des Scheinraubes und der Feindschaft nicht nur mit der Schwiegermutter, sondern auch mit dem Schwiegervater bestehen blieben, dort dürften die Geschenke des Bräutigams und seiner Eltern mehr einer solchen Friedensbuße als einem Kaufe ihre Anregung verdanken. Wo aber auf dem Grunde des Mannesrechtes ein eigentlicher Kauf an die Stelle trat, dort hatte ein Schmollen zwischen Schwiegervater und Schwiegersohn keinen Sinn; die Schwiegermutter aber konnte immer noch als außer dem hergestellten Frieden stehend betrachtet werden, insofern sie immer noch den Verkauf ihres Kindes durch den Vater als eine ungesühnte Rechtsusurpation betrachtete. Inwieweit das alles im einzelnen der Fall sei, können wir hier nicht untersuchen.

Bei den erwähnten Arekunas im guyanischen Gebirgswalde[1] werden den Fremden Töchter des Stammes zur Ehe angeboten, die aber in diesem Falle nur auf beschränkte Zeit eingegangen wird. Man kann nicht verkennen, wie das Ganze reine Geschäftsunternehmung ist. Der arme Indianer sucht mit dem zu verdienen, was er eben hat. Er bietet seine Töchter zur Wahl aus und verlangt dafür „Geschenke". Diese „Geschenke" bilden aber immer einen recht ansehnlichen Kaufpreis, und es ist daran leicht zu erkennen, daß es sich nicht um eine „Ehrenerweisung" handle. Man kann aber nicht einmal sagen, daß dieses gewiß recht barbarische Verhalten auf die Sitten von einigem Nachteile wäre. Es gewinnt vielmehr Einfluß auf die gute Haltung der Mädchen und bedeutet gegenüber den Zuständen der Mutterrechtsverfassung einen Fortschritt.

So ist auch bei den meisten Indianern überhaupt bereits die Ehe ein Kauf, der natürlich nur mit den Eltern abgeschlossen werden kann; wobei jedoch eine gewisse Verständigung der jungen Leute nicht ganz ausgeschlossen zu sein braucht. Bei den Sioux muß der Mann ein Jahr lang bei den Schwiegereltern dienen; ich kann aber

---

[1] Appun a. a. O. 273, 308.

nicht entscheiden, ob diese Dienstleistung ein Aequivalent des Kaufpreises sein soll oder ob sie noch ein Rudiment der Mutterrechtsordnung ist. Entscheidend dürfte dafür sein, ob die Braut dem Manne nach oder vor der Dienstzeit übergeben wird. Das erstere würde auf Kauf, das zweite auf Mutterrecht schließen lassen. In Australien [1] besteht noch eine Tauschmethode einfachster Art. Nichts kann genau gewogen einem Mädchen gleichwertiger sein, als wieder ein Mädchen. Daß man früher die Frau durch Raub gewann, beziehungsweise durch Einfang, darauf deutet noch die Spur einer fingierten Flucht beim Hochzeitsceremoniell und der Umstand, daß die Sitte nur gestattet, aus einem fremden Stamme zu heiraten. Jede Heirat mußte also den Frieden brechen, wenn er nicht durch eine gleichwertige Gabe wieder erkauft ward. So gibt also der Bräutigam für das ungefähr zwölfjährige Mädchen, das er sich vermählt, seine eigene Schwester oder eine nahe Verwandte aus seiner oder seines Vaters Mundschaft dem fremden Stamme hin, und die Ehe ist in Frieden geschlossen. Nach dem Willen des Mädchens wird dabei nicht gefragt; Vater oder Bruder verfügen über dasselbe.

Als nackten Kauf finden wir die Ehe auch in Afrika. Man einigt sich vielfach feilschend und schachernd über den Kauf der Braut, wie über ein anderes Kaufobjekt; so nicht bloß in Afrika, auch unter den Beduinen Südarabiens. In Südafrika wird der Kaufpreis gewöhnlich nach Ochsen ausgedrückt, und die Mädchen erscheinen nicht billig taxiert; bei den Kaffern zahlt der Bräutigam wohl sechs bis dreißig Ochsen für die Braut. [2] Immer sind es die Viehzüchter und Nomaden, welche die Zügel der Ehe am strammsten angezogen haben. Bei anderen Stämmen Südafrikas scheut man sich schon, den Kaufpreis anders denn als Geschenk zu bezeichnen.

Spekulative Häuptlinge haben sogar aus dem Umstande, daß der Besitz der Tochter unter Vaterrecht zu einem Ausflusse der väterlichen Macht geworden ist, Nutzen gezogen. Sie versuchten im großen, was die armen Arekunas nur günstigen Falls im kleinen

---

[1] S. „Natur“, Jahrg. 1877; 7, 88.

[2] Fritsch a. a. O. 112.

thaten; sie etablierten ein Geschäft in Bräuten. So wußte der Basutohäuptling Moshesh we, als er 1815 zur Regierung gelangte, das Volk dadurch für sich zu gewinnen, daß er sein Viehvermögen dazu verwendete, den armen Leuten, die aus Mangel an Mitteln hätten Junggesellen bleiben müssen, zu dem ersehnten Weibe zu verhelfen. Zugleich wußte er es einzurichten, daß seine Vermittlung eine ganz gute Kapitalsanlage wurde. Indem er nämlich einem Unterthanen um ein paar Ochsen ein Weib kaufte, bedang er sich den Ertrag als Kapitalsrückzahlung aus. So fielen ihm also alle Töchter aus solchen Ehen anheim, und da er diese schon nach zwölf Jahren wieder verkaufen konnte, floß ihm sein Anlagekapital bald und reichlich zurück.[1] Wir wissen nicht, ob es so kam; doch es hätte so kommen können.

Kein Finanzkünstler aber hat noch die alten Könige von Dahomey übertroffen,[2] welche, indem sie das Vaterrecht im Stamme auf sich bezogen und beschränkten, als Väter desselben die geschätzteste aller Waren, die Frau, für sich im ganzen Staate monopolisiert haben. Dort zog der König die volle Konsequenz aus der Königsvorstellung, wie sie noch in Ostasien lebt, betrachtete sich als den großen Familienvater aller und sonach für den Herrn und Mundinhaber aller Frauen „und verkaufte sie für seine Rechnung den Unterthanen zur Ehe."

Die altjüdischen Ehen sind so gut wie die arabischen echte Kaufehen in ausgesprochenstem Sinne. Die Texte sprechen unbemäntelt vom „Erkaufen zum Weibe", vom „Kaufpreise einer Jungfrau",[3] als von dem Gewöhnlichen; und darin ist im Gegensatze gegen unsere landläufige Beurteilung auf jener Stufe der Kultur ein Fortschritt bezeichnet. Der Jude steht hierin dem Kanaaniter mit seinem ausgesprochenen Frauenkulte ungefähr so gegenüber wie der Germane dem Slaven. Aber ein hoher Grad von Würde blieb auch der jüdischen Frau aus der Zeit des Mutterrechtes. Darauf beruht unter anderem auch das Gebot der Scheidung. Die echte

---

[1] Fritsch a. a. O. 483.

[2] Waitz a. a. O. I, 147.

[3] 2. Mose 22, 16 ff. u. pass.

Frau soll nicht wieder Sklavin werden. Flößt sie dem Manne irgendwie begründete Abneigung ein, so soll er sie nicht etwa stillschweigend zur Dienerin degradieren und im Hause behalten, sondern sie wieder freigeben und ihr das schriftlich bezeugen, damit sie doch noch eines anderen Mannes eheliche Frau werden könne.[1]

Jede Zeit zahlt natürlich mit ihrer Währung; doch auch noch in später Zeit der Geldwährung können noch Leistungen anderer Art an die Stelle des Kaufpreises treten. So gibt David den Seinen zu bedenken, was es doch bedeute, als ein armer Mann des Königs Schwiegersohn zu werden! Ein König ist natürlich gewohnt, seine Töchter teurer zu verkaufen. Aber von David hat Saul keinen Kaufpreis verlangt, er hat seine Leistung im Felde gegen die Philister dafür angenommen.[2] Auch in der Erzählung von Jakob tritt — ohne Motivierung — eine Dienstleistung an die Stelle des Kaufpreises, der im übrigen als ein ziemlich feststehender betrachtet wird. Wie diese Leistung gerade dem Kaufpreise gleichgestellt wird,[3] ist darin an ein Rudiment des Frauenrechtes nicht zu denken. Das Beduinentum erscheint ja vorzugsweise als Träger des Mannesrechtes, und auch die weitreichenden biblischen Verbote der Verwandtenehe bezeichnen die große Entfernung der Sitte von jenem älteren Rechte, das in den Ländern einer Dido und einer Semiramis einst herrschen mußte.

Dasselbe gilt von der griechischen Ehe, allein mit der Ausnahme, daß in einzelnen Geschlechtern zu Athen das Heiraten umgekehrt auf verhältnismäßig enge Kreise beschränkt war; diese Thatsache aber kann nur von der ehemaligen Beschränkung des Konnubiumsvertrags auf wenige Nachbarn herrühren. Den Preis der Braut bestimmt das Heldenzeitalter,[4] ganz wie es heute in Südafrika üblich ist, nach Rindern. Letztere aber müssen bedeutend wertvoller gewesen sein, als sie heute in Afrika sind, denn einmal schätzt Homer sogar ein kunstverständiges Weib nur auf vier Feldochsen. Immer aber

[1] 5. Mose 24, 1 ff.
[2] 1. Samuel 28, 23 f.
[3] 1. Mose 31, 15.
[4] Ilias VI, 236; XXIII, 703.

gilt es für ein Glück, Töchter zu besitzen, denn sie sind „rinder-erwerbend", sie bringen dem Vater Rinder zum Austausche ins Haus.

Die Sitte vieler Völker, die Kinder schon in frühesten Jahren gegenseitig zu versprechen, mag nicht nur in der Frühreife des Südens ihre Erklärung finden, sondern auch wirtschaftlichen Rücksichten entsprechen. Ein Mädchen, das schon mit vierzehn Jahren das Haus verläßt, bringt dem Vater mehr in die Wirtschaft, als wenn es denselben Mundschatz erst fünf Jahre später einbrächte, während umgekehrt der Bräutigam die Arbeitskraft des Weibes länger ausnützt; diese fällt aber nicht immer außer Betracht; zu gewissen Arbeiten blieb das Weib selbst auf dem Throne verpflichtet. Dies lag noch in der alten Arbeitsteilung des Männer- und des Frauenhauses. Nichtsdestoweniger umschreibt an anderen Stellen auch schon Homer, beziehungsweise die Odyssee (VI, 159) den Kaufpreis als ein werbendes „Geschenk", mit dem sich die Freier überbieten, und es neigte sich allmählich die Sitte dieser Auffassung zu. Trotzdem muß die Sache noch recht geschäftlich vor sich gegangen sein, denn es war Sitte, daß der Vater des Bräutigams auf die Werbung ging und für den Sohn den Handel abmachte. Ehehindernisse bildete nur die Verwandtschaft zwischen Eltern und Kindern; die Braut hatte eine Mitgift in das Haus des Bräutigams mitzubringen. Ein Ehebruch von Seiten der Frau machte den Handel rückgängig und berechtigte den Mann, seinen Kaufpreis von den Eltern zurückzuverlangen. Darauf beruft sich Hephäst, der über die Untreue Aphroditens zu klagen hat; er will von ihrem Vater die „Brautgeschenke" wieder haben.[1] Auch die Altindier kauften die Frauen für ein paar Kühe oder andere Geschenke von den Eltern derselben; doch galt hier, den Brahmanen wenigstens, diese Form nicht als die vornehmere. Sie dürften geschenkte Frauen vorgezogen haben.

Daß auch die germanische Ehe trotz der sehr unnötigen Beschönigungen der Darsteller ganz auf demselben Grunde ruhte, soweit wir unsere eigene Geschichte verfolgen können, ist schon wiederholt gezeigt worden. Mochte auch Tacitus nichts gesehen haben als

---

[1] Odyss. VIII, 318.

Mitgift und Morgengabe, so sprechen doch die Volksrechte ganz unzweideutig vom „pretium emtionis“, dem Kaufpreise, und das sächsische (6, 1) möchte wohl gar einen Tarif aufstellen, indem es sagt: „Wer ein Weib heimführen will, gebe den Eltern dreihundert Schillinge.“ Von den Dietmarschen erzählt Neocorus (1, 109): „daß sie ihre Töchter ohne Brautschatz (hier Dos) verloben und verheiraten, und es schenket und bezahlet der Bräutigam dem, in wessen Gewalt die Braut ist, so viel, als unter ihnen bewilligt und beliebt wurde“. Die Ausnahme ist hier nur, daß die Braut nichts aus dem Erbe ihres Hauses mitnahm.

Die gotische Sprache hatte noch in den Namen die alte Sache erhalten; sie nennt die Verlobung der Frau die „Vergebung“ derselben, und den Bräutigam „Aba“, ein Wort, das Großvater und Vater bedeutet. Mann und Frau werden also keineswegs als Gleichgestellte bezeichnet, sondern der Mann wird im Sinne der Gewalt der Vater, d. h. Herr der ihm gegebenen Frau. Das Wort „freien“ mag wohl meiner Meinung nach ursprünglich einen Bezug auf die Fronschaft gehabt haben, der die Frau durch das Freien unterworfen wurde oder werden sollte; darum „freit“ nicht die Frau, sondern bloß der Mann. Unser heutiges „Heiraten“ stellt schon beide Teile auf eine gleiche Stufe; die slavischen Sprachen unterscheiden noch: der Mann „beweibt“ sich, die Frau „vergibt“ sich.

In den südslavischen Gebräuchen, die noch nicht so abgedorrt sind wie die unseren, ist die alte Hauptsache, der Kaufpreis, nur im Verstecke von allerlei Schenkungen verschiedenster Art zu entdecken. Allerdings ist hier die „Werbung“ um die Braut nur eine der möglichen Arten der Eheschließung; wo aber diese hervortritt, da ist auch die Kaufehe die Grundlage. Man muß nur beachten, daß das heutige Wahlhaupt einer südslavischen Hauskommunion nicht die stramme Gewalt eines Erbvaters besitzt, daß es nicht Herr, sondern nur Vertreter des gesamten Familienvermögens ist. Es mußte also eigentlich die Werbung bei der gesamten Hausgenossenschaft angebracht werden, der das Mädchen gehört, indem es vielleicht dem gerade regierenden Haupte recht fern steht. Darum treten hier wieder, mehr nach älterer Sitte, die Brüder und Verwandten der

Braut hervor, und der Mundschatz verzettelt sich in allerlei Geschenke an den und jenen. Daraus hat man wohl auch geschlossen, daß es bei der slavischen Ehe gar keinen Kaufpreis gebe und diese lediglich auf der „gegenseitigen Uebereinstimmung" der Gatten beruhe. Aber warum würde man dann bei den Verwandten der Braut werben? Allerdings aber ist diese Stufe hier weniger entwickelt; auch beziehen sich die Behauptungen, daß es eine slavische Kaufehe überhaupt nicht gegeben habe, nicht auf die Slaven der Balkanhalbinsel, die sich hierin nicht einmal wesentlich von ihren mohammedanischen Nachbarn unterscheiden.

Doch gewinnt der Vorgang immerhin mehr den Anschein, daß die Angehörigen der Braut mehr durch Geschenke als durch einen förmlichen Kaufvertrag gewonnen werden sollen, das Mädchen zu entlassen; und auch dieses selbst wird in solcher Weise beeinflußt. In der ehemaligen Karlstädter Militärgrenze beginnt die Werbung mit einem Geldgeschenke an die zu Werbende selbst; nimmt sie es an, so setzt sich die Werbung in der Weise fort, daß der Bruder des Mädchens dieses den beauftragten Brautwerbern zur bestimmten Zeit vorführt, wofür er einen Silberzwanziger erhält; das Mädchen aber empfängt nun einen mit Geldstücken bespickten Apfel. Zugleich kramt der Brautwerber allerlei mitgebrachte Geschenke und Speisen auf dem Tische aus. Hierauf besuchen die Eltern und Schwestern des Bräutigams die Braut; alle rüsten sich dazu mit Geschenken, bestehend aus Kuchen und Kleidungsstücken; die Mutter nimmt außerdem einen Ring mit. Nun erst fordert der Vater des Bräutigams die Braut von ihrem Vater; wieder führt sie gerade der Bruder vor, und wieder erhält er sein Geldstück dafür, das man ihm als guten Toast ins Weinglas wirft. Darauf empfängt die Braut einen geldgespickten Apfel, einen Ring, Kuchen und Wein und andere Geschenke und setzt sich zwischen dem Schwiegervater und künftigen Gevatter zu Tisch. Man erkennt wohl, daß hier dem Weibe noch ein gut Teil alten Bestimmungsrechtes geblieben ist — wenigstens in den Formen erhalten. Alle Speisen für den nun folgenden nächtlichen Schmaus muß der Vater des Bräutigams liefern. Geht ihm der Wein aus, so kann er den Restbedarf vom Vater der Braut nur sehr teuer erkaufen. — Den nächsten Tag gibt der Vater der Braut einen Schmaus. Dann tritt die vorsichtige Mutter des Bräutigams hervor, indem sie in der Kammer die fahrende Habe der Braut einer sehr eingehenden Musterung unterzieht und genau ansagt, was für mitzubringende Geschenke sie von der Braut erwarte; sie steuert ihr aber auch einiges Geld dazu bei, während der Vater des Bräutigams sich mit dem der Braut über den Umfang der Hochzeitsausrüstung bespricht. Folgt hernach der eigentliche Trauungstag, so kann der Schmaus beim Vater der Braut nicht beginnen, bevor nicht diesem vom Vater des Bräutigams das vorher schon ausbedungene Paar Stiefeln oder eine Ablösungssumme geschenkt wurde. Der Bräutigam reicht jeder Schwägerin ein Glas Wein mit einem Geldstücke und der Schwiegermutter als Entgelt für die letzte Speise ein Glas mit mehreren Geldstücken. Dann erst erfolgt die Ueberführung der Braut in das Haus des Bräutigams.

Auch in Syrmien beginnt nach Rajacsich die Werbung mit einer Beschenkung des Mädchens durch den Brautwerber, und die Speisen, die der Vater des Bräutigams in das Haus der Braut bei der Fortsetzung der Werbung mitbringen solle, werden vorher bündig vereinbart, sobald der Brautvater einen Orientierungsbesuch im Gehöfte des Bräutigams macht. Der Bursche schenkt dann dem Mädchen einige Dukaten, sie ihm umgekehrt aus ihrem Schatze eine Hose („Gatje“) und ein Hemd. Für den Trauungstag einigt man sich über Geschenke, die das Mädchen mitbringen solle, wie über solche, die der Vater des Bräutigams zur Bestellung der Hochzeit beitragen soll. Die Einkäufe, welche die Braut zu ihrer persönlichen Ausstattung macht, bezahlt der künftige Schwiegervater. Am Trauungstage selbst soll der „Dever“ genannte Vermittler die Braut aus ihrer Kammer holen, um sie den Hochzeitsgästen zuzuführen; „es herrscht hierbei die alte Sitte, daß der Bruder der Braut den Dever nicht eher in ihre Kammer hineinläßt, bis er nicht früher eine von ihm verlangte Summe Geldes erhalten hat“.[1]

„Die Serben des Banates verlangen keine Mitgift, sondern der

[1] Rajacsich a. a. O. 155.

Bräutigam muß den Eltern der Braut Geschenke geben.“ [1] Wenn er und sein Gefolge „im Hause des Mädchens angelangt sind, so beginnt die Unterhaltung, wieviel Vermögen der Bräutigam seiner Braut mitbringen soll“. Wenn das wörtlich zu nehmen ist, so läge darin sogar noch eine Erinnerung an jene Männermitgift, welche nach dem Berichte Strabos das kantabrische Mutterrecht charakterisierte. Im übrigen wandern wieder Geschenke herüber und hinüber, und es wird schwer zu entscheiden sein, ob der Slave jemals eine juristisch strenge Form des Kaufes gekannt habe, wenn auch sichtlich alles auf friedliches Uebereinkommen zur Ablösung des Mädchens hinausgeht. Was der Entwicklung einer strengeren Form im Wege sein konnte, das dürfte wohl die unentwickelte Form des Kommerzes überhaupt, vielleicht auch eine noch unausgerottete Neigung zum Brautraub und die Zugänglichkeit der Mädchen für solches Wagnis gewesen sein.

2. Das neue Haus und die Frau in demselben.

Wenn wir uns vergegenwärtigen, daß die milderen und schöneren Auffassungen des ehelichen Verhältnisses unserer Zeit aus den oben betrachteten strengen und kalten Formen allmählich unter dem Fortschritte der menschlichen Gemütsbildung herausgewachsen sind, so können wir uns nicht wundern, in älterer Zeit noch nach allen Richtungen hin jene starren und rauhen Konsequenzen anzutreffen, die heute unser Gefühl abstoßen. Es ist ganz natürlich, daß in Gegenden, wo Reste alter, wilderer und doch milderer Organisationsverhältnisse die lediglich der Lust dienende Begegnung der Geschlechter erleichterten, der Mann eine Frau am wenigsten um solcher Lust wegen zur Ehe nahm und verhältnismäßig teuer kaufte. Die Ehe hat für ihn, wie wir das bei den Tahitiern kennen lernten, einen anderen Zweck; er will Kinder gewinnen und erziehen lassen, Kinder, die sein eigen wären, eine Vermehrung seiner Habe an sich und eine erhöhte Erwerbs- und Verteidigungshilfe für ihn. Es mag wohl scheinen, als führte

[1] Ebend. 186.

der Weg von der freien Liebe glücklicher Menschen zu dieser Ehe wie aus einem Paradiese in eisstarrende Gefilde Grönlands, von Menschen seligen Genusses, wie sie die Entdecker auf den Gesellschaftsinseln gefunden zu haben glaubten, zu jenen Barbaren, die allabendlich mit dem Höhlenbär um die Lagerstätte stritten. Und doch ist jener rauhe Weg ein Weg des Fortschrittes zu schönerer Kultur; — doch das Ziel ist weit, die Wege sind krumm und hart.

Das Weib in der Ehe auf jener Stufe des Mannesrechtes ist Gebärerin und Nährerin der Kinder, und darum mag es widerspruchsvoll erscheinen, daß ein Maß von Kindersegen die Ehe wieder auflöse — dem Weibe die Freiheit gebe; — aber auch das liegt in der Konsequenz der Vorstellung, und die Thatsache ist da und dort konstatiert. Jener unternehmende Häuptling zeigte uns schon, wie wertvoll unter Umständen Kinder werden können. Hat nun die gekaufte Frau dem Manne eine bestimmte Anzahl von Kindern geschenkt — was unter einfachen Verhältnissen nicht leicht ist —, so daß der Wert dieser Kinder die Auslage des Kaufpreises für die Frau übersteigt, so gewinnt sie ihr früherer Gewalthaber zurück, wenn überhaupt so viel Billigkeitsgefühl unter den Leuten schon herrscht. So hat Nachtigal[1] Nachrichten über einige Nachbarvölker der Bagirmi eingezogen, wonach eine Frau, die ihrem Manne fünf Kinder geboren hat, die Freiheit erhält, zu ihrer Familie zurückzukehren. Bei den Sonrhays erwirbt die Frau diese Freiheit schon mit drei Kindern.

Es kennzeichnet ganz besonders das neue System der Organisation, daß innerhalb derselben die Mütter zwar wieder aus dem Hause des Mannes scheiden können, die Kinder aber zurückbleiben. Sie gehören eben nicht mehr jener, sondern dem, der diese gekauft hat, so wie die Früchte dem gehören, der den Baum erworben hat. Das aber müssen wir im Auge behalten: sie gehören auf der Stufe, auf der wir uns befinden, immer noch nicht deshalb dem Manne, weil er sie erzeugt hat, obwohl sie nun wieder kein anderer erzeugen konnte, da die Mutter nicht mehr, wie dereinst, über sich

[1] A. a. O. II, 685.

selbst verfügte. Aber diese Beziehung begründet nicht das Rechtsverhältnis.

Darauf beruhen noch einige Sittenrudimente, die uns nun schon sehr fremdartig erscheinen müssen. So konnte in Sparta nach einem Gebrauche, den nach Plutarchs Bericht auch die lykurgische Gesetzgebung schonte, ein kranker oder sonst unvermögender Mann seine Frau jüngeren Männern zuführen, um so für sich Kinder zu gewinnen, ohne daß irgend eine Schande an diesem Vorgange gehaftet oder irgend ein Zweifel die Rechtsfolge der Kinder betroffen hätte. Deutsche Weistümer zeigen uns, daß bei unseren Vorfahren dasselbe Auskunftsmittel nicht unbekannt war.[1] Zu gleicher Fürsorge zwang angeblich[2] auch das athenische Gesetz den Mann, welcher mit einer Erbtochter die Pflicht übernommen hatte, das Geschlecht fortzusetzen.

Auf demselben Grunde beruht die „Leviratsehe", d. h. die sogenannte Ehe des Levir, d. i. des Bruders, beziehungsweise Schwagers bei den Juden. Sie hat sich bei diesen aus einer viel älteren Zeit her erhalten, als diejenige ist, aus welcher unsere biblischen Urkunden stammen. In diesen selbst und den ältesten Berichten wird schon ein physiologischer Zusammenhang zwischen Vater und Kind anerkannt und vorausgesetzt. Nach einer Vergleichsrede im Buche Hiob mochte man sich das Verhältnis nun etwa so denken, daß des Erzeugers Einfluß den Knochenbau des neuen Menschen begründe, während ihn die Mutter aus ihrem Blute mit der Hülle des Fleisches umgebe. Daneben aber hat sich gerade im Volksbewußtsein der Juden immer noch die alte Auffassung der Mutterfolge erhalten, oder sie hat sich vielleicht mit ihr zu vereinigen gewußt. Der berühmte Bibelerklärer Raschi bemerkt zu der Stelle 2. Mose 6, 23, wer eine Frau nehme, möge sich zuvor nach ihrem Bruder erkundigen, wie ja auch neben Arons Frau zu deren Kennzeichnung auch noch ihr Bruder genannt wird, und ein litterarischer Freund, der mich auf diese Stelle hinwies, versicherte mir, daß bei den Juden auch

---

[1] Grimm, Rechtsaltertümer, 443 ff.

[2] Plutarch, Solon, 20.

heute noch der Glaube bestehe, daß die Kinder dem Bruder der Mutter nachgeraten. Es bestanden also immer noch Vorstellungen der Mutterfolge fort — und so war es denn auch denkbar, daß ganz wie in den angeführten Fällen einem Manne als Vater im alten Sinne ein Kind geboren werden konnte, wenn es nur von derjenigen Mutter war, die ihm zu eigen gehörte.

Nun war aber gerade den alten Völkern infolge ihrer Kultvorstellungen die Nachfolge eines Sohnes ein wirkliches und wahres Seelenbedürfnis. Die Seele des Verstorbenen bedurfte nach dem Glauben des Altertums noch einer gewissen, sei es mehr sinnlichen oder mehr geistigen Pflege, und die Pflicht einer solchen trug nur der rechtmäßige Sohn. Starb nun bei den Juden ein Mann, ehe seine Frau die Aussicht genoß, einen solchen zu gebären, so war sein nächster Blutsverwandter, insonderheit also sein Bruder verpflichtet, in die Stelle des Verstorbenen einzutreten, bis die Witwe einen Sohn gebar. Zwar erscheint das Pflichtverhältnis in Genesis 38, 9 f. und im Deuteronomium 25, 5 nicht übereinstimmend aufgefaßt; das „Gesetz" erweitert vielmehr die Verpflichtung der Sitte, indem es der Witwe die Aufnahme im Hause des Schwagers sichert, aber in beiden Fällen ist der eine Erfolg derselbe: der so erzeugte Sohn ist nicht das Kind des Erzeugers, sondern des verstorbenen Mannes und führt so auch dessen Namen. Die Vorstellung, welche dieser Art Rechtsverhältnis zu Grunde liegt, kann also auch nur in Uebereinstimmung mit dem Vorausgeschickten die sein: das Kind gehört dem Vater an nicht durch die Erzeugung, sondern dadurch, daß die Mutter dem Vater gehört.

Die Sache ist an sich nicht specifisch jüdisch: dafür könnte nur der Umstand gelten, daß der Bruder nicht etwa der nächste dem Rechte, sondern der Pflicht nach war. Doch finden wir genau dieselbe Sitte mitsamt dieser Bestimmung auch bei den alten Indiern, und auch hier ist sie in das Gesetz[1] aufgenommen worden. Nur darüber bestanden hier verschiedene Meinungen, ob dem Verstorbenen auf diese Weise auch mehr als ein Sohn erzeugt werden könnte.

---

[1] Manus Gesetzbuch, c. IX, 61.

Einige Lehrer des Gesetzes ließen deren wenigstens zwei zu, während andere nur einen feststellten. Die Bezeichnung eines solchen nachgezeugten Sohnes als „Xetradscha" enthält eine ziemlich deutliche Erklärung des vorgestellten Rechtsverhältnisses. Die Mutter wird hiernach dem Acker des verstorbenen Mannes verglichen. „So wurden auf dem Acker des Vikitravîrja von Dwaipâjana diese den Göttern ähnlichen Vermehrer des Kurugeschlechtes gezeugt." Wenn wir vorher das Anrecht des Vaters an den Sohn mit dem des Baumbesitzers an die Frucht des Baumes verglichen, so ist hier dem Baume noch zutreffender das Ackerland an die Seite gesetzt. Alle Frucht, die auf dem Acker wächst, gehört dem Herrn desselben, nicht aber dem, der sie auf fremdem Acker gebaut. Der so für den Verstorbenen das Feld bestellt, muß aber nach dem indischen Gesetze nicht gerade der Bruder sein, auch nicht gerade der nächsten Verwandtschaft angehören, sondern im Notfalle kann dafür auch jemand bestimmt werden, der durch die Teilnahme an den Totenopfern in ein Freundschaftsverhältnis zu der Familie getreten ist. Das jüngere Gesetzbuch aber läßt hierüber schon den Priester entscheiden. Das Recht ist es ja auch nicht, was die Bibel dem Bruder zuspricht, sondern die Pflicht.

Unterliegt so das ganze Verhältnis noch einem für unser Gefühl abstoßenden Kalkul, so dürfen wir uns nicht darüber wundern, wenn ein solcher auch in unserem germanischen Wergeldtarife zum Ausdrucke gelangt, obwohl er eigentlich dessen Systeme an sich nicht einmal entspricht. Darin spiegelt sich zugleich der Einfluß der Zeiten. Gerade die jüngeren Landrechte, der Schwaben- und Sachsenspiegel, sprechen der Frau im Vergleiche zu dem des Mannes nur ein halbes Wergeld zu. Sie sehen dabei von dem veralteten Warenwerte der Frau schon gänzlich ab, schätzen nur Person für Person und legen dabei dem Manne einen doppelten Wert zu. Ganz anders die älteren Volksrechte. Sie sehen in der Frau entweder, Kopf für Kopf genommen, ein sich vervielfältigendes Kapital, oder sie lassen sich auf Abstufungen ihres Wertes ein nach dem Maßstabe, in welchem diese Vervielfältigungsfähigkeit vorhanden ist. Das alemannische Recht spricht der Frau Kopf für Kopf ein doppeltes

Wergeld zu. Legen wir nach dem jüngeren Rechte das halbe Manneswergeld der Rechnung zu Grunde, so scheint angenommen, daß die Frau im Durchschnitte dem Manne noch drei Menschen zu halbem Wergelde zu schenken vermöge. Ein anderes Volksrecht mit gleichen Festsetzungen führt allerdings dafür die Motivierung der größeren Schutzlosigkeit der Frau an; doch ist die Konsequenz dessen sonst dem Systeme fremd. Das sächsische Volksrecht teilt schon: nur diejenige, die noch nicht geboren hat, erhält ein doppeltes Wergeld, die andere ein einfaches. Im fränkischen Volksrechte steht das Weib, das noch nicht gebären kann, d. i. das Mädchen bis zum zwölften Jahre, dem, das solches nicht mehr vermag, gleich; beide haben den einfachen Wergeldsatz von 200 Schilling; eine Frau aber in den Jahren des Gebärens genießt das dreifache, und die eben schon wirklich Mutter zu werden hofft, noch 100 Schilling darüber. Dem schließen sich die übrigen Volksrechte an; nur das westgotische taxiert den Frauenwert überhaupt geringer. Man mag von der Gefühlsentwicklung der Vorzeit so hoch denken, wie man will, das sind Thatsachen, welche beweisen, daß einst, wenigstens zur Zeit der Entstehung dieser Festsetzungen, die Frau als eine Wertsache galt, die sich ganz wohl durch Kauf erwerben ließ.

Daß die auf diesem Boden fußende väterliche Gewalt nicht durch eine Rücksicht auf die so Erworbenen irgendwie zwangsweise beschränkt sein konnte, liegt auf der Hand. Solange ein solcher Familienvater bei einem halb beduinenhaften Leben überhaupt in keinem socialen Verbande zu anderen Familienhäuptern stand, kann er nur als der absoluteste Herr gedacht werden; nur eine Rücksicht trat beschränkend vor ihn: die Lebensfürsorge. Sie wurde selbst ein Gesetz, das über ihm stand, und dieses Gesetz verkörperte sich, als sich die Lebensfürsorge durch einen organischen Verband mehrerer Familienväter zu einer Gemeinfürsorge erhoben hatte. Können nicht die Bedürfnisse des Konnubiums zur Schaffung solcher Verbände mit beigetragen haben? So hart die Herrschaft ein Herz machen konnte, immer noch härter ist die Natur, und sie zwingt schließlich auch den Tyrannen unter Gesetze. Doch diese Gesetze erwachsen erst allmählich der Beschränkung der Macht, darin liegt die Kulturentwicklung.

Daß sich zu den Motiven der Beschränkung allmählich auch zartere Rücksichten des erwachenden Gefühlslebens gesellt haben, daran hat zweifellos wieder die Mutter das größere Verdienst. Mit dem Auftauchen des Vaterrechtes ist durchaus nicht wie mit einem Schlage die ganze Kultur des Mutterrechtes mit Stumpf und Stiel ausgerottet worden. Im Gegenteil, wie die Vorstellungen desselben fortlebten und die Gewohnheiten als Rudimente dem neuen Leben sich anschmiegten, so hat auch die Frau den Schatz ins Haus des Mannes gebracht, den sie einst in dem ihrer Mutter gesammelt, und wäre er aus nichts bestanden, als aus dem ungeprägten Golde der Mutterliebe. Frühzeitig fühlt die Mutter Pflichten dem Kinde gegenüber, selbst dem noch nicht geborenen. Der Vater des Herrenrechtes hat zunächst keine Pflichten; das Kind der in seiner Mundschaft stehenden Mutter kann keinem anderen gehören als ihm; aber dieses Recht des Besitzes verpflichtet ihn nicht. Nur er kann das Kind aufnehmen, aber niemand muß es aufnehmen. Es ist gar nicht sein Kind, wenn er es nicht aufgenommen; erst nach erfolgter Aufnahme gewinnt es den Anteil an dem Schutze des Hauses, das im Vater repräsentiert ist.

In der That wurde bei den Altgermanen — insbesondere erhielten uns altnordische Sagen die Kenntnis der Sitte — das neugeborene Kind auf den Boden gelegt, und der Herr des Hauses entschied. Hob er es auf oder befahl er, solches zu thun, so wurde es hiermit sein Kind, im anderen Falle blieb es nicht am Leben. Nicht anders galt in Rom der Satz: „Geburt und Aufhebung machen rechtmäßige Kinder.“ Die „Sublatio“ muß zur Geburt hinzukommen. Die nordischen Chronisten sprechen fast immer mit Beziehung auf den Vater nur von Kindern, die er „aufgehoben“, von der und jener aufgehoben, nicht von solchen, die er gezeugt habe, oder die ihm geboren worden seien; denn mit Zeugung und Geburt ist ihnen das Verhältnis zum Vater noch nicht geknüpft; erst durch die Aufhebung geschieht solches.

Das Gegenteil führt zur Aussetzung der Kinder. Unser Gefühl sträubt sich, den Umfang zu erfassen, in welchem diese einst auf der ganzen Erde geübt wurde. Von welchem wilden Volke berichten die Reisenden nicht die bezügliche Nachricht, und in welches Volkes Urgeschichten spielen nicht Aussetzungssagen eine Rolle! Ueberall ist die Aussetzung ursprünglich gedacht als ein selbstverständliches Recht der Eltern; nur verliert unter Vaterherrschaft konsequenterweise die Mutter das Recht der Entscheidung. Sie würde jetzt durch Tötung des Kindes, wenn nicht einen Mord, so einen Diebstahl am Vermögen des Mannes begehen. Die Entscheidung des Vaters aber kann in der Urzeit durch nichts beschränkt gewesen sein. Wohl aber konnten mancherlei Gründe für die Aussetzung sprechen. In der Regel war es die harte Lebensnot und die Unmöglichkeit einer zulänglichen Fürsorge, welche in irgend einer Form an das Haus herantraten.

Abgesehen von den wilden Völkern und den Germanen war die Aussetzung bei Griechen und Römern in älterer Zeit eine vom Rechte gestattete Form der Fürsorge für sich selbst. Sie scheint aber im Gebiete des Mutterrechtes noch viel häufiger geübt worden zu sein: die Tötung der Kinder, insbesondere der im Mutterleibe sich entwickelnden ist das Wahrzeichen einer gewissen niederen Kultur. Die natürliche Mutterliebe scheint dabei in einer volkstümlich physiologischen Vorstellung ein Gegengewicht zu erhalten. Das Kind gilt den Naturvölkern erst mit dem Momente der ersten selbständigen Ernährung als ein Einzelwesen für sich. Solange es das nicht geworden ist, bleibt es ein Teil der Mutter selbst, den diese, noch nicht durch die Vorstellung der Persönlichkeit eingenommen, wie ein Glied am eigenen Leibe beseitigen darf, den sie vernichten darf, ohne sich an irgend einem eigenen Leben verschuldet zu haben. Man muß dabei noch die Fühllosigkeit in Betracht ziehen, mit der wilde Völker um einer nichtssagenden Zier willen sich Fingerglieder ablösen, Zähne ausbrechen und ähnliche Verstümmelungen vornehmen. Die unentwickelte Vorstellungskraft, der Mangel der Gefühlsvorstellung verringert den Schmerz um den mitunter sehr wesentlichen Teil, den bei uns der Schrecken der Vorstellung hinzufügt. In demselben Grade aber wie der Schmerz ermäßigt sich auch aus demselben Grunde das Mitgefühl. Die Rothaut, die keine Schmerzempfindung zu kennen scheint, kennt auch kein Mitgefühl. So hat das ungeborene und eben geborene Kind des Urmenschen einen Engel weniger zu seinem Schutze.

Jene Auffassung wird durch mancherlei Sitten der Urvölker bestätigt, und sie kehrt im Germanentume in einem Rudimente wieder: des Vaters zweiseitiges Recht, das Kind aufzuheben und auch nicht aufzuheben, hat seine Frist. Er kann nur noch für das erstere entscheiden, sobald das eben geborene Kind die erste Nahrung, sei es auch nur ein Wassertropfen, zu sich genommen hat. Mit der Nahrung, die außer dem Mutterblut ihm zugeführt wurde, ist es eine physische Persönlichkeit für sich geworden. Es ist darum Sache der Wehmutter, möglichst schnell durch ein Besprengen des Kindes das Recht des Vaters zu vernichten.[1] Noch heute hat das manche Wehmutter im Griffe. Diese Beschränkung aber steht in keinem Zusammenhange mit den Konsequenzen des Vaterrechtes, sie ist sichtlich aus dem Gebiete des Mutterrechtes herübergenommen, und wir erkennen in ihr einen Zug jener mildernden Sitten, mit welchen die Mutter das harte Recht des Vaters allmählich umschränkt hat.

Geht das väterliche Haupt einer solchen Familie mit Tod ab, so sind von der Natur aus in Bezug auf den Fortbestand derselben verschiedene Möglichkeiten gegeben. Die Organisation, welche die gewaltthätige Hand des einen geschaffen hat, kann wieder in sich zerfallen. Daran erinnert auch der Brauch verschiedener Völker, nach dem Tode des Fürsten einen Zustand allgemeiner Friedlosigkeit durch allerlei Unfug zu markieren. In Wirklichkeit würden dann die einzelnen Glieder wieder in den Verband der Mutter zurückkehren oder selbst wieder eine Familie nach Vaterrecht zu gründen suchen. Dieser jetzt kaum mehr nachweisbare Zustand muß in den Zeiten des Ueberganges der Organisationsformen gar nicht selten gewesen sein. Es kann aber auch der erkannte Vorteil die Hinterbliebenen bewegen, nicht auseinander zu gehen, sondern dieselbe Organisation fortbestehen zu lassen. Dann ist zweierlei möglich: entweder die Vaterstelle wird nach dem Wunsche aller durch Wahl besetzt, oder es bildet sich nach Maßgabe des wiederholten Ausfalles der Wahl oder in anderer

---

[1] Grimm, Rechtsaltertümer, 455 ff.

Weise eine die Nachfolge bestimmende Sitte. Auch von hier aus können die Wege noch nach verschiedenen Richtungen abzweigen. Nahe liegt es dann, die Nachfolge des väterlichen Herrn an die natürliche Verwandtschaft alter Art anzuknüpfen; dann folgt in der Vaterschaft nach dem verstorbenen Herrn entweder der noch lebende Bruder derselben Mutter, also der Oheim, oder der Sohn der Schwester von derselben Mutter, also der Neffe. Es ist ferner denkbar und entspricht den Anforderungen an die Erfahrung des Leiters, daß jeweilig der älteste der ganzen Familie ohne Rücksicht auf die Beziehungen seines Blutes zur Vaterschaft erhoben wird — die „Senioratserbfolge“. Alle diese Wegabzweigungen kombinieren sich wieder mit dem Falle, daß die Sonderfamilie des letzten Vaters allein auf die Nachfolge Anspruch macht. Wir können solche Vorgänge wie im Spiegel aus der Geschichte fürstlicher Familien ablesen. Voran geht die Ausschließung der Sonderfamilien bis auf eine; innerhalb dieser geht dann der Regel nach die Senioratserbfolge der der Erstgeburt voran. So begründete, wie ein Vater in der Familie, Geiserich unter den Vandalen für seine Sonderfamilie die Herrschaft, indem er die übrigen Häupter durch die Erfolge seiner Thaten an das Gebieterische seines Willens gewöhnt hatte. „Hochbetagt starb er, nachdem er in seinem letzten Willen unter anderem kundgegeben hatte, daß der Vandalen Krone immer dem zufallen solle, der, in gerader Linie und im Mannesstamme von ihm abstammend, in der ganzen Familie der älteste wäre.“ [1] Ebenso führten die Przemyslidenfürsten in Böhmen nach Herstellung der Einheit der Herrschaft zuerst (Anno 1055) nach der Bestimmung Brzetislaws diese Senioratserbfolge in ihrer Familie ein, die sie erst im Beginne des 13. Jahrhunderts nicht ohne deutschen Einfluß mit der Erstgeburtsfolge vertauschten. Auch dadurch trat nun wieder eine Sonderfamilie, diesmal die Ottokars I., mit Ausschließung aller übrigen des Fürstenhauses, in das Recht der Herrschaft ein. Nicht anders können die Vorgänge auch in den anderen bedeutsamen Familien gedacht werden.

Einschneidend wirkte jedenfalls die Entwicklung der Sitte, von

[1] Procopius, De bello Vandalico I, 7.

jeder Nachfolge alle diejenigen auszuschließen, welche nicht von einer ersten Frau, von einer echten Hausfrau geboren sind. Gerade diese dem Mutterrechte entstammende Beschränkung wurde von weittragender Wirkung. Sie trennte dauernd die ganze Familie in die Gruppe der Freien und der Knechte. Sie wirkt noch differentiierender, indem die Sitte dazu tritt, daß der Vater selbst — auch dahin kann sich seine Rechtsallmacht erstrecken — seinen Nachfolger bestimmt und ihn nur aus seinen freien Söhnen, d. h. aus denen, die er von seiner ersten Frau aufgehoben hat, bestimmt, vielleicht durch Uebertragung eines fetischhaften Herrschaftszeichens mit der Herrschaft bekleidet. Dann ist jene Beherrschung der alten Gesamtfamilie durch eine einzige Sonderfamilie eingeleitet, in dieser ein — Geburtsadel begründet.

Für uns ist jetzt nur von Wichtigkeit, daß, wie immer die Vaterschaft sich vererbe, die Frau des früheren Vaters nun in die Mundschaft des neuen Herrn fällt, und daß die Konsequenz des Rechtes auch dann davon nicht abgeht, wenn ihr eigenes Kind die Herrschaft antritt. Wir lernten schon bei einem Volke Afrikas die Sitte kennen, daß der erbende Sohn sich in den ehelichen Besitz aller Gemahlinnen seines Vaters mit Ausschluß der leiblichen Mutter setzte; damit bezeichnete er auf das feierlichste den Antritt der Herrschaft. Ganz so handelt in Juda der aufständische Absalon.[1] Um allem Volke eindringlichst zu proklamieren, daß nun er die Herrschaft des Vaters angetreten habe, läßt er sich öffentlich auf dem Dache des Palastes die in Jerusalem zurückgebliebenen Frauen Davids zuführen, um durch Vollzug der Ehe ihren Besitz anzutreten. Wenn bei den Zulu[2] die Witwen bald dem Bruder, bald dem Sohne des Verstorbenen zufallen, so sind eben nur verschiedene Arten des Erbganges überhaupt möglich. Man wird aber hier doch nicht sagen wollen, daß die Witwe nun unter eine „Schutzgewalt" oder „Advokatie" des Erben falle: sie wird ganz zweifellos ein Gegenstand des Besitzes. So kann unter Umständen auch die leibliche Mutter unter

---

[1] 2. Sam. 16, 22.

[2] Waitz a. a. O. II, 390.

die Mundschaft ihres kleinen Sohnes fallen, und diese Mundschaft ist zunächst nach der Strenge des Rechtsgedankens eine unbeschränkte Gewalt. Wenn nun aber in Wirklichkeit gerade dieses Verhältnis, das die „Unnatürlichkeit" des Princips der einseitigen Mannesgewalt vor Augen stellt, zu einer weit milderen Auffassung der Mundschaft geführt hat, so ist darin wieder der Einfluß der natürlichen Mutterbeziehung gegeben. Alle Königinnen mußten Absalon, wenn er Sieger blieb, als Besitz zufallen, auch die eigene Mutter; aber während er jene sich noch in so roher Weise unterwarf, wäre diese als „Königin-Mutter" sogar über ihn getreten.

An dem Grundsatze aber hielten sowohl Griechen wie Germanen fest. Wer hat nicht das Bild einer gewaltigen Herrscherin des Hauses vor Augen, wenn er an Penelope in ihrer Verlassenheit denkt? Und doch steht sie, seit ihr Gemahl verschollen ist, in all dieser königlichen Frauenherrlichkeit im Gehorsam ihres eigenen Sohnes, des Erben. Der Knabe Telemach gebietet, und sie, die erfahrene, würdige Mutter gehorcht. Telemach kennt auch seinen Rechtstitel: „da mein im Hause die Macht ist".[1] Ebenso fiel die deutsche Mutter unter die Botmäßigkeit des eigenen Sohnes, wenn er der Erbe des Vaters war.[2] Nur das Mutterverhältnis milderte diese Härten des Mannesrechtes. Die Mutter vererbte milderen Sinn auch auf die Generationen der Männer, und schon im Landrechte des Sachsenspiegels gibt der Sohn, im Gefühle des Widerspruchs mit dem Mutterrechte, das „Schutzrecht", die Tutel über seine Mutter demjenigen zurück, in dessen Mundschaft sie vor ihrer Verheiratung gestanden hatte. So bleibt die unterworfene Frau zwar unselbständig ihr Leben lang; aber wenigstens dem eigenen Kinde braucht sie nicht mehr zu gehorchen. — Auch dem römischen Vater gegenüber ist alles in der Familie rechtlos; von Rechts wegen kann er nicht nur den Knecht, auch den Sohn und sein Weib verkaufen.[3] Diese Vatergewalt war ein wahres Eigentumsrecht an allem, was zur Familie

[1] Odyss. I, 355, 359.

[2] Grimm, Rechtsaltertümer 452.

[3] Mommsen, Römische Geschichte I, 61.

zählte, und dazu kann es nicht erst, wie auch ein Mommsen glaubt, „umgewandelt" worden sein; im Gegenteil die strengere ist die ursprüngliche, erst allmählich sich mildernde Form. Eine solche Milderung erkennen wir auch in den Bestimmungen über die Tutel der Witwe. Sie fällt hiernach nicht dem Herrschaftserben zu, sondern bleibt bei der Gesamtheit der nächsten männlichen Familienmitglieder. Die Mutter steht dann gewöhnlich unter dem Schutzrechte aller Söhne, das verwaiste Mädchen unter dem aller ihrer Brüder. In dieser Teilung der Gewalt mußte auch eine Beschränkung derselben liegen.

Eine polyandrische Ehe ist unter Vaterrecht nicht mehr denkbar. Dagegen erleidet rechtlich die Polygamie der Männer noch keine Beschränkung; sie besteht auf dieser Stufe auf der ganzen Welt zu recht. Die Ethik mag es ungerecht finden, daß der Frau jahrhunderte-, ja jahrtausendelang eine Beschränkung auferlegt wurde, die den Mann noch nicht in gleicher Weise traf: aber daß wir nun diesen ethischen Gedanken denken, das ist die Frucht jenes Fortschrittes, der an sich noch nicht die Gerechtigkeit war, wie wir jetzt dank desselben erkennen. Die Apostel der „freien Liebe" müssen ein großes Unheil in dem Fortschritte der Menschen zur Mannesherrschaft erkennen; diese brachte die Ungleichheit. Aber in der That ist nun einmal das der Gang der menschlichen Entwicklung gewesen, und was so gleichmäßig bei allen Menschengruppen sich zeigte, das muß wohl mit einer gewissen Unvermeidlichkeit und Naturnotwendigkeit so gewesen sein; die Schranken der physischen Existenz müssen einen anderen Weg nicht offen gelassen haben. Die Freiheit, über seinen Leib zu verfügen, wurde beschränkt — das ist ein Fortschritt der Lebensfürsorge, ein sittlicher Fortschritt; aber sie wurde zunächst nur auf der einen Seite beschränkt — das ist das Unvollkommene. Der sittliche Fortschritt geht aber immer diesen hinkenden Gang.

Nichtsdestoweniger war auch die Beschränkung auf der anderen Seite schon im unmittelbarsten Gefolge dieses Fortschrittes, wenn sie auch noch nicht im Rechtsgrundsatze lag. Wir erinnern uns des unglücklichen Negers auf dem Baume am Zambesi, der so vielen Frauen das Holz zutrug und dann doch noch jammern mußte, nicht eine Frau zu haben, — die ihm Essen gegeben hätte. Wie glücklich konnte der Mann sein, wenn er sich besser zu den Frauen gestellt hätte! für ein paar Armvoll Holz nährte ihn dann reichlich ein halbes Dutzend Frauen. Es muß verlockend und leicht gewesen sein, immer noch eine Frau hinzuzugewinnen. Diese Freiheit zerstörte allerdings auch das Mannesrecht noch nicht; aber es stellt weit größere Anforderungen an den Mann, der sich das Glück einer Fran schaffen will; es erscheint auch hierin als eine Stufe umfassenderer Fürsorge mit gesteigerten Ansprüchen, und indem es in der That das Weib zur Ware herabdrückt, legt es zugleich wieder den Grund zu einer höheren, erst materiellen, dann geistigen und gemütlichen Hochschätzung. Mag der Erwerb von sechs Kühen durch Raub oder Anzucht erfolgen, es steckt für den schwarzen Mann, der so gern in den Tag hineinlebt, ohne Sorge, ohne Anstrengung, eine Unsumme von Arbeit darin. Es mag sein, daß das der Frau zunächst noch gar nicht zu gute kommt, sie mag vielmehr diese ihre materielle Hochschätzung bitter büßen müssen; aber ist damit nicht schon ein zunächst nur animalisches Begehren vor den Karren des menschlichen Fleißes gespannt, nicht ein Antrieb zur Arbeit geworden? Allerdings bemerken die Reisenden, daß dem Neger nach dieser einen Großthat nur allzuleicht die Faulheit wiederkehrt. Die arme Frau, die für sechs Rinder erhandelt wurde, muß eine Arbeitsleistung auf sich nehmen, die sich der Mann in dieser Qualität mit jenem Kaufwerte in keiner Weise zu schaffen vermöchte; aber es ist immerhin ein Antrieb zum Erwerb gewesen, ein Akt weit vorgreifender Fürsorge, dem wir in der Reihe der Thatsachen, die den Menschen zur Kultur erziehen, niemals ein zu großes Gewicht beizulegen imstande sind; die ersten Schritte sind die schwersten.

So tritt denn in Wirklichkeit die Polygamie selten ohne Beschränkung auf, und auch hierin bereitet die Sitte das Gesetz vor. Wie aber jene zunächst nur von der Beschränktheit der materiellen Mittel ausgeht, so sehen wir die Polygamie in umfangreicherer Weise überall nur bei denen auftreten, die über große Machtmittel gebieten, bei Häuptlingen und Fürsten. Wenn im Gesetze der Juden eine Beschränkung der Polygamie nicht aufgenommen ist, so deutet das an, daß die Mannigfaltigkeit der Verhältnisse noch so groß war, daß keine einzelne Norm als die gesetzliche geheiligt werden konnte. Das Vermögen bestimmte auch hier die Zahl der Frauen. Könige hielten förmliche Harems, anderen genügten wenige, anderen eine. Ganz so unbeschränkt war die Ehe der Araber, bis der Islam die Maximalzahl vier ansetzte, die die einen nach dem Beispiele des Propheten heute noch überschreiten, die anderen nicht erreichen. Wie der Durchschnittsbrauch sie beschränkt, so folgt allmählich die gesetzliche Weihe nach, wenn nicht schon früher sociale Gründe eine Gewalt veranlaßt haben, ein Maximum festzustellen. So gelangte das indische Gesetz zur Feststellung der Monogamie — aber nur für die Çudras, die armen Leute der untersten Klassen; hier hat offenbar die Mittellosigkeit den Brauch noch vor dem Gesetze geschaffen. Die Vaiçjakaste durfte eine oder auch zwei Frauen nehmen, die der Krieger zwei oder drei, die Brahmanen kamen bis vier; sie liebten den Kauf nicht und konnten daher die meisten erwerben, indem sie gegenseitig ihre Töchter nur innerhalb der Kaste austauschten.

Doch hält das Gesetz noch daran fest, daß die Gewinnung von Kindern der Zweck der Ehe, für die Frau gewissermaßen die Bedingung der Aufrechterhaltung sei und gestattet deshalb deren Lösung, wenn der Zweck nicht erreicht wird. Insbesondere aber verlangt die Kultusrücksicht Söhne. Eine Frau, die dem Manne nur Töchter ins Haus bringt, kann nach elf Jahren entlassen werden; eine solche, die noch kein lebendes Kind gebar, schon nach zehn Jahren und mit acht Jahren die, welche in diesem Zeitraum überhaupt noch nicht geboren hat.

Unter den Slaven bestand vor Einführung des Christentums eine noch durch kein Gesetz beschränkte Polygamie, und wenn wir einzelnen Missionären glauben wollen, sogar noch eine Polyandrie, worunter aber wohl nur ein buhlerisches Leben der Frauen zu verstehen sein möchte. Auch bei den Germanen bestand keine Beschränkung, obwohl der geringe Reichtum derer, die nicht auf römisches Gebiet gelangt waren, thatsächlich schon zu des Tacitus Zeiten die Monogamie eingeführt hatte. Wenn Tacitus das rühmend hervorhebt, so muß er doch zugleich gestehen, daß die Vornehmen hierin eine Ausnahme zum Schlimmen machten, und daß eine größere Zahl von Frauen zu den Zeichen der Vornehmheit gehörte. Anders lautet ein späterer Bericht über die Nordgermanen: „Jeder hat nach der Größe seines Vermögens deren (der Frauen) zwei oder drei oder mehrere zugleich, die Reichen und Fürsten unzählige.“[1] Das kann zutreffend von allen Völkern gesagt werden, bei denen der Brauch monogamischer Ehen noch nicht die Sanktion des Gesetzes erlangt hat. Es weist sogar auf eine noch niedere Stufe zurück, daß die „Friedel“, das nicht gekaufte, sondern aus Liebe dem Manne sich anschließende Nebenweib, insbesondere im Norden noch ihre Rolle spielt; hier berührt sich germanische und slavische Sitte.

Einen stetigen Unfrieden zwischen mehreren Frauen eines Mannes braucht man nicht notwendig anzunehmen, wie wir nach unseren Urteilen geneigt sind. Die Reisenden wissen viele Beispiele des Gegenteils anzuführen. So überzeugte sich Musters bei den Araukaniern von der Verträglichkeit der Frauen eines Häuptlings; „alle drei lebten vollkommen einig und sorgten mit unparteiischer Liebe eine für der anderen Kinder“.[2] Eine Frau, die nebenbei mit schwerer Arbeit geplagt, drei Jahre lang ihr Kind säugen muß, hat einigen Grund der Eifersucht auf eine zweite Frau weniger, als bei uns der Fall wäre. Nur in den Fürstenharems sind die Frauen müßige Bettsklavinnen; die um teures Gut erkaufte Frau des Viehzüchters ist vor allem eine treue und fleißige Arbeiterin. Sie hat nicht bloß keinen Wunsch, eine Mitarbeiterin zu verdrängen, sondern ein großes Interesse daran, eine solche zu erhalten. Selbst der Ehrgeiz kann sie zu diesem Wunsche leiten. Sobald zwei Frauen im Haushalte sind, steigt naturgemäß die ältere zur leitenden und herrschenden Hausfrau empor; sie wird wenigstens in ihrem häuslichen Bereiche eine „Herrin“ neben jener „Magd“.

So hören wir denn[3] von den braven Frauen der Zulus, daß oft diejenige, die allein in der Wirtschaft ihres Mannes ist, im

---

[1] Adam von Bremen, Kirchengeschichte IV, 21.
[2] Musters a. a. O. 255.
[3] Waitz a. a. O. I, 375.

Schweiße ihres Angesichtes arbeite und spare, um nur so viel Gut zusammenzubringen, daß sie ihrem Manne eine zweite Frau kaufen könne. Sie entlastet sich dadurch nicht nur in der Arbeit, sondern es ist ja dann auch ihre Magd, die sie dem Manne gegeben hat; sie versetzt dadurch die ganze Familie in einen Stand von Vornehmheit, dessen Glanz wieder auf sie als die erste Frau zurückfällt. Eine solche Frau mag dann nicht wenig gerühmt werden und sich selbst rühmen; das that auch Lea, indem sie in der Meinung, nicht mehr selbst gebären zu können, ihrem Manne Jakob die Magd Silpha gegeben hatte. Sie hält das sicher für etwas so Verdienstvolles, daß es einen Gotteslohn nach sich ziehen müsse: „Gott hat mir meinen Lohn dafür gegeben, daß ich meinem Manne meine Magd gab.“[1] Dieser Zug wiederholt sich in der Patriarchengeschichte zu oft, als daß er nicht recht volkstümlich sein sollte. Auch Rahel gibt ihrem Manne die Magd Bilha. Insbesondere müssen darauf Frauen bedacht gewesen sein, die selbst nicht in der Lage waren, ihrem Manne Nachkommen zu schenken; sie suchten auf jene Weise den Bestand des Hauses zu mehren. Nicht immer aber schlug das zu ihrem Vorteile aus, und was sie wohl verhüten wollten, daß eine glücklichere Nebenfrau sich an ihre Stelle schob, das führten sie mitunter herbei. So wäre es fast Sara ergangen, als sie[2] in gleicher Weise Abraham die Hagar schenkte. Als diese sich Mutter fühlte, Sara aber unfruchtbar blieb, begann jene die Hauptfrau zu spielen. Sara aber versicherte sich rechtzeitig des Beistandes ihres Mannes und brachte die Nebenbuhlerin zum Weichen.

Obgleich uns durch Reisende viele Beispiele freundlichen Benehmens der Frauen eines Hauses untereinander berichtet werden, so müssen doch auch naturgemäß solche Insubordinationsversuche gar nicht selten vorkommen, und dabei kann sogar mitunter die Autorität des Hausherrn nicht ganz ausreichend erscheinen. Wie uns die Patriarchenfamilien der Bibel geschildert werden, stehen diese noch ganz vereinzelt da; sie bilden keinen Verband und teilen mit niemand irgend eine

[1] 1. Mose 30, 18.
[2] 1. Mose 16, 3 ff.

höhere Autorität. In entwickelteren Verhältnissen der Ansässigkeit aber tritt die Autorität irgend einer Gemeindeorganisation hinzu, sei es nun, daß mehrere Familien sich zeitweilig zu einem Friedensbunde verbinden, oder daß eine übergroße Familie sich in solcher Weise in mehrere aufgelöst hat. Gegenstand eines Friedensbundes ist vor allem die Beseitigung der Blutrache für das Bereich des Bundes, Anlaß der Blutrache neben dem Totschlage insbesondere Frauenraub. Vor allem die Notwendigkeit, Frauen zu erwerben, muß zu solchen Verbindungen der Nachbarfamilien führen. Tausch und Kauf treten nach Uebereinkunft an die Stelle des Raubes; Kommercium und Konnubium ersetzen die Beutezüge; und die Blutrachepflicht wird abgelöst durch die Vermittlung nach Uebereinkommen. An der so geschaffenen höheren Autorität gewinnt nun auch der Hausherr eine Stütze gegen eine etwaige Uebermacht unbotmäßiger Frauen — der eheliche Brauch tritt unter eine höhere Sanktion. Es ist nur zu beachten, daß die so geschaffene höhere Autorität auf niederer Stufe im Grunde immer nur ein Ausfluß des Manneswillens sein kann. Trotzdem nimmt fortan die Frau Anteil an der Wohlthat einer sich entwickelnden gesetzlichen Ordnung.

Jede irdische Autorität hat in der schlichten Religionsauffassung der alten Zeit irgend einen geistigen Träger; dieser an Macht den Menschen überlegene Geist ist eigentlich die wahre, mit strafender Macht ausgerüstete Autorität hinter den wechselnden Erscheinungen des Menschenlebens. Jene Autorität im Hause lernten wir bereits als die vom Hel aus gebietende Gottheit kennen, in deren Besitz die dem Hause zugeführte Frau gegeben wurde. Darum vollzog sich das neue Verhältnis durch das „Leiten ums Hel". — Es kann aber auch durch mannigfache Umstände geschehen, daß gerade irgend eine Gottheit solcher Art wegen ihrer strengen Autorität, die in irgend welchen Ereignissen zur Erfahrung des Menschen gekommen sein kann, als ein besonders mächtiger Schützer der Hausherrnrechte angesehen werden kann. Einen solchen Ruf erwarb sich zu unserer Zeit in Westafrika die Gottheit „Lemba", die zuerst in Magumbe, dann von da aus wegen der kräftigen Zucht, in der sie die Frauen ihres Gebietes hielt, auch in weiteren Kreisen berühmt — und gesucht wurde.

zugänglich wurde sie auch Fremden durch die Vermittlung derjenigen, die sie bisher kultlich bedient hatten, oder, wie wir sagen können, durch ihre Priesterschaft.

So erscheint uns zum erstenmale ein Einfluß des Priesters innerhalb der Ehe in Sicht. Häusliche Prozesse schlichtete auch der Jude ältester Zeit vor den Göttern seines Hauses. So soll der Hausherr im Verdachte einer Hehlschuld „vor die Götter treten", „ob er seine Hand nicht nach der Sache seines Nächsten ausgestreckt habe" und „bei jeder Klage über Unrecht" .. „soll beider Sache vor die Götter gebracht werden".[1] Der Sitz dieser Götter aber war den alten Juden der Eingang des Hauses. Der Herr bringe den Sklaven „vor die Götter und bringe ihn an die Thür oder den Thürpfosten".[2] War nun auch diese Recht sprechende und entscheidende Gottheit des Hauses selbst diejenige höhere Autorität, welcher auch die Frau wie durch unser „Helleiten" untergeordnet worden war, so konnte allenfalls auch ein Hauspriester, wie die alten Juden ja solche hielten, der geborene Vermittler sein; aber in der Regel stand noch kein Priester von Beruf zwischen dem Herrn und der Gottheit des Hauses. Anders wurde das naturgemäß in Fällen, wo der Eheschutz unter eine fremde, gewissermaßen eine Berufsgottheit gestellt wurde; mit ihr kam auch der Berufspriester herbei.

Der Priester der beispielsweise angeführten Gottheit Lemba heißt Ganga Lemba. Hält also ein Hausherr irgendwo in Loango, durch irgend welche Zeichen dahin gebracht, die Autorität seines eigenen Hauses dem Uebergewichte der Frau gegenüber nicht für ausreichend, so bemüht er sich, sein Ehe „durch Lemba" zu schließen, und eine solche „Lembaehe" gilt dann für besonders glücklich und heilig; sie bindet in der That die Frau mit dem Zauber einer höheren und geheimnisvollen Macht. Der Gedankengang liegt klar vor. Der Mann wendet sich an den Ganga Lemba und dieser veranstaltet zunächst, daß seinem Gotte Lemba eine Hütte nächst der des Hausherrn gebaut werde, damit er hier gerade so wohnen könne wie ein

---

[1] 2. Mose 22, 8 und 9.

[2] 2. Mose 21, 6.

anderer Hausgeist im Hause selbst. Dann wird die Frau ganz so, wie sonst jenem im Hause, nun diesem Gott in Besitz gegeben und für ihn zu gewissen lebenslänglichen Kultleistungen verpflichtet, welche in sogenannten Quixillen bestehen. Eine solche Lembahütte verlangt dann außerdem einen fortdauernden Kult, gerade so wie der Hausgott im Hause selbst, und die Frau trägt zeitlebens ein mit der Gottheit in Berührung gesetztes Zeichen, ein „Milongo", nach Art eines Amulettes an sich.[1] So ist nun der Gatte der Treue und Folgsamkeit seines Weibes völlig sicher, denn dieses weiß, daß Lemba, ein gar mächtiger Gott, Untreue und Ungehorsam furchtbar straft. Amulettzeichen dieser Ehe sind ein großer und ein kleiner Kupferring; jenen trägt der Mann, diesen die Frau.

Einen ähnlichen Einfluß auf die Ehe nimmt die Gottheit Unsambi, die aus Moanda stammt. Beide, Unsambi und Lemba, verlangen, sobald sie der Priester durch seine Zauberkraft herbeiruft, ein eingehendes Geständnis der Eheleute, und sie bringen darum auch alles, was die Frau im geheimen thut, ans Licht, indem sie jedes Verschweigen mit Krankheit und Tod bestrafen. Es wäre also dort für die Zucht der Ehe wohl sehr wünschenswert, wenn man sich überall das Weib „durch Lemba" antrauen lassen könnte — aber das hat seine Schattenseite: Lemba ist sehr anspruchsvoll und sein Priester sehr teuer; so wird die gesichertere Treue der Frau dem Westafrikaner in Wahrheit ein „kostbares" Gut. Auch auf solchen Umwegen gewinnt allmählich unter Wilden die Tugend Wert.

Nach einigen Andeutungen bilden die glücklichen Lembaehemänner untereinander eine Art Gilde, wozu ja schon die Gemeinsamkeit des Kultgegenstandes führen kann. Doch kommen ähnliche Verbindungen zum Schutze gegen die Unbotmäßigkeit der Frauen und Knechte auch sonst noch in Afrika vor, und sie scheinen alle auf ähnlicher Grundlage zu ruhen, wenn diese auch oft unkenntlich geworden ist. Wir wollen dafür nur ein Beispiel von dem entgegengesetzten Ende desselben Welteiles anführen.[2] Die Wanika an der Ostküste

[1] Bastian, Deutsche Expedition I, 173 ff.

[2] Nach Andree, Krapfs Missionsreise 439.

Afrikas haben einen ähnlichen Orden, dessen Gottheit „Muansa“ ab und zu, man möchte sagen, losgelassen wird, um die Frauen und Sklaven durch heilsamen Schrecken in Ordnung zu halten. Er kündigt sich dann durch ein brummendes Geräusch an, und sobald man merkt, Muansa „brumme“, muß alles fliehen und sich verbergen, was nicht zu den Eingeweihten des Ordens gehört. Den Frauen jagt dieses Schauspiel insbesondere Furcht ein. Doch lassen die Ortsältesten den Muansa auch dann brummen, wenn sie irgend eine neue Verordnung geben. Muansa ist also überhaupt die übersinnliche Autorität für die gesetzmäßige Ordnung. Da und dort hat sich dieser „Orden“ zu einer Art Sittenpolizei mit barbarischer Gewaltthätigkeit entwickelt, indem die Mitglieder, in Vermummungen gekleidet, von Zeit zu Zeit, um die Geltung der Mannesherrschaft aufzufrischen, schonungslos alles mißhandeln, was ihnen in den Weg kommt.

Das kann keineswegs ein bloß zufällig da und dort ersonnener Mummenschanz sein, sondern es ist die der Zeit und dem Kulturstande angemessene Aeußerung einer Autorität, die im Interesse der Ordnung der Mannesgewalt überhaupt oder den bestehenden ehelichen Gesetzen insbesondere zu Hilfe kommt. Darum treffen wir die Spuren derselben Bräuche auch bei unseren eigenen Vorfahren, die sie doch keineswegs von den Ostafrikanern entlehnt haben können.

In Westdeutschland kannte man noch vor der Zeit der Franzosenkriege das sogenannte „Dierjagen“, und der „alte Fuhrmann“ [1] hat noch eine der erschrecklichen Larven, einen sogenannten „Bunge“, gesehen, welcher kaum etwas anderes als einen rheinländischen Muansa vorstellte. Die ganze Gemeinde nahm teil an einem solchen „Jagen“; der Anführer trug die Vermummung des Bunge, die Genossen verkleideten sich so unkenntlich und scheußlich sie konnten. Mit Lärminstrumenten der schlimmsten Art überfiel der gräßliche Zug das Haus, in dem irgend ein ehelicher Unfug zum Aergernis geworden war. Der schuldige Teil wurde womöglich weggeschleppt und mußte vor dieser Teufelsschar seine Schuld bekennen, wie jene Eheleute vor

[1] Montanus, Volksfeste ꝛc., S. 95.

Lemba; dann widerfuhr ihm eine entsprechende, oft auch rohe Züchtigung. Dieses volkstümliche Strafgericht bezog sich bloß auf eheliche Sünden, insbesondere forderte Untreue dasselbe heraus; aber, sei es ein Fortschritt, sei es eine Mißbildung zu nennen, die deutsche Dierjagd nahm sich auch schon des Weibes an und strafte die Fehltritte der Männer so gut wie die Schuld der Frau. Der Leser wird nicht verkennen, daß das bayerische „Haberfeldtreiben" der letzte noch halb und halb lebende Rest derselben uralten Einrichtung ist, in welcher sich ein guter Kern mit der rohen Form der Barbarei vereint. Was heute nur Teufelsfratzen sind, das waren ehedem zweifellos Darstellungen einer die Rechte des Hauses zornmutig bewachenden Gottheit. Auch das Geheimnis wahrten die Dierjäger und Haberfeldtreiber noch genau so wie jene afrikanischen „Orden"; nur daß sie den geänderten Zeitverhältnissen nach nur noch abschreckende Volksjustiz zu üben, aber nicht mehr durch solchen Spektakel einen vorbeugenden Schrecken zu verbreiten vermochten.

In dieser Vatergewalt liegt an sich kein Moment, welches die Monogamie herbeiführen müßte. Aber der Frau kommt ihre ehemalige Stellung im Mutterhause, die natürliche Entwicklung des Nomadentums zum Landbauwesen und die leitende Stellung den anderen Frauen gegenüber zu Hilfe — die Praxis der Polygamie führt, wo sonst die Entwicklung nicht still steht, z. B. auf der Nomaden- und Beduinenstufe verharrt, zur Monogamie. Selbst die allmählich sich schärfenden Gegensätze von „hausgeboren" und erworben, und wieder von „eingeboren", ingenuus, innerhalb der engeren Familie und außerhalb derselben, kurz, zwischen frei- und unfreigeboren innerhalb des ersteren Begriffes, die Schärfung dieser Gegensätze, die auf dem natürlichen Wege der Entwicklung liegt, kommt immer mehr der einen Hauptfrau zu gute. Je größer die Zahl der Staffeln wird, die von unten herauf zum Haupte der Familie führen, desto ausgezeichneter muß auch die Stellung der ersten Frau neben dem Manne erscheinen, wenn sie auch vor Entwicklung jener Gegensätze nichts für sich voraus gehabt hätte.

Die Rangordnungen beginnen unterscheidende Namen zu erhalten; damit erscheint das Verhältnis volksrechtlich sanktioniert, und es tritt in vollständiger Trennung die eine „Frau", die Herrin neben den Herrn, den Weibern und Mägden gegenüber. Zuerst sondern sich, von den zuerworbenen, unterworfenen Mitgliedern abgesehen, mit weitem Abstande diejenigen ab, welche nicht von der engeren Familie des Familienhauptes und nicht von Frauen geboren sind, die auch wieder einer solchen Familie entstammen. Diese Unterschiede müssen von selbst immer mehr hervorgetreten sein, so lange nur die Familie Raum zur Ausbreitung hat. Wenn sich das heute in der südslavischen Hauskommunion nicht mehr vollzieht, so ist dies die Folge ihrer Beschränkung auf ein kleines Bauerngut. Anders bei einem unbegrenzten Anwachse. Einmal umschließt dann die Familie eine Anzahl Frauen, zu denen das Familienhaupt überhaupt nicht in ein Verhältnis des ehelichen Lebens treten kann, weil schon von früher her mit der Vaterherrschaft die Beschränkung der Ehen im eigenen Stamme der Blutsverwandtschaft eingetreten ist. Es gehören also Frauen zum Hause, welche zwar, wie ja alle, dem Haupte unterthan, dennoch aber von ehelichen Beziehungen zu demselben ausgeschlossen sind — die weiblichen Blutsverwandten. In ein gleiches Verhältnis treten solche Frauen, welche sich die Söhne des Hauses mit väterlicher Erlaubnis zu Gemahlinnen erworben haben. Auch über sie herrscht das Familienhaupt unbeschränkt; nur in der einen Beziehung hat es sich selbst eine Beschränkung auferlegt, als es dem Sohne erlaubte, den ersten Schritt zum Besitze eines Eigenvermögens zu thun und sich ein Weib zu nehmen. So gelangt die Freiheit des Mannes, die im Principe gegeben ist, auf den Weg notwendiger Selbstbeschränkungen.

Es kommen noch zwei Gruppen hinzu: die zu Knechtschaftszwecken erworbenen und die aus Ehen von Knechten hervorgegangenen Frauen. Was die im Zustande der Knechtschaft dem Hause angehörigen Frauen betrifft, so steht dem Principe nach dem Rechte des Familienherrn auf ehelichen Gebrauch derselben gar nichts im Wege, der Herr darf über sie verfügen. Aber ein solcher Umgang, wiewohl gestattet, hat sich schon wesentlich von dem Begriffe der Ehe getrennt. Außerdem kann der Herr im Interesse der Wirtschaft auf einen solchen verzichten, indem er die einzelnen Frauen im Knechtsstande bestimmten Individuen gleichen Standes zur ehelichen Kindergewinnung für sein Haus übergibt. Ob er dann hier die Fiktion eines Verhältnisses, in welchem der Freie zu seinem Weibe steht, eintreten lassen will, ob ihm also fortan das zugestandene Verhältnis auch für ihn selbst unantastbar erscheine, das steht, solange die Sitte nicht versteinert ist, noch bei ihm. Dem starren Principe nach bleibt die Sklavin, auch wenn sie des Kindersegens wegen einem Sklaven zugeführt wurde, in des Herrn Gewalt. Aber auch ehe die Sitte entschied, mußte die Praxis dahin geführt haben, daß der Herr sein Recht wahrnehme, nicht nachdem, sondern bevor er eine besondere Verfügung genannter Art getroffen hatte. Halb Sage, halb Geschichte ragt von jener Stufe her das Rudiment eines Rechtes „primae noctis“ herüber. Ist dies selbst noch vor der Beseitigung der letzten Konsequenzen der Sklaverei verschwunden, so verschwand schon mit ihm der eigentlich ähnliche Charakter des Umganges mit bloß der Unterthänigkeit der Arbeitssklaven unterworfenen Frauen. Daraus zog das christliche Mittelalter teilweise sogar die Konsequenz, daß eine eigentliche Ehe mit einer Sklavin auch umgekehrt nur möglich sei, wenn der Mann zur Stellung der Frau herabsteige, und daß sonach eine solche Ehe diese Degradation nach sich ziehe. Allerdings verfügt das salische Gesetz (XXV) in dieser Weise nur dann, wenn der Freigeborene die Sklavin eines *anderen* Herrn ehelichte.

Das entwickelte *Sklaventum* erscheint unabweislich als ein Ausfluß des sich erhebenden Vaterrechts. Wir mögen es beklagen, daß die Entwicklung so abseits unseren Wünschen diesen Weg nahm; mit der Stellung der Frau stehen die Ereignisse auf diesem Gebiete in nahem Zusammenhange. Eine Familie, die sich mit Ausnahme des Zukaufs der Ehefrauen auf den eigenen Anwachs beschränkt hätte, würde keiner der Frauen ein besonderes Hervortreten vor den anderen gestattet haben; sie wäre durchschnittlich nie übermäßig zahlreich geworden. Was der *einen* Frau die Hoheit der „Herrscherin“ verleiht, das entwickelt sich hier nur in geringem Grade. Sahen wir dagegen die Heroenzeitalter der Völker im innigsten Zusammenhange stehend mit dem Aufschwunge des Vaterrechts, so sind es auch dieselben Zeiten, welche den Grund zur Füllung der Familien mit Scharen fremder, dienender Kräfte legten. Das Beduinentum an der Grenze von in keinem Friedensbund geeinigten Stämmen erhält sich immer in dieser Lage. Auch Völker, die zur Kultur der Seßhaftigkeit gelangten, können einmal durch eine solche Erwerbszeit und Erwerbsart hindurchgegangen sein, und aus jener Zeit stammen die reichen Bestände von fremdem, nicht aus dem eigenen Familienverbande abgesondertem Sklavenmaterial der alten Kulturnationen. Griechen und Römern lieferten solches ihre Eroberungskriege; die Beutekriege der Griechen beschränkte, die der Römer erweiterte eine diesseits ihres Heroenzeitalters liegende Zeit. Die Germanen erweiterten auf solche Weise ihre Familienbestände durch die Besitznahme der römischen Länder, durch die Beduinenzüge der Völkerwanderung, durch das nordische Wikingertum und durch die nachfolgenden Slavenkämpfe im Osten. Ob auch die Slaven in der Lage waren, über die Nachbarstaaten hinaus lohnende Unternehmungen solcher Art zu erstrecken, ist schwer zu bestimmen, jedenfalls waren die Verhältnisse für sie weit mannigfaltiger, doch wohl im ganzen ungünstiger. Indianische Jäger hatten keine Sklaven.

Eine große Menge fremder Elemente in der Familie mußte ohne Zweifel dazu beitragen, die Vatergewalt in einem rauheren Sinne zu verstärken und zu erhalten; aber auf der anderen Seite wurde gerade so der Abstand zwischen der freien Frau und der der Knechtschaft bedeutender, und er erklärte die Nähe, in der jene zum gebietenden Manne stand. Wir können nicht verkennen, daß durch jene Erwerbungen auch das Regierungsgebiet der Frau, das sie schon von den Zeiten des Mutterrechtes her unangetastet besaß, sich erweiterte, und wie es an volkserhaltender Bedeutung gewann. Nur der Römer mußte die Erwerbsweise des Heroentums in ein großartiges Eroberungs- und Beherrschungssystem umzusetzen; die germanischen Eroberungen fanden insbesondere für die Völker auf mittel- und nordwestdeutschem Boden bald ihre festen Grenzen. Innerhalb dieser aber mußte nun der an der Scholle festgehaltene Mensch seine Erwerbsweise ändern; die Stämme, einst stolz auf weite wüste Marken, wuchsen aneinander, ein einziger „Königsfriede“ umschloß an Stelle der einzelnen

Friedensverträge bald alle. Da war kein Raum mehr für Nomaden, noch für Beduinen und Wikinger. Nun erinnern wir uns aber, wie von alters her die Frau die Leiterin eines besonderen Erwerbsbetriebes gewesen war; er war unansehnlich, und karg der Erlös, vom Manne schier verachtet, ein Notbissen. Des Mannes kriegerisches Werben stand sehr erhaben über ihm. Mit Kindern und Mägden lockerte die Frau ein paar Beete, wo gerade die Familie den Sommer über zu bleiben und mit der Herde zu schweifen gedachte. So zeigt sie uns noch, von der Sage festgehalten, das Bild der Freia, die die Kleinen vor ihren Pflug gespannt hat.

Eine Geflügelherde, meist aus Gänsen bestehend, dem einheimischen, nicht allzuschwer zähmbaren Vogel, wandelt vom sommerlichen Bau zum nahen Wasser; auch sie steht unter der Zucht der Frau. Ihrer freuten sich germanische Königinnen, und Juno, die ideale Königsfrau von Rom, bewahrte die alte Hausfrauensitte und hielt ihre Gänseherde auf ihrem Bergschlosse. Nun tritt mit der Feststauung der germanischen Völker, mit der Gründung eigentlicher Staaten, insbesondere auf deutschem Boden, die Zeit ein, da der Pflug immer tiefer und tiefer hineinschneiden muß in das Land der gemeinen Mark — damit, nun einmal auf einen festen Kreis beschränkt, die Familie leben könne. Die Wandersucht der alten Zeit hört auf; die Viehzucht, wie sie einst der Mann betrieben, tritt immer mehr in den Hintergrund: der Ackerbau wird immer wesentlicher der Ernährer des Volkes. Ihm wenden sich alle Sklavenkräfte zu, — bei den nun auf der gemeinsamen Weide der Mark vereinigten Herden finden sie keine ausreichende Verwendung mehr, die Beutegänge stellen sich von selbst ein, die Gefahren derselben wachsen, der Lohn wird karger. So treibt die Zeit die Arbeitskräfte dem Hause, dem Acker zu — dem Regierungsbereiche der Frau; sie wird wieder die nährende Mutter aller.

Das unstätere, nach rauher Bethätigung lechzende Leben des Mannes hat andere Formen angenommen. Er stellt sich zu Rate dem väterlichen Haupte im Herrenhause, er besucht das Gericht der verbündeten Gemeinden, das Märzfeld und Maifeld; er wird zu einem sommerlichen Feldzuge entboten; sucht sein Glück in der Begleitung eines unternehmenden Herrn; er dient am Hofe. Mag sein, daß er einmal mit Ringen und Kleinoden bereichert nach Hause kommt; — hier bleibt doch die Quelle und der Halt seiner Existenz, hier nährt die Scholle und das feldgänge Tier seine Kinder, hier wurzelt mit der Familie seine Kraft, und hier — thront die Herrschaft der Frau.

Es ist unmöglich, daß dieser Umschwung, der sich schließlich doch einmal bei jedem Volke vollziehen muß, das bis zur Stufe der Ackerbauwirtschaft vorschreitet, ohne einschneidendste Wirkung auf die Stellung der Frau bleiben könnte — daran aber nimmt nur die erste Frau Anteil. Nur sie ist in Wahrheit die „Frau“, die Gebieterin, und je ausgedehnter und bedeutsamer ihre Hauswirtschaft wird, desto notwendiger erscheint die Zusammenfassung des weiblichen Wirkungskreises in einer Hand; dazu aber ist nur die erste Frau, die Hauptfrau, die designierte Person. „Frau“ und „Weib“ werden nun wohl unterschiedene Begriffe. So gebraucht Walter von der Vogelweide die Worte, wenn ihm scheint, daß in Deutschland „diu wîp bezzer sint danne ander Frouwen“. Frau ist nur die wirkliche Herrin, die regierende, erste Frau, und so treten nun auch die anderen freigeborenen Gemahlinnen ihres Mannes als Nebenweiber, Kebse und Friedeln hinter sie, und selbst die beiden so getrennten Gruppen der Nachkommenschaft bezeichnet das Doppelwort „Kind und Kegel“.

Wir haben uns hier den notwendigen Gang der Dinge zunächst an dem Verlauf der germanischen Geschichte vorgestellt. Doch müssen dieselben oder ähnliche Ursachen auch sonst zu gleichen oder ähnlichen Ergebnissen geführt haben — das bezeugen Erscheinungen aus den fernsten Gegenden. Unter den indianischen Frauen ragen die der Navajoes in Neu-Mejiko durch ihre vorteilhaftere, höhere Stellung vor anderen hervor;[1] aber gerade sie haben es auch verstanden, sich in den selbständigen Besitz von Herden zu setzen und zu Leiterinnen der häuslichen Arbeiten aufzuwerfen, die von den schwächeren und schutzbedürftigen Gliedern der Familie verrichtet werden. Auch in Hellas hatte nur eine Hausfrau rechtliche Geltung, und man hat

[1] Waitz a. a. O. III, 102.

diesen Zustand trotz der zahlreich gehaltenen Kebsweiber als monogamisch bezeichnet. Wenn nun die Sage behauptet, in Athen hätte diese Monogamie Kekrops eingeführt, so heißt auch das nur, daß ihr Eintritt mit der Begründung der seßhaften Kultur jüngerer Art zusammenfiel. In Wirklichkeit aber blieben die Griechen bei der Uebergangsstufe der Unterscheidung einer ersten Frau von den Nebenfrauen stehen; zu einer Monogamie mit der Konsequenz der gegenseitigen Beschränkung gelangten sie nicht. Auch die römische echte Frau ist Herrin im Hause, aber ihr Herrschaftsgebiet erscheint, so weit die Geschichte reicht, auf jenes beschränkt, denn schon frühzeitig hatte der römische Mann den Pflug selbst in die Hand genommen. Indes gab es immer noch zu ordnende Arbeit genug im Hause. Getreidemahlen und Kochen als der beschwerlichste Dienst gehörten nicht zu den Pflichten einer ersten Hausfrau; sie trat auch hierdurch als die Leiterin vor den Mägden hervor.

Ein besonderes, jedenfalls förderndes Verhältnis war das, welches die Frau als den idealen Mittelpunkt des Hauses hinstellte, sobald einmal die Auffassung des Mannes zu solcher Feinheit gereift war. Es entwickelte sich zum Teil aus uns schon bekannten Beziehungen. Der Herd war der Familie, wie wir schon sahen, mehr als die bloße Licht- und Wärmequelle der Hütte; er war in Wahrheit der heilige Altar derselben. Auch sahen wir, wie diese Vorstellung bis in die Zeit des Mutterrechtes hinabreicht. Die Gottheit des Herdes ist nicht nur den Germanen, auch den Griechen und Römern eine weibliche — Helja, Hestia und Vesta. So erhielt sich wenigstens die Vorstellung da, wo wirklich ein und derselbe Herd seine Geschichte bis in die Vorzeit zurückführen konnte. So waren es der Sage nach die sabinischen Stammmütter, welchen der einst getrennte Kult der römischen Kurien galt, und als diese Kurienherde zur Zeit der „servischen" Umgestaltung zu einem einzigen Herde der vereinigten Gemeinde zusammenwuchsen, so war es die weibliche Vesta, unter deren Namen sich die Gottheit dieses Gemeinherdes barg. Zweifellos war auch ursprünglich im Hause selbst die Gottheit weiblich gedacht, ein Ausdruck der Vorstellungen des Mutterrechts.

Als Dienerin dieses Herdes gewann die Frau jene priesterliche Weihe, die insbesondere in der Auffassung der Germanen hervorgehoben wird. Dienerin des Herdes aber wurde sie in ältester Zeit auch in einer ganz materiellen Weise, deren Wichtigkeit uns heute nicht mehr leicht vorstellbar ist. Die Feuererzeugung nach ältester Art verlangt ausdauernde Anstrengung und ist in unserem feuchtkalten Klima nur schwer zu bewerkstelligen. In ältester Zeit legte man daher allen Fleiß darauf, den lebendigen Funken unverlöscht zu erhalten, zu nähren. Man nahm ihn selbst gar mit auf Reisen und Jagdzüge, übertrug ihn gerne von einem Kultmittelpunkte in die Kolonieen desselben Kultus. Aber das Feuer schien dem Menschen wie die Erinnerung im Laufe der Zeit zu altern; darum erneuerte man mit der Flamme das Band der Freundschaft. Daran erinnerte das jährliche Verlöschen aller Herdfeuer und das Wiederanzünden derselben an einer einzigen neuangefachten Flamme am heiligen Volksmittelpunkte, wo es einst üblich war; und in der Symbolik der katholischen Kirche hat sich der Brauch erhalten. Dieses Feuer aber, wie es die Griechen jährlich aus Delos, die Kelten angeblich von Temoria holten, die katholische Kirche an jedem Charsamstage in ihrem Gotteshause neu bereiten läßt, sollte dann das ganze Jahr über unter der treuen Hut der Frau nicht mehr erlöschen. Das Mittel, wenigstens die glimmende Kohlenglut durch die Nächte hindurch festzuhalten, bot in alten Haushaltungen ein schwerer Holzblock, dessen Kopf in Glutasche gehüllt den Funken erhielt, der sich am Morgen wieder zur Flamme anfachen ließ. Südslavische Haushaltungen führen, wenn auch dem Zwecke entrückt, diesen Block heute noch unter dem Namen Badnjak, und erneuern ihn unter förmlichen Opfern am Weihnachtsabende. Den Tag über die Flamme zu nähren, war Sorge der Frau. So mußten gerade Frauen im Tempel der Vesta das Feuer nähren. Ein Schimmer von Heiligkeit, deren voller Schein auf diese fiel, traf darum immer auch die Hausfrau, und diese ihre Stellung zum Heiligtume des Hauses konnte nur einen beschränkenden Einfluß auf die Rechte des Mannes oder ebenso auf die Art üben, wie er von denselben Gebrauch zu machen wagte.

Im Abendlande hat sich der Fortschritt zur Monogamie erst im Christentum vollzogen; doch trat auch dieses nicht unbedingt mit jener Forderung an die Völker heran. Indem Paulus von einem ersten Vorsteher einer christlichen Gemeinde verlangt, daß er als Muster christlichen Wandels nur Eine Frau habe, bleibt für das Volk die Möglichkeit einer anderen Sitte wohl noch zugegeben. Ein einflußreicher Verbreiter des Christentums, ein kanonisierter Heiliger, wie Karl der Große, der einen äußerst scharfen Blick für wunde Stellen des Kultus bewies, hat darauf verzichtet, ein Apostel der monogamischen Ehe zu werden. Was aber doch das Christentum in eine engere Verbindung mit der Verbreitung monogamischer Haussitte brachte, war seine anfängliche Koalition mit den ärmeren Klassen des Volkes, bei welchen nun der Zwang der Notwendigkeit die Weihe des höheren und reineren Gesetzes erhielt — auch so wurde die Christenlehre eine Trösterin der Armen.

Praktisch zersetzend aber ging das Christentum durchaus nicht an die Grundlage der alten Familie; es anerkannte auch die Knechtschaft, welche das Princip mit sich gebracht hatte, als eine Fügung Gottes. Anders vorzugehen hinderte die Christen die Teleologie ihrer Weltanschauung, die in allem Bestehenden — von den Vorspiegelungen der Dämonenwelt abgesehen — den Ausdruck des Gotteswillens ergebungsvoll anerkannte. Das Christentum bemühte sich, das Los des armen Knechtes zu mildern, aber auch Knechtschaft war ihm eine Gottessatzung — wie hätte auch die Menschheit auf damaliger Stufe darüber hinauskommen sollen?

So entfernte es sich auch nicht allzuweit von der gegebenen Auffassung der Frauenstellung; es sanktionierte auch darin den vorgefundenen Bestand des Mannesrechtes. Das alte Wort: „Er aber herrsche über dich!" — ließ es unangetastet stehen; „des Weibes Oberhaupt ist der Mann". Dem Weibe geziemt Unterwerfung, in der Oeffentlichkeit Schweigen. Trotz des weihevoll Priesterlichen, das ihr innewohnt, kann die Frau auf dem Standpunkt des Christentums nicht Priesterin werden, weil sie, kaum noch im Hause der Armen als Vorsteherin erkennbar, nicht die Vorstandschaft der Gemeinde führen kann. Nur in dienender Stellung kann sie sich dem Heiligtume weihen. — So hat auch der Buddhismus zwar die Frauenstellung gehoben, so hat Gautama Buddha wie Jesus gerade bei sinnigen Frauen für seine Erlösungslehre das innigste Verständnis gefunden; aber die Würde des Archats und die eines Buddha blieb auch hier dem Weibe versagt.

3. Neue Lebensformen auf Grund des Vaterrechts.

Es liegt uns nun ob zu untersuchen, wie sich auf einer Grundlage, die so unverkennbar auch ihre Schattenseiten hatte, die nur ihre Unvermeidlichkeit erträglich machte, ein Fortschritt der Sitte nach der Richtung des schon durchschimmernden Ideales hin entwickeln konnte. Daß ein solcher schließlich doch hervortritt, gewährt eine wohlthuende Entschädigung für die zum Teil abschreckenden Eindrücke, denen wir uns bei einer objektiven Betrachtung und Beleuchtung der Vorzeit von dieser Seite her notwendig aussetzen müssen. Wenn man der Menschheit Urzeit ihre Kindheit nennt, so reicht der Vergleich nur bis zu einem gewissen Punkte: die Urzeit ist kein Idyll.

Wir haben eines der zartesten psychologischen Probleme zu entwickeln, indem wir die Erklärung für die wachsende Zunahme der Hochschätzung jungfräulicher Reinheit suchen, durch welche Hochschätzung die sittlichen Grundsätze der Menschheit gewissermaßen erst von dem harten Boden der Erde abgehoben und in ein idealeres Bereich versetzt zu werden scheinen. Aber gerade in dieser Hinsicht stehen auch die verschiedenen Völkerschaften am wenigsten auf einer gleichen Höhe. Wir sehen vielmehr noch vor unseren Augen die mannigfaltigsten Stufen dieses Entwickelungsganges, ja einzelne Staffeln sind von der Art, daß sie in eine Sackgasse auslaufend die Entwickelung beenden, ohne sie auf die Höhe geführt zu haben, ohne dies noch zu vermögen.

Im allgemeinen ist die Verschiedenheit der Einfluß übenden Momente zu groß, als daß sich irgend ein einheitlicher Weg bestimmen ließe, den die Menschheit überall nehmen müßte. Nur in Einem Punkte hat das harte Vaterrecht überall günstig auf die Verfeinerung der Sitten gewirkt: es hat wenigstens die in der Ehe lebende Frau den Bewerbungen und Nachstellungen der Leidenschaft zu entziehen begonnen und um sie den Zaun jener Eifersucht gezogen, mit der der Mensch all das, was er als Eigen zu betrachten gelernt hat, bewahrte. Unzerbrechlich ist kein Zaun, aber stärker als dieser bewährt sich schließlich die gemeinsame Anerkennung Aller, unter deren Friedensschutz er steht.

Die Unantastbarkeit der Frau vor der Ehe hat einen viel schwächeren Schutz. Dem Rechte nach liegt er schon in der väterlichen Gewalt des Hausherrn, und irgend einem Hause muß ja nach Vaterrecht das Mädchen angehören. Aber dieser Mundschaft fehlt die Schärfe der persönlichen Eifersucht des Mannes, die Fessel ihrer Gewalt ist eine losere, der Ausblick in die Zukunft vielleicht noch ein allzu getrübter, die Fürsorge unzureichend. Ja wir werden sogar auf Sitten treffen, welche die Abfindung mit der älteren Zeit des Mutterrechtes und den gewissen Vorteilen, die sie bieten konnte, gerade in die Zeit der Jungfrauschaft verlegen. Wir müssen uns indes auch über Worte und Begriffe erst ein wenig verständigen. Unter dem letztgenannten versteht die alte Zeit nicht immer jene sittliche Reinheit, die wir damit der Vorstellung nach verbinden. Noch begnügt sich die Zeit, mit jenem Begriffe die Mutterschaft und die wahrnehmbaren Zeugnisse zu erwartender Mutterfreuden auszuschließen. Das Gegenteil allein ist es, was auch noch das Alte Testament unter den „Zeichen der Jungfrauschaft" versteht.

Jenes Rudiment aus den Zeiten des Mutterrechtes ist allerdings ein großes Hindernis für den weiteren Fortschritt der sittlichen Begriffe nach der Richtung unseres Ideals hin. Wir aber würden auf einen ganzen Komplex von Kulturmerkmalen verzichten müssen, wenn wir jenen Anspruch aus unserem Ideale entfernen wollten; wir dürfen also wohl das, was wir erreicht haben, bei anderen Völkern als Maßstab für das noch zu Erreichende hinstellen.

Günstig wirkte für den Fortschritt die ziemlich weit verbreitete Sitte, die Mädchen möglichst bald nach Eintritt ihrer Jahre einem einzelnen Manne auszufolgen, beziehungsweise zu verheiraten, so ungünstig das nach anderer Richtung hin wieder wirken möge. Auch das Versprechen der Mädchen im Kindesalter hat nach jener Seite hin günstigere Folgen haben müssen. Die Jungfrau gewann so nie das Recht der Verfügung über sich selbst, wie unter dem ehemaligen Mutterschutze der Fall gewesen war.

Wieder einen Schritt weiter führt erst die Aufnahme der jüngeren Vorstellung von dem physiologischen Anteile des Vaters an seinem Kinde, wie wir sie zunächst bei den Juden, dann bei den Griechen und erst später bei den Römern sich entwickeln sehen. Gewinnt diese Vorstellung erst genügend Boden, so fällt mit ihr der Vaterbegriff nach zwei verschiedenen Seiten hin auseinander: neben den Vater der Herrschaft tritt ein Vater der Verwandtschaft; beide Begriffe decken sich nicht, sondern kreuzen sich bloß auf einer kleinen Strecke ihres Umfanges. Erst auf dieser Stufe gewinnt der Mann, der sein Kind auf seinem Stuhle sitzen sehen will, — wie der Aegypter die Nachfolge ausdrückte — ein weiterreichendes Interesse an der Haltung seines Weibes auch vor der Ehe. Das jüdische Gesetz hat auch diese Anforderungen schon unter seine Hut genommen.

In dem entwickeltsten unserer alten Volksrechte, dem salischen, findet der Ehebruch, unterschieden von dem Wegnehmen oder Rauben einer Frau, gar keine Erwähnung. Wie immer das gedeutet werden könne, sicherlich steht die Thatsache im Zusammenhange mit dem noch völlig unbeschränkt waltenden Vaterrechte. Nur die Entwendung einer Frau oder die Gewaltthat außer dem Hause berührte das Rächeramt des öffentlichen Friedensbundes. Für die Ahndung dessen, was im Hause geschah, dürfte die uneingeschränkte väterliche Gewalt ausreichend erachtet worden sein. So verlangen auch die Slaven nach der Adalbertslegende die Auslieferung der Ehebrecherin an den Gemahl — dessen ist in solchem Falle das Strafamt. Dagegen kommt das germanische öffentliche Recht dem Vater schon bei dem Schutze der Töchter und Mägde ebenso zu Hilfe, wie bei Entwendung der Frau. Dabei zeigt sich im Gegensatze zum slavischen Brauche eine große Schärfe des deutschen Rechtes. Es kommt der Eheschließung durch gegenseitige Uebereinkunft oder durch Entwendung der Braut durchaus nicht entgegen, sondern rächt überall streng die beleidigte Vatergewalt — ein Zug, der bei seiner ganzen Rauheit zu größerer Sittenstrenge führen mußte. Trotzdem muß Brautraub wie im Norden so auch im Frankenreiche nicht nur vorgekommen, sondern selbst in einer gewissen geordneten, man möchte sagen, zunftgerechten Weise ausgeführt worden sein.

Wir lernten oben den serbischen Hochzeitsapparat mit seinen Woiwoden, Fahnenträgern und Soldaten als eine Art von Gefolgschaftsbande kennen, welche das Geschäft der Brautwerbung, beziehungsweise einer gewaltthätigen Gewinnung derselben für den Bräutigam als Freunde und Gehilfen übernimmt. Dort war das nur noch Rudiment; aber eine Art solcher Banden, verkommener Gefolgschaften, für gleiche Zwecke gewerbsmäßig sich anbietend, scheint bei den Franken wirklich nicht ganz unbekannt gewesen zu sein. Das Gesetz aber meint es mit ihnen unangenehm ernst und zeigt uns dieselben vielmehr als Räuberbanden, denn als Hochzeitsgeleiter nach serbischer Art. Es spricht[1] von dem Falle, daß jemand ohne den Willen der Eltern Kinder zu einer Ehe verleiten, und daß dabei „Räuber" oder Gelagsfreunde (convivae) mitbeteiligt wären. Auf eine wirkliche Entführung solcher Art setzt das Gesetz die Todesstrafe. Eine ältere Stelle desselben Gesetzes (VIII) unterscheidet genau den „Räuber" als Bräutigam von den übrigen der Gelagsfreunde oder seinen Gehilfen. Der eigentliche Räuber soll in einem solchen Falle eine Buße von 6½ Schillingen, die drei nächsten Gehilfen, die das Mädchen entführt haben, 30 Schillinge zahlen; diejenigen aber, welche die Schar noch über jene drei zählt, büßen mit je 5 Schilling, und die, welche „mit Pfeilen" dabei — also wohl nur als Geleite zugegen waren, ohne Hand anzulegen, — mit 3 Schilling. Ein solcher Brauterwerb wäre also nach fränkischem Rechte kostspielig gewesen. Es wäre fast unbegreiflich, wie das Gesetz gerade auf eine solche Kasuistik hätte verfallen können, wenn ihm nicht solche Werbebanden, bestehend aus drei Hauptpersonen, einer Schar Gehilfen und einem Zuge mit Bogen bewaffneter Begleiter, vorgeschwebt hätten. Seltsamerweise ist das serbische Hochzeitskorps noch immer ganz ähnlich organisiert.[2] Diese Helfershelfer

[1] Lex salica LXX.

[2] Vgl. Rajacsich a. a. O. 141 f.

heißen „Svati", „und diese Svati sind eine Art Soldatenkorps, die gleichsam die Braut erobern müssen . . ." „Die Svati dürfen nicht anders als mit „Herr" (Gospodin) tituliert werden." An ihrer Spitze stehen drei Chargierte, der Vojvoda (Heerführer, Herzog), der Zavstavnik (Fahnenträger) und Mustulugdzia (Kurier); die anderen sind „die gemeinen Soldaten". — Eine ähnliche Organisation oder vielmehr das Original einer solchen muß also das fränkische Gesetz im Auge haben, wenn es ohne weiteres beginnt: „Wenn drei Männer ein Mädchen rauben" — und dann die Schar der Hilfeleistenden und Pfeilschützen und den eigentlichen „Räuber" als Bräutigam hinten nach aufführt.

Ob dann aber die Braut, wenn es ihr freier Wille wäre, dennoch wie nach slavischem Rechte in echter Ehe bei dem Entführer habe bleiben können, sagt das Gesetz nicht. Es bestimmt nur, daß ein Mädchen, das freiwillig einem Entführer folgt, der nur ein Halbfreier oder ein Untergebener im Königsdienst ist, des Standes der Freien verlustig wird. Auch wer einem anderen eine Braut weghascht, büßt mit 62½ Schilling. Die Buße für die Entwendung einer Frau steht dem niedersten Satze ihres Wergeldes — 200 Schilling — gleich. (XV.)

Die Ueberwältigung eines Mädchens wird dem Raube gleich, aber auch Unzucht im Einverständnisse mit dem Mädchen mit 45 Schilling gestraft — sehr zur Unterscheidung von den Sitten anderer Völker. Es ist aber klar, daß diese Verschärfung auch nur ein Ausfluß aus dem Begriffe des Vaterrechtes ist, in welches der Frevler auch dann eingreift, wenn das Mädchen ihm entgegenkommt; er mußte wissen, daß dieses nicht über sich selbst zu verfügen hat.

Jede Art Umgang mit der eigenen Sklavin ist dagegen dem Herrn natürlich gestattet — wenigstens von Rechts wegen; — aber das Vergehen mit einer fremden Sklavin zieht die Buße von 15 Schilling nach sich, und das Recht spricht hier ganz deutlich aus, in welchem Sinne diese Buße zu fassen ist: sie falle dem Herrn jener Magd zu. Der Schuldige hat also nicht ein moralisches Aergernis oder die Verkümmerung einer sittlichen Existenz zu büßen, sondern den Eingriff in das Hab und Gut eines anderen. Ein Sklave büßt dasselbe Vergehen mit 6 Schilling; sollte aber die

Sklavin etwa infolge der Entbindung sterben, so hätte der Herr des Sklaven dem der Sklavin den ganzen Schaden zu ersetzen; — der Schaden ist immer noch das Wesentliche, um das es sich handelt. Wir befinden uns also immer noch auf dem Boden des hausväterlichen Besitzrechtes, und an dem Begriffe der Störungen desselben übt und schärft sich zunächst das moralische Bewußtsein einer, von einem ethischen Ideale noch nicht erfüllten, gewissermaßen empirisch forttastenden Menschheit.

Das alte gottländische Recht zeigt uns auch die schützende Fürsorge gegen eigentlichen Ehebruch, nicht ohne uns dabei noch einen Blick auf die alte väterliche Selbsthilfe werfen zu lassen. Wer des Verbrechens auf frischer That überwiesen wird, der hat sein Leben oder — 40 Mark verwirkt; die Wahl zwischen beiderlei aber steht noch bei dem geschädigten Ehegatten selbst. (Art. XXIV.) Für die Verführung einer noch unverheirateten gottländischen Frau ist unter dem Namen Högsl eine „Verbesserung" zu zahlen, und diese empfängt der Bruder oder Vater, in dessen Rechte das Weib steht. Auch in Gottland wird Lockung und Raub der Tochter keineswegs leicht genommen; nur Erwerbung gilt als die unsträfliche Form des Eheschlusses. Wer durch Verlockung ohne Einwilligung der Eltern eine Braut zu sich nimmt, büßt 40 Mark, wovon 12 der Landschaft, die übrigen dem Mundschaftsinhaber zufallen; im Falle des Raubes aber haben die Mundschaftsträger die Wahl, den Mann zu töten oder sein Wergeld zu nehmen. Daran ändert keine Willensäußerung des Mädchens etwas; nur das väterliche Recht entscheidet.

Von einem solchen gesetzlichen Schutze des Vaterrechts läßt sich aber im Grunde schon der Schutz der Frau an sich nicht mehr trennen, und wir sehen die Entwickelung immer weiter zu einer sorgfältigeren Wahrung der Persönlichkeit schreiten. So weit solche Fürsorge ausschließlich der Eifersucht des Mannes auf seinen Besitz entspringt, tritt sie oft schon bei Völkern niederer Stufe in auffallender Strenge der Form hervor. Es klingt geradezu wunderlich, daß in Pontianak unter den Malaien die Bestimmung bestehen solle,[1]

[1] Waitz a. a. O. V, 1, 157.

daß niemand die Frau eines anderen auch nur berühren dürfe, und daß die Konsequenz so weit gehe, daß eine ins Wasser gefallene Frau auf niemandes Hilfeleistung rechnen dürfe, es käme denn einer ihrer Verwandten herbei. Auf dieser Art eifersüchtigem Schutze der Frau beruht schließlich auch die barbarische Abschließung derselben in den Formen des Haremslebens. Sie ist insbesondere beduinischen Eroberungsvölkern eigen und erklärt sich hier aus dem rückhaltslosen Siege der Mannsgewalt und dem Verfall des weiblichen Wirkungskreises einfacherer Lebensform. Der Reichtum der Beute hat die Frau um den Rest ihrer Freiheit, weil um den Wert ihrer Arbeit, gebracht. Ganz das Gegenteil ist bei der Frau auf deutschem Boden in der kritischen Zeit nach Abschluß der Völkerwanderung der Fall gewesen: hier zweigt sich eben die Kulturentwickelung nach verschiedenen Wegen hin ab. Dort vermag sich zum Schutze die hausväterliche Selbstsucht nur immer wieder in neuen Formen zu überbieten; ein Ferment der Entwickelung wird sie nicht mehr; dagegen führt der Schutz der Frau, wie er auf germanischem Boden seinen Weg nimmt, zur Selbständigkeit und zur Entwickelung der sittlichen Persönlichkeit. Er löst am anderen Ende des Kreislaufes wieder jene Fesseln, mit deren Schmiedung eine neue Zeit begann.

Der Uebergang ist indes ein so allmählicher, daß man im einzelnen Falle kaum bestimmen kann, ob eine Maßregel zunächst noch auf den Besitzgegenstand des Mannes abzielt, oder ob der sittliche Wert der Frau selbst schon das Augenmerk des gesetzgebenden Volkes auf sich gezogen habe. Das salische Gesetz schützt wohl schon nicht bloß den Vater, sondern auch die Braut selbst, wenn es auch den Bräutigam mit Strafe belegt, der den schon geschlossenen Verlobungsvertrag böswillig brechen wollte. Der verheirateten Frau das stets verdeckte Haar zu entblößen oder zu lösen, daß es auf die Schultern fällt, gilt als ein sehr strafwürdiges Verbrechen, und das Gottlandrecht stimmt damit auffallend überein.[1] Gewiß sehr schimpflich mußte es dem tapfern Franken sein, ein „Hase“, ein „Deserteur“ oder ein

[1] Lex salica LXXV; Gautalegh XXVI.

„Fälscher" geschimpft zu werden, aber kein Wortschimpf, der gegen den Mann zu erdenken wäre, trägt auch nur entfernt die Buße, wie der Frau gegenüber der Vorwurf verletzter Frauentreue. Keine Buße für Manneschimpf (XXX) steigt über 15 Schillinge, ja man kann jemand schon für 3 Schilling Dinge sagen, die wir heute nicht schreiben dürfen; aber die Buße verletzter Frauenehre steht dreimal höher als alle Bußen. Ein sehr naiv abgefaßtes Kapitel (XXVII) der Gautalegh stellt nicht nur die Frau unter ein förmliches Tabu, fast ähnlich dem zu Pontianak, sondern verrät durch den fast überraschend wirkenden Gebrauch der sich immer steigernden Pyramide der Strafbestimmungen, daß es sich nun doch schon um die Frau an sich, nicht mehr um das Besitztum des Mannes handle. Ihr ist schon der Voraussetzung nach die Freiheit eingeräumt, den Schutz des Gesetzes auch zu verschmähen. Jede kaum noch unziemliche Berührung hat ihre „Brüche", aber ein gewisser Grad von Vertraulichkeit, „dem hängt keine Buße oder Brüche an", denn er lasse auf eine Mitschuld des Weibes schließen; das Gesetzbuch verdammt die That als die des „Thoren", aber straft sie nicht mehr, das Gewissen des Weibes damit belastend.

Aus dem thatsächlichen Bestande der Gewalt des Mannes und seiner umfassenderen Fürsorge, der Ernährung, Pflege und Verteidigung der Seinen ist auf dem Boden einer Kultur der Stetigkeit ein Recht geworden, das sich mit Pflichten unlöslich verbunden hat; und wie hoch in diesem Familienrechte nun schon die Frau gestellt ist, das drückt in der Auffassung seiner Zeit der Sachsenspiegel aus: es gebe nur drei schwere Verbrechen, um die der Papst auch einen gekrönten Kaiser bannen könne, und die Entfernung der rechten Ehefrau stände zwischen Glaubensabfall und Kirchenraub mitten inne.[1]

Wir sind nun der Entwickelung bis auf eine gewisse Höhe gefolgt, und werden uns am besten überzeugen, daß die angegebene Stufenfolge eine geschichtliche Thatsache sei, wenn wir uns wieder zu den einzelnen Stufen zurückbegeben, wie sie da und dort noch als ethnologische Rudimente anzutreffen sind. Wenn uns die Berichte

[1] Sachsenspiegel III, 57.

nicht täuschen, so hat die Kultur völlig unabhängig auch in den Kulturstaaten der roten Rasse denselben Weg genommen und sie ist auch dort von der Barbarei des Gewaltprincips bis zu einer Stufe emporgestiegen, die derjenigen unserer Kultur gar nicht fern stände. Das Familienleben des Mexikaners ruht auf einem ganz anderen Grunde als sein schaudererregender Kannibalismus. Das scheinbar Unverständliche liegt nur in der Vereinigung von beiden. Er hat es mit solch rücksichtsloser Konsequenz nach beiden Seiten hin entwickelt, daß wir dem unausgleichbaren Gegensatze der härtesten Barbarei eines blutigen, selbst eigne Kinder nicht schonenden Kultes und des zartesten Familiensinnes begegnen. Letzterer äußert sich in uns aus der Eroberungszeit erhaltenen väterlichen Lehren, die an die Kinder gerichtet wurden, und die ein jüdischer oder christlicher Familienvater nicht anders, nicht besser fassen würde. Die Sittenreinheit der Töchter wurde streng überwacht, Kuppelei und Ehebruch mit dem Tote bestraft.[1]

Auch in den Bereichen der ostasiatischen Kultur ist die Frau ein Gegenstand wachsamen Schutzes. In China erstreckt er sich auch auf die heranwachsende Jugend. Wenigstens muß man das aus der Thatsache schließen, daß hier der Bräutigam die Braut zum erstenmal sieht, wenn sie schon zur Vermählung sein Haus betreten hat. Die Eltern haben sie ihm beschafft und zugeführt. — Liebesverhältnisse zum Zwecke des Eheschließens gibt es in der Regel nicht. Dagegen erscheint das Weib außer dem ehelichen Verhältnisse und der Anwartschaft auf dasselbe der Sittenlosigkeit preisgegeben. Ganz drastische Mittel, die verehelichte Frau vor den Gefahren der Welt zu schützen, wendet die Sitte in Japan an. Schon die Verlobte geht daran, sich, die nun nicht mehr zu gefallen braucht, zu entstellen. Sie thut es nicht ohne Geschick, indem sie sich die Augenbrauen entfernt und die Zähne schwarz färbt. Sie wirft damit aller ferneren Bewerbung den Fehdehandschuh hin. Auch das kann als einer der Wege gedacht werden, auf welchen die Kultur vorwärts tastet — er führt freilich nur in eine Sackgasse. Das Mittel schützt vielleicht

---

[1] Waitz a. a. O. IV, 85.

die Frau vor fernerer Bewerbung, aber es scheint wenig geeignet, darüber hinaus auch die Bewerbung des Mannes festzuhalten. Die Thatsachen lehren wenigstens, daß sich der Ehemann nach japanesischer Sitte durch sein Eheband kaum für beschränkt hält und sehr frei lebt; es genügt also wohl jene Abschreckungstheorie, eher Fremde fernzuhalten, als den Eigenen genügend anzuziehen.

So fremd uns nun diese Sitten zu sein scheinen, so führen doch gerade sie uns noch einmal zu germanischem Brauche zurück. Es ist das Eigentümliche ethnologischer Thatsachen, daß sie erst im Vergleiche ihr verständnisvolles Leben gewinnen. So dürfte die germanische Sitte, welche der verehelichten Frau so unerbittlich die Haube aufsetzt, jenen Versuchen nicht absolut fern stehen. Die Haare des Hauptes werden fast bei allen Uncivilisierten entweder selbst als ein Schmuck behandelt oder als derjenige Gegenstand betrachtet, an dem sich am leichtesten und wirkungsvollsten ein Schmuck anbringen läßt, und das ist umsomehr der Fall, je unentwickelter die Bekleidungskunst bei einem Volke ist. Auch die germanischen Stämme hielten sehr viel auf ihr Haar, trugen es in unterscheidender, verschiedener Tracht und hoben zum Teil seine Wirkung durch Farben. Warum sollte da nicht auch die germanische Vorzeit den verlockendsten Schmuck des Weibes in dem reich und offen wallenden Haar erkannt haben? Der fränkische Knabe wuchs mit solchem heran, bis er unter das Kommando der Organisation der Männer trat, gewissermaßen zum Staatsbürger erklärt, aber auch direkt der gebietenden Mannesgewalt unterordnet wurde; in diesem Augenblicke fielen seine Locken unter der Schere.

Auch bei den Langobarden bedeutete nach dem Zeugnisse des Paulus Diaconus das Scheren den Eintritt in eine väterliche Gewalt; darum wurde es hier ein Symbol der Adoption. Jemand die Haare mit Gewalt scheren, galt im Frankenlande überhaupt so viel, wie ihn zum Knechte machen, und wurde mit derselben Buße belegt. Dem überwundenen Gegner, dem gestürzten Könige ließ man, ehe man ihn in ein Kloster steckte, das Haar scheren; damit verlor er seine Macht und Eigenberechtigung an einen anderen. Priester, Mönche und Nonnen, die sich an Christus als ihren nunmehr ein=

zigen Herrn ergaben, behielten die Sitte bis heute bei. Die deutsche Frau nun, die in die Ehe trat, legte zwar ihren Schmuck nicht ab, aber sie verbarg ihn von dem Augenblicke an, da sie in eines fremden Mannes alleinige Gewalt trat, fortan vor aller Welt; so kam das vorher offene Haar unter eine Haube, und letztere wurde bezeichnend für den Ehestand der Frau. Darum erklärt es, wie angeführt, das Frankenrecht für einen so großen Frevel, einer Ehefrau die Haube zu lüften. Nach dem salischen Rechte (LXXV) ist diese Verhüllung eine doppelte. Zuerst hielt eine „Vitta", ein vielleicht mehrfach umwundenes Band das Haar fest und darüber ist die „Obbonis" (Haube) gesetzt. Letztere schützt eine Buße von 15 Schill., erstere eine doppelt so hohe. Von dieser doppelten Verwahrung blieb uns allerdings kaum mehr als der Name; aber die Redensart erhielt auch uns noch die alte Sitte im Gedächtnis. Auf den friesischen Inseln aber wird heute noch der Braut die halbmondförmige Haube aufgestülpt und auch bei den Südslaven gehört die ganze Handlung noch zu den offiziellen Hochzeitsakten.

Im unteren Bereiche der Kultur wiederholt sich vor unserem Auge immer wieder derselbe Stufengang. Die Malgaschen kennen in jenem Punkte kein allgemein verbindliches Sittengesetz und wissen ihrer Genußsucht keine Beschränkungen aufzuerlegen; aber die verheiratete Frau steht unter dem Schutze des Eigentumsrechtes, und es ist kennzeichnend, daß der Ehebruch am Manne ganz in der Weise eines begangenen Diebstahls mit Abhauen der Hände bestraft wird.[1] Strenger verfuhren die Edeeyahs auf Fernando Po, welche den Ehebruch zwar auf gleiche Weise, doch an beiden Teilen und im Wiederholungsfalle durch Ausstoßung aus dem Stamm straften.

Vielfach zeigt sich der Fortschritt in der Weise, daß gerade da, wo die nackte Kaufehe strenge Sitte ist, der Mann sein durch den Kauf erworbenes Recht, ich möchte sagen, zurückdatiert oder rückwirkend auffaßt und dadurch die Unberührtheit der Frau zur Bedingung seines Kaufes macht. Daß unverheiratete Mädchen ungescholten Umgang mit Männern pflegen, ist in Afrika eine noch vielfach verbreitete

[1] Waitz a. a. O. II, 438.

Sitte; aber bei den Somali in Ostafrika[1] muß ein solches Mädchen schon verzichten, legitime, d. h. echte oder erste Hausfrau eines Mannes zu werden. Für diese Stelle verlangt schon der Somalineger ein Weib, das nur ihm gehört hat, und er macht das unausgesprochener Weise zur Bedingung seines Antrags. Sieht sich der Mann hierin getäuscht, so kann das erworbene Weib nur die Stellung einer Magd behalten. Nach Burtons[2] Beobachtung gibt dann der Mann der ganzen Gemeinde davon Kunde, indem er ein bestimmtes Zeichen vor seiner Hütte aufsteckt; ein solches Schandmal aber gibt die ganze Familie, als habe sie sich eines Betruges schuldig gemacht, der öffentlichen Verachtung preis.

Es ist klar, welch starker Antrieb für die Haltung und Ueberwachung der Mädchen auf diese natürliche Weise aus dem scheinbar sittlich unfruchtbaren Kaufverhältnisse erwachsen kann; und die Wahrnehmung der Reisenden, daß bei den Somali „die unverheirateten Mädchen zurückhaltender" seien, kann uns nicht überraschen. Die ganze Familie gewinnt ein sehr empfindliches Interesse an der Beaufsichtigung der heranwachsenden Jugend und es kommt nur darauf an, daß Ursache und Wirkung in ihrem ganzen Verhältnisse erkannt werde und der Gemeinsinn ausgebildet genug sei, um auch die Jünglinge in dieses System der Fürsorge einzubeziehen und im Interesse des Familienwohles auch ihnen Pflichten aufzuerlegen. Der wirkliche Erfolg wird natürlich zunächst von der Zulänglichkeit der Aufsicht abhängen. Soweit es sich um kleine Landbauerfamilien mit wenig Kindern und keinen Sklaven handelt, wird man auch bei diesen Halbnomaden schon ein sittenreines Leben im Hause erwarten können.

Anders wird sich die Sache auch beim Vorwalten der gleichen Grundsätze da gestalten, wo sich größerer Besitz auch in der größeren Ausdehnung des Hauses geltend macht, wie z. B. in den Familien der Großen und Fürsten desselben Erdteils. So dürfen wir auch bei uns aus den trüben Erfahrungen, die Karl der Große in seinem eigenen Hause machen mußte, nicht auf kleine, strebsame Haushal-

---

[1] Waitz a. a. O. II, 522.

[2] Bei Andree a. a. O. 268.

tungen jener Zeit schließen; der Ruhm einer von Tacitus gerühmten deutschen Tugend würde sonst sehr erblassen. In Kuka, der Hauptstadt Bornus, wohnen die angesehensten und reichsten Familien des Landes einschließlich des mit vielen Kindern gesegneten Regenten. Das Leben daselbst ist aber ein außerordentlich freies. Allabendlich versammelt sich die Jugend zum Tanze an öffentlichen Plätzen; kein Haus verschließt den Kindern die Teilnahme, und sie bringen selbst ganze Nächte außer dem Hause zu. Da werden natürlich der Unerfahrenheit und Sorglosigkeit viele Fallstricke gelegt, und so gleichgiltig das Urteil der Menschen darüber hinwegzugehen scheint[1] — so hart rächt sich doch auch im Bereiche dieser losen Sitte oft ein Fehltritt, indem er der gesamten Zukunft des Lebens eine andere Wendung gibt. Ein Fürst oder angesehener Mann könnte durch die Zahl seiner Töchter große Schätze als Kaufpreise ins Haus bekommen und vorteilhafte Verbindungen mit den Edlen des Landes anknüpfen, — wenn er über unbescholtene Kinder zu verfügen hätte. Im andern Falle schlagen alle diese Berechnungen fehl. Nur arme und schlechte Leute ermäßigen auch ihre sittlichen Ansprüche. Der gröbsten Not muß der Mensch entrissen sein, soll er zu sittlichem Wollen erzogen werden können. Unter „feiner gebildeten Leuten," sagt Nachtigal, erfordere auch dort schon das Zartgefühl gewisse Rücksichten. Der Vater, der sich durch den Antrag eines vornehmen Bewerbers erfreut sieht, fühlt sich genötigt, seine Entscheidung zunächst hinauszuschieben. Während dieser Frist sucht er durch eine alte Frau unter den Verwandten des Hauses sich Gewißheit zu verschaffen, ob er, ohne das Haus bloßzustellen, das Angebot annehmen könne. Fällt die Erkundigung günstig aus, dann thut er es. Im andern Falle gebietet bereits die „Sitte", den Antrag unter irgend einem Vorwande abzulehnen. Dann sinkt aber auch das arme Mädchen aus dem Stande der Freien oder der Prinzessin herab, und seine Zukunft nimmt eine Wendung, die für den Mangel an Beherrschung eine nur allzu schwere Strafe in sich schließt. Der Vater sucht nun für seine Tochter einen armen, gewöhnlich unfreien Mann, der ohne

---

[1] Nachtigal a. a. O. I, 738.

Kaufpreis, wohl aber mit reicher Mitgift das Mädchen aufnimmt. Statt der ersten Frau in einem vornehmen Hause wird es zur Dienerin eines armen Teufels, und die Aussicht auf Einkommen und Vorteil hat sich in das Gegenteil verwandelt. Ein einziger Schritt weiter auf dem Wege der Lebensfürsorge, und die „Sitte" mußte auch das Leben der preisgegebenen Jugend überwachen und mit wohltätigen Schranken umziehen. Mit diesem Fortschritte aber naht sich zugleich die Anforderung an die Selbstbeschränkung des Mannes. Soweit ist jene Kultur noch nicht gelangt.

Man weiß ja, wie schwer es ist, Sitten zu beschränken, die gerade aus einer natürlichen Genußsucht des Menschen und dem unbeugsamsten Instinkte hervorgegangen sind. Sollte darum aber nicht doch auch einmal für die Freiheit des Mädchens zu Bornu die Feierstunde schlagen? Muß sich nicht trotz südlichen Temperamentes wenigstens dem kühler gewordenen Alter die Berechnung aufdrängen, daß der Genuß einer kurzen Jugend doch allzu teuer bezahlt ist mit der Lage des ganzen Lebens und des Alters? Wo die Bande der Häuslichkeit nur halbwegs festere sind, da muß gerade die väterliche Gewalt mit ihrer oft hart empfundenen Machtvollkommenheit zu jener Fürsorge führen, welche auch die Grundlage einer empfindsameren Sitte ist.

In solchem Fortschreiten sehen wir denn auch in Afrika überhaupt trotz der nachteiligsten Nähe der Gegensätze die Volkssitte und das Moralgesetz vielfach begriffen — immer in dem Maße mehr, in welchem die Fürsorge entwickelter ist. Auf der Goldküste müssen die Eltern der Braut alle Hochzeitskosten und Auslagen des Mannes erstatten, wenn er in Bezug auf die ausgesprochene Voraussetzung seiner Werbung getäuscht worden ist. Bei den Turpys wird dadurch der ganze Handel rückgängig, und das Mädchen kehrt mit Schande heim. Eine solche Wichtigkeit der Sache muß endlich zur Erwägung und Fürsorge führen, und zwar auf beiden Seiten. So strafen die Bewohner auf Fernando Po auch die Verführung eines Mädchens als ein Verbrechen, und in Dahomey muß der Verführer das Mädchen heiraten und gewissermaßen dafür, daß nun den Eltern keine Wahl zur Versorgung geblieben sei, auch eine Entschädigung zahlen. In Loango wendet sich die Fürsorge direkt dem Mädchen zu, indem die Sitte ihm nur in Gegenwart der Mutter mit Männern zu sprechen gestattet.[1] Auch das ist ein Weg, der weiter führt, aber plötzlich auch in eine Sackgasse mündet. Der Weg bis zu einer auf Grundsätze und Willen einwirkenden Erziehung aber ist ein weiter. Bei den Ama-Xosa zahlt der Verführer Buße, erhält aber das Mädchen nicht zur Frau, und unter den Zulus soll ein bescholtenes Mädchen nicht mehr anbringlich sein.[2]

Solche Sitten werden natürlich nicht durch Gesetzgebungen geschaffen; aber der das Wesen des socialen Lebens durchblickende Scharfsinn eines einzelnen Menschen in einer entsprechend einflußreichen Stellung kann auf den Gang der Entwickelung immerhin bedeutsam einwirken; schlechte Beispiele von oben herab können sie aufhalten und zurückdrängen, Einsicht und Selbstbeherrschung wesentlich fördern. So lernten Reisende[3] am Viktorianyanza einen Häuptling kennen, der, ein seltener Fall, sich selbst des Pombe-Trinkens enthielt und die Untreue in der Ehe seines Stammes gewissermaßen von Staats wegen durch Viehbuße strafte. — So außerordentlich leichtfertig das Völkchen auf den Gesellschaftsinseln zur Zeit der Entdeckung lebte, ein entwickelungsfähiger Keim lag doch auch dort im Ehebunde, indem die verheiratete Frau ein Gegenstand des Tabu wurde. Ursprünglich hieß das freilich nur, sie sei schon in jemandes Besitz; aber allmählich mußte sich der religiöse Sinn des Weibes auch auf das Eheverhältnis übertragen. Dabei blieb freilich der Mann selbst noch gänzlich unbeschränkt; ihn fesselte kein ähnliches Band, er konnte seine Frau beliebig verlassen, aber auch, wie es zur Zeit der Entdeckung geschah, mit der Aussicht auf Gegengeschenke zeitweilig einem andern abtreten.

Auch Alt-Israel-Juda kannte sehr wohl die Sitte, von der wir oben sprachen. Aber seine Gesetzgebung greift schon nach beiden Seiten hin regelnd ein; sie schützt auch schon die Frauen wenigstens

---

[1] Waitz a. a. O. II, 113.

[2] Ebend. II, 389.

[3] Andree, Burton und Speke 249.

vor dem Unrechte, das ihnen böser Wille leicht zufügen konnte, wie sie ja der Macht des Mannes völlig anheimgegeben waren. Wie der Somali pflegte sich auch der Jude für betrogen zu halten und sich zu beklagen,[1] wenn die erkaufte Braut nicht der Voraussetzung gemäß in sein Haus kam; aber es galt nicht mehr seine Rede allein. Das Gesetz gestattete den Eltern der Braut den Gegenbeweis anzutreten, durch dessen Art der Führung allerdings nur festzustellen war, ob die Braut schon bei Antritt der Ehe Mutterfreuden entgegensehen konnte oder nicht. Wie schon angeführt, beschränkte sich vorläufig darauf der Begriff des „Magdtums". Ueberführten die Eltern den Schwiegersohn durch Zeichen und Zeugen, daß er ihre Tochter zu Unrecht in bösen Ruf gebracht habe, so sollten die Stadtältesten den Verleumder züchtigen und dieser dem Vater des jungen Weibes eine Geldbuße zahlen, das Weib aber sein lebenlang behalten müssen, ihr also keinen Scheidebrief geben dürfen. Um so grausamer aber ist das Strafgericht an der Frau, wenn des Mannes Anklage nicht widerlegt wurde: sie sollte gesteinigt werden.

Man sieht, daß die Konsequenz, zu der diese Gesetzgebung führte, schon in den Sitten eingeschlossen liegt, die wir bei ganz fremden Stämmen kennen lernten. Die Grausamkeit der angedrohten Strafe wird erklärlicher, wenn man die eingeschränkte Bedeutung des Begriffes der Jungfräulichkeit im Auge behält; es handelt sich dann allerdings um einen argen Betrugsfall; das Weib hat den Versuch gemacht, ein schon empfangenes Kind dem Manne als sein Erstlingskind zu unterschieben; es hat die Eltern und den Mann betrogen. Man wird sich indes schwer überreden können, daß in einer Zeit, in welcher das sittliche Empfinden schon zu solchen Forderungen und Folgerungen gelangt war, die Praxis Fälle gekannt haben sollte, bei denen das Gesetz so Wort für Wort zur Anwendung gelangt wäre. Dagegen muß die so im Gesetze klar gelegte Konsequenz dahin geführt haben, des Mädchens Haltung im Hause vorsorglich zu überwachen und die Ehre einer Frau nicht zum Gegenstande leichtfertigen Geschwätzes zu machen.

---

[1] 5. Mose 22, 13 ff.

Daß es trotzdem Dirnen liederlichen Wandels in Israel-Juda gab, ist aus den Urkunden seiner Geschichte bekannt. Gegen ihr Gewerbe im allgemeinen wendet sich dieser Satz noch nicht. Jener Betrügerin wird insbesondere vorgeworfen, daß sie das Uebel gethan „im Hause ihres Vaters". Die in keiner Verbindung zu einer Familie steht, sondern auf sich selbst angewiesen zum Erwerbe des Lasters greift, trifft der Vorwurf nicht; aber die im Hause noch ein Besitz ihres Vaters oder Bruders war und vom Ertrage des Hauses ihren Unterhalt fand, die hat gesündigt. Aber auch das ist schon wieder eine neue Stufe, und bald zeigt sich das Gefühl entrüstet gegen Handlungen, die von den Vorvordern noch harmlos erzählt worden waren.

Ehebruch strafte das jüdische Gesetz an Mann und Frau mit dem Tode und es stellt dabei die Verlobung dem Eheabschlusse völlig gleich. Der Begriff dieses Verbrechens hat aber immer noch die eheliche Unterthänigkeit der beteiligten Frau zur Voraussetzung; nur dem Manne oder Bräutigame gegenüber entsteht die Schuld.

Ob bei einem solchen oder ähnlichen Verbrechen anzunehmen sei, daß die Frau oder Jungfrau nur der Gewalt des Mannes für sich selbst schuldlos unterlegen sei, das soll ganz wie nach urgermanischem Rechtsbrauch das „Gerüffte", das erhobene Klaggeschrei des Weibes entscheiden. Nur kennt das jüdische Recht ein solches im freien Felde nicht. Nach deutschem Rechte war auch das möglich. Man erhob dann das „Gerüffte", um dadurch den Fall zu einer Art standrechtlicher Entscheidung zu bringen, indem man in das nächste Dorf eilte und dort mit denen, die sich dem Rufe angeschlossen hatten, die Klage vorbrachte. In Juda aber verfällt bloß in der Stadt das Weib dem Verdachte der Zustimmung, wenn sie daselbst das Gerüffte nicht erhob; im freien Felde dagegen spricht die Vermutung immer zu ihren Gunsten, auch wenn sie den Ruf nicht erhoben hat. — Die Verführung einer nicht verlobten Jungfrau hat ähnliche Folgen wie im Gottlandsrechte; der Vater erhält eine Buße in Geld, und der Mann ist verpflichtet, das Mädchen zu heiraten, ohne sie je wieder entlassen zu können.

Die entferntesten Punkte, bis zu welchen bis jetzt die Strahlen eines verfeinerten Sittlichkeitsprincipes reichen, sind die Ausschließung der Prostituierten von der Ehe eines Priesters, die Verweigerung der Aufnahme ihrer Kinder in die Gemeinde und ihres Opferpfennigs in den Gotteskasten des Tempels.

4. Gebräuche als Rudimente aus der Uebergangszeit.

Während wir so auf dem Gebiete des Vaterrechtes ein, wenn auch langsam, so doch stetig fortschreitendes sittliches Leben erkennen, halten die Rudimente des Mutterrechtes ein solches zurück; sie gewähren den Anforderungen des Mannesrechtes womöglich nur in der Ehe selbst Raum. Zwar verhält es sich wohl nirgends mehr so, daß die Frau außer der Ehe, sobald nur einmal die Raub- oder Kaufehe bekannt ist, gänzlich ihrer selbst Eigen wäre; aber es sind neben dem jüngeren Rechte Uebungen älterer Zeit stehen geblieben, sei es, weil sie vorteilhaft schienen, sei es, weil die neue Ordnung der Dinge die irgendwie einmal groß gezogenen Instinkte nicht besiegen konnte. Die Verbreitung dieser Rudimente läßt keine abgeschlossenen Gebiete der Rechtsbräuche erkennen; sie treten vielmehr überall eingesprengt hervor; umfassen aber in solcher Zerteilung so große Gebiete, daß man sie schon deshalb für mehr als für Schöpfungen der Laune halten muß.

Das Vaterrecht ist unter anderem kennbar am Frauenkauf, wie rudimentär verwischt auch der Ausdruck dafür sein mag, und an der endlich zur Ausschließung aller Ehen im Stamme bis zu einer verschieden bestimmbaren Verwandtschaftsgrenze führenden Ausschließung aller Ehen in der Familie. Das Frauenrecht kennt allenfalls einen Beitrag des Mannes für die Haushaltung der Frau, mit welcher Verpflichtung oder Leistung sich aber der Mann eher an die Frau verkauft, als daß er diese von irgend jemand darum gewänne oder erkaufte; eine Beschränkung der Eheschließung aber kennt es überhaupt nicht. Im Gegenteil ist die friedlich in sich gekehrte Gruppe, die sich um den Herd der Mutter sammelt, vielfach auf sich selbst angewiesen. Sie schließt den Zuwachs von außen nicht aus, soweit er freiwillig kommt; aber sollten Mütter für ihre Töchter aus fremden Stämmen Männer rauben können? Nirgends, nicht einmal in der Sage treffen wir die Spur solcher Thatkraft.

Darum ist uns nun auch die irgendwo nachweisbare Vorliebe für Ehen im engen Verwandtschaftsverbande ein Fingerzeig, der uns auf ein nicht allzulang und vollkommen überwundenes Mutterrecht deutet. Wir sahen auch, wie die mutterrechtlichen Einrichtungen zur Polyandrie neigen. Darin scheint eine Unzulänglichkeit der Frauenzahl angedeutet, wie sie ohne entwickeltes Connubium mit der Außenwelt leicht eintreten kann. Ein solches wird aber unter Mutterrecht erschwert, weil der Mann bei der Heirat eines fremden Weibes seinen Stamm und seine Angehörigen verlassen und einem fremden Stamme seinen Dienst zuwenden mußte. Das, was später das Mädchen gezwungen that, wird er freiwillig zu thun sich seltener entschlossen haben. Alles das kann sehr wohl zu der noch mehr abschließenden Rechtsanschauung führen, daß die Frauen des Stammes zunächst den Männern desselben zur Verfügung gestellt sein müssen und eine Konkurrenz fremder Männer unzulässig sei, solange die des eigenen Stammes ihren Frauenbedarf nicht gedeckt haben. Gerade die Zeit des Kampfes des Vaterrechtes, das die Mädchen gegen den Willen der Männer aus dem Stamme zu entführen suchte, muß zu diesem Gegensatze hingedrängt haben. Die durch den Andrang von außen bedrohten Männer betonten und definierten dann wohl auf das unzweifelhafteste ihr nächstes Anrecht an die Frauen des Stammes. Wohl kann eine solche Anschauung nur in den Verhältnissen der Mutterfamilie wurzeln, aber sie ist danach angethan, sich auch mit einiger Selbständigkeit in einen anderen Rechtsbrauch hineinzuretten und auch hier Nahrung zu finden. Sie gestaltet sich äußerlich als eine Art öffentlichen Ausgebotes aller ehereif gewordenen Mädchen eines Stämmchens an die Männer desselben als notwendige Vorbedingung eines Eheabschlusses, und wir werden diese Sitte teils in voller Geltung, teils zum Rudimente verkümmert, vielfach antreffen.

Damit hängt aber ein zweites Moment zusammen, welches noch viel unmittelbarer aus dem Bereiche des Mutterrechtes hervorgeht.

Unter Vaterrecht zahlt der Bewerber den Preis ein für allemal an den Mundinhaber des Weibes, und indem dieses nun, um dem Manne zu folgen, aus dem väterlichen Hausstande ausgeschieden werden muß, entgeht ihm der Anteil am Genusse des Familienbesitzes, zu dem es durch Geburt und Aufnahme berechtigt war. Darum scheidet nun wieder der Vater einen entsprechenden Betrag aus dem Familienbesitze aus und gibt diesen dem Mädchen als Entschädigung und zugleich zur Begründung eines neuen Hausstandes. So entstehen Mitgift und Aussteuer. In Bezug auf die Tochter hat das Mutterrecht natürlich beiderlei nicht entwickelt, weil ja grundsätzlich die Frau nicht aus dem Hause zog, um dem Manne zu folgen, sondern umgekehrt dieser in das Haus der Frau trat; es war also kein Anlaß, einen Mitgenuß abzulösen, eine Mitgift zu geben. Aber anderseits wandte die Frau selbst, wie wir sahen, ihre Gunst dem Manne nicht ohne Stipulierung einer Beisteuer zur Verbesserung ihrer Lage zu. Diese Art Leistung mag aber sehr verschieden gewesen sein. Eine wirkliche Männermitgift lernten wir schon kennen; aber gewiß waren die Leistungen und Gaben, die der Mann der Frau zuwandte, im ganzen mehr von unregelmäßiger und vereinzelter Art, so daß man sie bei dem Beweglichen des ganzen Verhältnisses wohl einem Buhlschaftslohne gleichstellen konnte. Trat nun vollends bei der allgemeinen Umkehr der Sitten auch an ein so geordnetes Haus die Zumutung, eine der Töchter an einen Mann außer dem Hause zu geben, so konnte diese allenfalls als das Ihrige mit sich nehmen, was sie in obiger Weise selbst etwa an Schmuck und Geräten erworben und zurückgelegt hatte; mit andern Worten, sie konnte darauf angewiesen sein, sich selbst mit den Mitteln, die dem Weibe zu Gebote stehen, eine Aussteuer als Ersatz einer Mitgift zu erwerben, deren Ausscheidung das Haus im Kampfe mit der Neuerung noch verweigerte. Wir mögen von unserem Standpunkte aus solchen Erwerb als Hetärensold verdammen; jener Zeit und Sitte war er nicht verächtlich, und diejenigen Frauen galten für die tüchtigsten und begehrenswertesten, die in jungen Jahren am glücklichsten im Erwerben und Sparen gewesen waren.

Beide Momente vereinigen sich nun zu der uns schwer deutbaren, kaum entschuldbar scheinenden Sitte, deren historische Realität wir uns doch in keiner Weise verbergen können; ja sie ergänzen einander sogar im Sinne einer barbarischen, aber nicht unkonsequenten Gerechtigkeit. Die Frau, die einst wie nach einem von der Natur selbst eingesetzten Rechte mit ihren natürlichen Gaben dem Stamme diente, kann nun nicht aus diesem scheiden, ihrer Pflichten gegen denselben sich entschlagen, ohne in irgend einer Weise die Verpflichtung abgelöst, ihren Tribut der Natur und dem natürlichen, alten Rechte ihres Stammes dargebracht zu haben.

Noch brachte der Brautwerber bei den Mayas in Yucatan vier bis fünf Jahre dauernd im Hause der Schwiegereltern zu, ehe ihm die Frau aus dem Hause folgen konnte. In Nicaragua aber erwarben sich die Mädchen vor der Ehe ein kleines Vermögen, welches sogar zur Folge hatte, daß nachmals ihr Gemahl in „eine abhängige Stellung“ zu ihnen gelangte.[1] Sind das nun Andeutungen einer solchen gesellschaftlichen Ordnung des Ueberganges, so treffen wir diese in Westafrika Dank den Berichten der deutschen Expedition (I, 152) in aller Vollständigkeit und Klarheit.

Nur ein Prinz hat hier das Vorrecht, schon unter den Kindern ein Mädchen für sich auszuwählen und dieses nachmals ohne weiteres zu heiraten. Alle andern Mädchen aber, die nicht so glücklich sind, in frühester Kindheit von einem Prinzen erlöst worden zu sein, müssen, als hätte der Stamm ein Verkaufsrecht, erst öffentlich preisgeboten werden, ehe sie einem einzelnen Bewerber allein gegeben und so der Gesamtheit für immer entzogen werden. Für diesen Zweck der Preisstellung bestehen daher offene Hallen, „Kumbeh, Mso Chikumbe oder Casas das tintas“, „Häuser der Bemalten“ genannt. Hat sich bei den Eltern ein Bewerber gemeldet, oder sehen sie selbst die Zeit gekommen, so bringen sie die Tochter in eine solche Hütte, in der sie bis zur Entscheidung ihres Loses ausgestellt und den Heiratslustigen empfohlen bleibt.

Gewöhnlich wird das Mädchen, sobald sich Zeichen ihrer Reife einfinden, bei einem Feste in die Mitte tanzender Frauen genommen

---

[1] Waitz a. a. O. IV, 277.

und so — auch eine Sabinerin — in jene Brauthütte geführt. In dieser selbst, die ihrem Zwecke nach stets offen bleibt, kann eine Annäherung eines Mannes nicht stattfinden; aber die Auslieferung des Mädchens kann auch dem nicht versagt werden, der mit Geschenken um eine nur vorübergehende Gunst wirbt. Vor der Thür singen Frauen ein Brautlied, welches den Vorübergehenden anzeigt, daß die Jungfrau schon des Mannes begehre. Kleine Knaben und Mädchen bedienen diese in der Hütte; eine alte Frau besucht sie täglich, um ihren Körper mit roter Farbe reizender herauszustaffieren und sie in mancherlei von nun an Wissenswertem zu unterweisen. Führt Neugierde oder Erwerbslust einen Männerbesuch herbei, so wird das Mädchen zum Tanze herausgeführt. Je nachdem sich nun die Bewerbung gestaltet, kann der Aufenthalt in der Casa das tintas bis zu fünf Monaten dauern.

Auch die Töchter der Prinzen, die jedoch der hier noch geltenden Mutterfolge wegen keine Prinzessinnen sind, entgehen dieser Ausstellung nicht, wenn sich nicht frühzeitig ein annehmbarer Bräutigam für sie findet. Im andern Falle hat es aber diese Ausstellung recht eigentlich auf E r w e r b abgesehen, denn man erwartet, daß wenn schon vielleicht die höheren Ansprüche einer solchen Frau einen eigentlichen Brautwerber zurückhalten könnten, sich doch Leute finden werden, die eine vorübergehende Verbindung zur Zeit der ersten Jugendblüte teuer genug bezahlen würden.[1] Findet sich sonst niemand, so wird die Prinzentochter selbst auch einem Sklaven zur Ehe gegeben.

Was wir so hier an der Westküste Afrikas heute noch als eine Sitte geheiligten Rechtes vor sich gehen sehen, genau von demselben wußten die Alten bezüglich derjenigen Afrikaner zu erzählen, die ihnen als Aethiopier im Osten desselben Erdteils zu Gesichte kamen. Nur ist hier die Sache schon etwas rudimentär geworden: die lange Zeit der Ausstellung hat sich schon auf die e i n e Nacht des Hochzeitsfestes zusammengezogen. Pomponius Mela (I, 8) erzählt von dem Aethiopierstamme der Augilen, deren Frauen hätten sich durch die Merkwürdigkeit ausgezeichnet, daß sie sich in der Hochzeitsnacht jedem

---

[1] Bastian a. a. O. 175 ff.

preisgegeben hätten, der mit einer Gabe nahte; und daß es ihnen sehr zur Ehre gereicht hätte, möglichst viel auf diese Weise erworben zu haben; — sonst aber wären sie von bemerkenswerter Schamhaftigkeit.

Aehnliches in Betreff der Wertschätzung einer Frau behauptet Zenobius von den Stymphalen, und Sextus Empiricus bezieht auch die Aegypterinnen ein. In der That kann, was Strabo (p. 816) nur noch als einen Kultrest aus dem ägyptischen Theben berichtet, nur als ein Rest derselben Sitte betrachtet werden, die sich längst aus dem Leben zurückgezogen haben mochte, da sie ihr Andenken noch im Kulte hinterlassen hatte. Von den Bewohnern der Balearеninseln aber berichtet Diodor (V, 18) auffallend Aehnliches, indem er von einem höchst seltsamen Hochzeitsbrauche spricht. Im wesentlichen ist dieser aber kein anderer als der bei den Augilen beobachtete, nur daß Diodor des jedenfalls sehr wesentlichen Geschenkes keine Erwähnung thut und im übrigen eine Reihenfolge der Festgäste nach dem Alter annimmt, so daß der Bräutigam als der Jüngste den Schluß bildet. Aehnliche Dinge werden auch den Etruskern nachgesagt.

Es läßt sich aus diesen Spuren erkennen, daß wenigstens im afrikanischen Bereiche und selbst darüber hinaus einmal die Rechtsanschauung bestand, daß das Weib dem Stamme oder der weiteren Sippe gehöre und eine ausschließliche Hingabe an einen Einzelnen nur nach Ablösung jenes Rechtes Aller erfolgen könne, und daß es zugleich für die Frau für auszeichnend galt, in dieser Weise von vielen begehrt und belohnt worden zu sein.

Aber die übereinstimmenden Nachrichten beschränken sich nicht auf diesen Kreis, obwohl sie doch für das einst Bestandene nur als wahllose Stichproben gelten können, wie sie gerade der Zufall verworfen oder erhalten hat. Das Volk der Lyder in Kleinasien stellt Herodot (I, 93), der es selbst kennen gelernt, nach allen seinen Sitten den Hellenen gleich; nur durch einen barbarischen Zug unterscheiden sie sich, daß sie nämlich ihren Töchtern vor der Hochzeit eine ungebundene Freiheit ließen. Sie benützten aber diese Freiheit in einer den Hellenen schon sehr anstößigen Weise, „um die Aussteuer damit zu gewinnen; und sie thun dies, bis sie sich verheiraten, indem sie sich selbst ausstatten.“ Von den seltsamen Gebräuchen im indischen Taxila erzählt Strabo (p. 714) nach Aristobulos, daß die Väter daselbst ihre Töchter in der Jugendblüte auf den Markt brächten, durch Blasemuscheln und Pauken die öffentliche Anzeige machten, und dann jene denen überließen, die ihnen, nachdem sie jene ordentlich gemustert, einen entsprechenden Preis böten. Es thäten das aber die, welche zu arm wären, ihre Töchter auszustatten. Mit Letzterem kann auch nur die Bemerkung ausgedrückt sein, daß sich mit dieser Art Angebote der Wegfall der Mitgift vereinigte. Das Uebrige fällt im Principe mit der Ausstellung in der genannten Casa zusammen.

Auch bei den Altassyrern hatte sich derselbe Brauch in großer Uebereinstimmung mit dem afrikanischen erhalten. Die Ausbietung und Verheiratung der in einem Stamme herangewachsenen Töchter war Sache dreier hierzu bestimmter Stammeshäupter, „welche die mannbaren Jungfrauen dem Volke vorführen und den Heiratslustigen ausbieten, immer die vornehmsten zuerst. So werden dort die Ehen gestiftet.“ [1] Strabo unterscheidet nicht zwischen Assyrern und Babyloniern und erzählt uns weiter, wie letztere dabei eigentlich ganz genau ihre „Casas das tintas“ gehabt hätten. Nur seien das die Tempel gewesen, und so hätten dann diese auch ihren Anteil an der Sache gehabt. Setzen wir aber eins für das andere, so haben wir ganz die afrikanische Erscheinung vor uns.

Nach einer für alle Babylonierinnen gebieterisch geltenden Sitte begibt sich die mannbar gewordene Jungfrau — wenn ihr Stand danach — mit vieler Bedienung und Begleitung dahin, geschmückt mit einem Bänderkranze. Welcher Mann nun hinzutritt und ihr einen Lohn in den Schoß wirft, dem muß sie folgen. Diese Preisgebung muß der Hochzeit vorangehen. Als die fortgeschrittene Kultur eines so hoch entwickelten Volkes diese Barbarensitte aufgeben wollte, da hielt, wie so oft, die Pietät des Kultes sie fest; — denn der Tempelschatz nahm den beschämenden Lohn als das Brautopfer der Jungfrau in Besitz und ließ ihn nicht mehr los. Durch eine

---

[1] Strabo, S. 745.

solche Weihe hatte sich vielleicht einmal das Haus reinhalten wollen von so unsauberem Golde; aber damit war die Sitte erst recht festgenagelt.

Sie schien den Hellenen, die darüber schrieben, Herodot (I, 198 ff.) und Strabo, so wildfremd, daß sie glaubten, sie ohne besondere Motivierung ihren Lesern gar nicht vorführen zu können. So führte sie Strabo auf gewöhnlichem Wege auf einen besonderen Orakelspruch zurück, Herodot aber motivierte sie mit der Armut und Not des Lebens, und da solche doch keineswegs immer das Kennzeichen jenes Stromlandes war, versetzte er ihre Entstehung in die Zeit nach der Eroberung Babylons. Dann wäre aber die Uebereinstimmung mit der Sitte Afrikas unerklärlich. Herodot bestätigt außerdem, wie drückend dem gebildeten Babylonier der häßliche Zwang solchen Konservativismus gewesen sei. Was er aber des genaueren angibt, beweist nur die vollkommene Identität mit dem afrikanischen Brauche. Das Mädchen muß, solange es auch daure, an der Stelle bleiben, bis es das Angebot eines Mannes erlöst; aber sobald die Babylonierin nur einmal dem grausamen Kultgesetze — denn ein solches ist es geworden — Genüge gethan, „kehrt sie in ihr Haus zurück, und von dieser Zeit an wird man ihr noch so viel bieten können; sie wird sich nicht mehr dazu hergeben." Häßliche und Mißgestaltete warteten oft in die Jahre hinein auf die Erlösung; die Schönsten kehrten am schnellsten heim.

Töchter gewöhnlicher Leute stellten sich in dieser Weise in einem heiligen Haine aus, vornehme Frauen aber unternahmen die unheimliche Fahrt in verschlossenen Wagen und verweilten im Tempel selbst. Es ist klar, daß eine Sitte, die das erwachte Zartgefühl so drückend empfand, so schwer trug, nicht auf irgend einen launenhaften Zufall zurückgeführt werden kann; der Zufall aber, der sie hier auch noch in einer Zeit erhielt, der sie nicht angehörte, war ihre Kultverbindung. Herodot behauptet, daß ähnliche Sitten auch in einigen Orten auf Cypern beständen, und er führt die, welche wir oben nach Strabo von den Bewohnern Taxilas erzählten, auch für die Assyrier an, indem er hinzufügt, solche Mädchenfeilbietung sei auch bei den Eneten (Venetern) in Illyrien gebräuchlich.

Nachdem wir einmal den Zusammenhang des Kultes mit jener Sitte erkannt haben, sind wir auch berechtigt, aus dem Vorkommen der letzten Reste von Kultprostitution auf die ehemalige Grundlage derselben zu schließen; so erweitert sich der Bereich der alten, wie es zuerst schien, ziemlich vereinzelten Sitte immer mehr, und kaum irgend eines der bedeutsamen Völker dürfte zu jeder Zeit ganz unberührt geblieben, nicht vielmehr irgend einmal durch jene Sitte hindurchgegangen sein, so wenig das mit seinen heutigen Anschauungen stimmen mag. Ausdrücklich wird von den Armeniern bezeugt,[1] daß selbst die Vornehmsten des Volkes ihre Töchter erst „im Dienste der Göttin" preisgäben, ehe sie dieselben verheirateten, und daß kein Bräutigam daran Anstoß nehme. Belege eines gleichen Brauches[2] haben wir für Cypern, Lydien und das karthagische Sicca Venerea. Wir ersparen es uns, hier alle einzelnen Spuren zu verfolgen; doch scheint es wichtig, zu konstatieren, daß auch in Aegypten, mindestens zu Theben in Oberägypten, der Brauch in seiner Kultverbindung zurückgeblieben war.[3] Fast überall aber, wo er sich entdecken läßt, begleiten ihn deutliche Spuren von Mutterrecht, mit dem er in Verbindung steht.

Israel-Juda hat den Gebrauch abgelegt und abgelehnt; sein Kult, der mit so viel ausgesuchter Entschiedenheit die Vaterherrschaft zum Ausdrucke bringt, hat eine Anknüpfung nicht zugelassen. Dennoch ist er auch an das Judenvolk von zwei Seiten herangetreten. Die Eroberer hatten die Sitte in den friedlichen, dem Mutterrechte näher stehenden Gemeinden des Landes vorgefunden; und wieder viel später ist sie durch assyrische Einwanderung ins Land getragen worden. Klar und deutlich bezieht sich das Deuteronomium (23, 18) auf dieselbe in ihrer Verbindung mit dem Kulte, indem es für Juda-Israel verbietet, Hetärenlohn in den Tempelschatz zu legen. Als aber Israel gefallen war und fremde Kolonisten von Assyrien her in das Land eindrangen, da wird unter den Greueln, die sie mit sich brachten, auch das beklagt: „die Leute von Babel machten

[1] Strabo S. 532.

[2] Siehe Bachofen a. a. O. 321.

[3] Strabo S. 815.

„Töchterhütten".[1] — Es gibt keine passendere Erklärung des hier gebrauchten Wortes „Sukkoth-Benoth", keine passendere für den Abscheu, den die Juden davor empfanden, als die: die Babylonier brachten, wie übrigens zu erwarten sein mußte, auch ihre Sitte der „Casas das tintas" mit ins eroberte Land, das für das Verständnis dieser Dinge noch wohl empfänglich war.

Ob denn auch einmal bei uns, auf europäischem Boden, solche Einrichtungen bestanden? Von Etruriern und Venetern findet sich wenigstens eine solche Andeutung. Durch unverstandene, gänzlich verfallene Bräuche bei Germanen und Slaven wird aber auch auf diese der Verdacht gelenkt, daß sie, gleichviel, ob in ihrer jetzigen, ob in einer früheren Heimat ähnliche Sitten als ein Erbe von Vätern und Müttern noch eine Zeitlang festhielten. Mancher Brauch, der aus dem Leben schon entschwunden ist, wird oft erst nachmals wieder, solange ihn nur die Erinnerung festhält, als Spiel aufs neue belebt, und so deuten wir einen Teil der vordem weitverbreiteten Maienspiele auf unseren deutschen Dörfern.

Unser Wort „vermählen" zeigt noch an, daß zu einer Zeit die Eheschließungen am „Mahle", d. i. auf der alten Mahlstatt, die einst Kirche und Gerichtsplatz zugleich vertrat, stattfanden. Dieses Mahl ist dabei nun ganz an die Stelle des häuslichen Herdes einer großen Familie getreten, und zwar konsequent in jener Zeit, da die Uebertragung des Besitzes an der Frau wie andere Vermögensfeststellungen unter den Schutz einer größeren Organisation, einer Gemeinde gestellt wurde. Führte man vordem die Braut der Gottheit und dem Altare des Hauses zu, so mußte sie jetzt am Altare der Gemeinde getraut werden, und das war, ehe die christliche Kirche an die Stelle trat, das Mal auf der Mahlstätte. Ein erhaltenes Mal solcher Art ist, da wo es sich gerade in dieser Gestalt erhebt, der alte „Roland", wie er noch zu Halle, zu Bremen und anderwärts auf dem Marktplatze steht, und darum blieb es noch bis in unsere alle alte Sitte verwischende Zeit da und dort Brauch, bei jeder Hochzeit die Braut in einem, nach alter Art gemessenen Tanze um den Roland zu

[1] 2. Könige 17, 30.

führen, ganz so, wie man sie einst „ums Hel geleitet“ hatte. Der „Tanz um den Roland“ ist in der That das alte „Helleiten“, ein sinnvolles Ceremoniell der „Vermählung“.

Wie nun aber, von standrechtlicher Behandlung „handhafter“ That abgesehen, alle Verhandlungen auf der deutschen Mahlstätte nur zu festgesetzten Zeiten stattfanden, so sind auch dereinst die Hochzeitstage auf ganz bestimmte Fristen beschränkt gewesen. Bei den Serben in der ehemaligen Karlstädter Grenze gibt es bis heute noch nur einen einzigen allgemeinen Trauungstag im Jahre, das ist der Sonntag nach St. Michael. Deutscher „Dingtage“ waren in den meisten Gegenden des Jahres drei, aber vielleicht war auch nur wieder Einer darunter vorzugsweise Hochzeitstag. Das erklärt uns nun, warum auch im Spiele der Bauernjugend bis auf unsere nur noch skatspielende Zeiten eine bestimmte Jahresfrist, bei uns die Zeit der „Mailehne“, als allgemeine Hochzeitszeit galt. Von den mancherlei übereinstimmenden Nachrichten, die wir über diese Spiele besitzen, wählen wir die eines Augenzeugen, der noch selbst mitgespielt. Er erzählt: „In vielen Dorfschaften und kleinen Städten versammeln sich noch heute in Ausübung alten Gebrauches die Junggesellen des Ortes, stellen eine Liste aller Jungfrauen auf und schreiten dann dazu, die letzteren der Reihe nach auszubieten. Wer von den Gesellen auf eine der Damen das höchste Gebot abgegeben, zahlt den Betrag in eine gemeinsame Kasse und erhält dafür von der gesamten Burschenschaft die Betreffende gewissermaßen zu Lehen. Bis zur Blütezeit der dicken Bohnen, also bis Anfang August, gilt dann der meistbietende Bursche als der Kavalier der erwählten Jungfrau, und bei den öffentlichen Tanzmusiken, Erntefesten, bei der Kirchweih und bei anderen Gelegenheiten darf niemand ohne seine Erlaubnis mit derselben tanzen ...“ „Alle diejenigen Jungfrauen, welche entweder ‚zu vornehm‘, ‚zu schnippisch‘ oder sonst nicht gerade beliebt sind und zur Strafe dessen keinen Liebhaber finden, werden am Schlusse ‚im Ramsch‘ ausgeboten und auch zugeschlagen, ohne daß daraus ‚Ritterpflichten‘ erwachsen.“ — So sinnlos das Spiel heute sei, die meisten dieser Spiele sind die verblaßten Bilder einer vordem lebenden Wirklichkeit.

Ohne eine idealere Auffassung von heute stören oder beeinträchtigen zu wollen, sind wir doch gezwungen, noch ein anderes Rudiment alter Zeit anzudeuten. Es ist nicht unsere Entdeckung, daß die alte „Morgengabe“, das Geschenk, das der Bräutigam am Morgen nach der Brautnacht einst überreichte, eine mehr kulturgeschichtlich bedeutsame als sonstwie vorteilhafte Aehnlichkeit mit jenem Erwerbe hat, den zur Kindheitszeit der Menschheit die angehende Hausfrau in allen Ehren zur Grundlage ihrer Ausstattung machte oder dieser hinzufügte. Die Verbindung dieser Dinge scheint wirklich genug nahe gelegt, wenn wir an jene Brautgeschenke denken, die bei den Augilen nicht nur der Bräutigam, sondern überhaupt die männlichen Hochzeitsgäste gaben, die, hier schon etwas reduziert, den männlichen Teil der Gemeinde vertraten. Wollte man auch diese Beziehung noch ablehnen; — es drängen sich immer noch neue auf. Soviel wir über die germanische „Morgengabe“ wissen, so stände nichts im Wege, sie für einen erhaltenen Rest jener Mannesmitgift zu halten, die noch nach kantabrischem Brauche zur Zeit des Mutterrechtes konsequenterweise der Mann dem Weibe zubringen mußte. Als sich das Verhältnis umkehrte, hätte dann zwar umgekehrt die Frau dem Manne aus dem Anwesen ihrer Eltern eine Dos ins Haus gebracht, aber jene ältere wäre dann wie ein Gegengeschenk zurückgeblieben. Aber auf slavischem Boden haben sich Rudimente alter Sitte erhalten, für deren Deutung diese Annahme kaum genügen dürfte.

Zufällig möchte vielleicht noch das sein, aber doch erwogen werden, was Herodot gerade im Zusammenhange mit jenen hetärischen Sitten der Babylonier anführt, das aber eine weit größere Verbreitung hatte. Er erwähnt eines Bades am Morgen nach dem Eheschluß als einer von der Sitte geforderten Handlung, und darauf hielten in weiterer Ausdehnung auch die Araber, und von den Juden ist das Gleiche aus Leviticus bekannt. Nun findet sich aber bei den Südslaven noch ein recht auffälliger Hochzeitsbrauch dieser Art. Türner[1] hat hervorgehoben, daß die slavische „Morgengabe“ nicht

[1] Türner, slavisches Familienrecht 29.

wie die deutsche der Neuvermählten von ihrem Manne, sondern von den Teilnehmern und Gästen des Hochzeitsfestes gegeben werde. Diese Beschenkungen wiederholen sich aber bei den Südslaven, die in ihren Festfeiern einen wahrhaft vernichtenden Aufwand lieben, in mehrfachen Formen. Sie bilden einmal die „Czast", welche mit großer Feierlichkeit in Empfang genommen wird, dann eine zum Symbol gewordene Bezahlung der Braut — Kreuzer gelten für Dukaten — für den Tanz, den jene jedem Teilnehmer zu gewähren hat, und sie kehren zum dritten — was unsere Aufmerksamkeit am meisten verdienen dürfte — am Morgen nach der Brautnacht in eigentümlicher Form wieder. „Früh am Morgen geht" nach Talvy[1] die Braut „mit Becken und Handtuch umher und gießt einem Gaste nach dem andern Wasser über die Hände, wofür ein jeder ein Stück Geld in das Becken wirft. Einige Gäste nehmen sich der Braut an und suchen ihr durch allerlei Spiele und lose Streiche Geld zu erwerben; ihr selbst sind zu diesem Endzweck allerlei Listen erlaubt, und je weiter sie darin geht, desto höher steigt sie in der Meinung der Gäste." Diese Sitte bestätigt auch der landeskundige Rajacsich;[2] nur scheint er sie, wenn nicht ein Fehler des Ausdruckes vorliegt, schon mehr auf die weiblichen Hochzeitsgäste beziehen zu wollen; auch wird der Ehemann ausdrücklich mitgenannt, der statt eines Geldstückes einen Maiskolben in den Krug lege.

Das alles aber würde uns nicht zwingend genug erscheinen, um an die alte Ablösung des Stammrechtes zu denken, wenn nicht ein noch belastenderes Zeugnis hinzuträte. Es teilt nämlich in der Brautnacht der „Kum" das eheliche Lager mit dem Bräutigam, indem er sich, allerdings nur für kurze Zeit und mit einer kaum mehr verstandenen Symbolik, zwischen die Gatten legt.[3] Dieser „Kum" ist aber mit dem Brautführer die Hauptperson bei der Hochzeit, und er repräsentiert gewissermaßen die ganze Gastgefolgschaft und vertritt sie in seiner Person, wie er denn auch für die Braut das größte

---

[1] Serbische Volkslieder, Bd. II, Einleitung, S. XVI.

[2] Rajacsich a. a. O. 162, 147.

[3] Ebend. 147

Geschenk beisteuert. Die heutige Erklärung der auffallenden Ceremonie geht dahin, daß der Kum mit seiner Handlungsweise das gegenseitige Zutrauen der sich noch fremden Gatten vermitteln wolle. Diese Erklärung müßte uns zur Not genügen, wenn nicht an anderen Orten die Sitte einen anderen Ausweg gesucht und gefunden hätte, um das moderner Auffassung Anstößige, was hier nur hinausgedeutet wird, dort wirklich, wenn nicht zu entfernen, so doch zu beschränken.

Eine solche Abzweigung des Brauches finden wir bei den Serben im Banate. Die Hochzeitsceremonien erstrecken sich hier durch mehrere Tage, und während dieser ganzen Zeit muß thatsächlich die Braut das Lager mit dem „Dever" oder Brautführer[1] teilen; erst am letzten Tage löst diesen der Bräutigam ab. Um den Anstoß, den eine jüngere Zeit daran nahm, zu beheben, ist man hier dahin gelangt, die Rolle des Brautführers, der doch eigentlich die Hauptperson und die Vertretung der ganzen Gastschaft zu spielen hatte, einem jüngeren Knaben zu übertragen.

Sollte nun auch unsere „Morgengabe" mit ähnlichen Ursitten noch in einem rudimentären Zusammenhange stehen, dann könnte sich ein solcher allerdings nur noch im Namen erhalten haben; die Gegenstände des Geschenkes, wie sie schon das ältere sächsische Landrecht aufführt, sind wesentlich anderer Art und ihre Auswahl muß schon einer jüngeren Zeit angehören.

Die Hauptstücke unter diesen sind das Haus, das fortan die Frau bewohnen und behalten soll, und ein kleiner Stamm Viehes für die Begründung einer mütterlichen Wirtschaft. Das Haus ist ein Zimmerwerk und gilt noch als ein bewegliches Gut, so daß die Witwe, die sich von der Familiengemeinschaft ihres Mannes wieder trennen will, es abbrechen und mit sich nehmen kann, um es etwa auf dem Grunde ihrer Verwandten wieder aufzustellen. „Binnen Weichbild", d. h. in den jüngeren Städten gäbe man, wie das Weichbildrecht sagt, keine Morgengabe, weil man da „feldgäng Vieh" und gezimmerte Häuser nicht habe, sondern mit Stein baue. Man

---

[1] Ebend. 180.

kann aber auch noch hinzufügen, daß es in den Städten, in denen Haus an Haus sich lehnt, gar keinen Raum mehr gab für die Errichtung solcher Familienhäuser als Frauenhabe. So starb eine auf jeden Fall sehr alte Sitte ab.

Sie ist wert, daß wir sie noch einen Augenblick festhalten, ehe wir sie ganz verlassen. Wenn wir erst die Einrichtung des Familienhauses der slavischen Altfamilie an noch bestehenden Exemplaren kennen gelernt haben werden, dann werden uns die wenigen Andeutungen des „Sachsenspiegels" und „Weichbildes" genügen, um uns ein Bild von der ältesten Hauseinrichtung auch der germanischen Altfamilie zu gewähren. Jenes Haus, das der junge Ehemann seinem Eheweibe schenkt und das man noch so leicht und ohne Schaden wegräumen und wieder anderwärts aufstellen konnte, kann — so viel sehen wir jetzt schon — gewiß nicht das größere, eigentliche Familienhaus gewesen sein, sondern nur eines jener Häuschen auf der Hofstätte, wie sie heute noch in Serbien neben dem Familienhause oder an dieses angebaut als Schlafstätten errichtet werden, so oft ein Mann von der Gesamtfamilie sich verheiratet. Solche Hütten konnte man in einer Stadt nun freilich nicht mehr nach Belieben bauen, sondern man mußte sich auf alle Fälle in dem Haupthause behelfen. Nun wird aber auch klar, in welchem gegensätzlichen Verhältnisse zu diesen Häusern, welche noch in jener Zeit alten Mutterrechtes der Frau gehörten, das Herrengebäude der „Sala" oder, was gewiß doch dasselbe ist, der „Saal" stand. Die Sala ist demnach das gemeinsame Familienhaus, die größere Halle mit dem gemeinsamen Herde, über welche zur Zeit des Vaterrechts zum wesentlichen Unterschiede der männliche Familienvorstand verfügte. Salische Franken sind also wohl freie Männer aus den Herrenhäusern oder zunächst wohl nur die Hausvorstände derselben. Im Grunde hat sich ein Rest der Sache mit bewunderungswürdiger Zähigkeit fast noch bis auf den heutigen Tag erhalten. Der Hauptraum eines kleinbürgerlichen Stadthauses blieb bis auf die jüngst verflossene Zeit ganz im Gegensatze zu unserer Stubeneinteilung eine den größeren Raum des Geschosses einnehmende Halle, die der „Saal" hieß. Hier betrieb die ganze Familie ihre Geschäfte und hier, allerdings schon in eine Ecke gerückt, stand der Herd. Die Vorderwand führte direkt Licht von der Gasse ein; nach hinten zu aber waren Schlafgemächer angebaut. Allmählich verengte man diesen „Saal“ durch immer neue Einbauten, bis ein kümmerlicher Rest als „Vorsaal“ übrig blieb.

Ein anderer Rest verschrumpfter Sitten der Urzeit dürfte uns in der „Brautschau“ übrig geblieben sein. Auch hier liegt indes der wesentlichste Teil des Alten wohl nur noch im Namen; doch ist der Brauch selbst nicht ganz bedeutungslos. Im östlichen Böhmen versteht man unter Brautschau den jedermann freistehenden Besuch des Tanzvergnügens am Hochzeitsabende. Hier wird nun die Braut jedem Gaste, den man ehren will, zu einem Tanze zugeführt, und er gibt dafür ein ansehnliches Geschenk, nicht zwar mehr, wie in Serbien, wo noch ein einzelner Dudelsackpfeifer die Musik besorgt, der Braut selbst, sondern den Musikanten. Daneben hat sich aber bei den Südslaven noch eine andere Art von „Brautschau“ erhalten, die etwas mehr an jene Ausstellungen der Jungfrauen zu Vermählungszwecken erinnert. Ein „lustiges und schlaues Mädchen“ läßt sich in der Bacska eine solche Brautschau gern wiederholt gefallen, selbst wenn sie sich schon verlobt hat.[1]

Wie einst in der Ausstellungshalle Verwandte das Mädchen umgaben, so ladet auch die Serbin ihre Freundinnen zu sich, um den heiteren Scherz mitzugenießen. Zwei Frauen des Hauses assistieren mit brennenden Kerzen, damit das Mädchen gut zu sehen wäre, und der Freier dreht dasselbe ein paarmal im Tanze herum, angeblich um zu sehen, ob sie nicht etwa lahm sei. „Jede solche Besichtigung wird mit Geld bezahlt, wobei der Kreuzer Dukat genannt und als solcher hergegeben wird. Ein solches Mädchen sammelt sich manchmal eine bedeutende Geldsumme auf diese Art, da sie mitunter von mehreren Burschen an demselben Tage angesehen wird.“[2] Man wird einen seltsamen Anklang an alte Verhältnisse kaum überhören können, aber doch kaum nach Art der laudatores temporis acti einen Tausch der Zeiten wünschen wollen.

---

[1] Ebend. 166 f.

[2] Rajacsich a. a. O. 167.

5. Verdrängte Bräuche älterer Zeit.

Haben wir den Wandel dargestellt, der sich im Uebergange von den friedlichen Muttersippen zu der kraftvolleren aber auch gewaltthätigeren Organisation des Mannesrechtes vollzog, und beobachtet, wie die Menschheit dabei zugleich Gutes und Schlimmes in den Tausch nahm; so werden wir jetzt diesen Wandel noch von einer etwas besseren Seite, in einem günstigeren Lichte kennen lernen. Dem scheinbar milden und glücklichen Regimente der Mutter wurden doch nicht minder die Liktorenzeichen blutiger Grausamkeit vorangetragen. Mit eisernen Pfosten war das Gebiet der Mutterliebe eingeschnürt, und diese Pfosten waren die bittere Not mit ihrer noch unbesiegten Gewalt und die Heiligkeit des Kultes mit seiner den Urmenschen überwältigenden Furcht vor dem Zorne verletzter oder vernachlässigter Dämonen. Vor beiderlei Geboten mußte das Mutterherz schweigen, und es scheint, wo es gewohnheitsmäßig nicht reden durfte, da blieb sein Leben im Schlummer. Jene Gebote hätte auch kein Wunsch des Herzens besiegt. Außerdem weiß die nun einmal überkommene nicht selbst geschaffene Sitte dem Menschen das Grausamste geläufig werden zu lassen und sie wird auch auf dem Gebiete der Greuel unantastbar, wenn die Sanktion des Kultes hinzutritt. Die Menschheit hat solches nicht nur Einmal erlebt.

Wir haben es nun mit den tiefsten Schatten der Urzeit zu thun und zu sehen, wie sie unter Mannesherrschaft sich etwa aus- oder umgestalteten. Es sind das: die Notgebote der Beseitigung der Hilflosen und das Kultgebot der Opferung der Kinder. All diese Momente charakterisieren die Urzeit, und wir dürfen uns ihre Schatten nie abwesend denken, wenn wir uns etwa einmal in den Gedanken an das Glück friedlicher Menschen unter dem Scepter der Mutterliebe ergehen wollen. Beseitigung der Hilflosen und Aussetzung von Kindern bedingt die ungenügende Lebensfürsorge. Im Grunde hängt auch das Kindesopfer damit zusammen, denn der tastende Mensch sucht den Ersatz einer Fürsorge durch das Mittel des Kultes; dort mangelt die Fürsorge noch ganz, hier ist sie entgleist.

Wie etwa heute noch die arme Frau von Tibesti genießbaren Grassamen einzeln von Halmen sammelt, die Borkenhülle der Dumfrüchte gewinnt, oder wie die Frau des Buschmanns nach genießbaren Wurzelknollen gräbt; so hat die Frau, mit Ausnahme der Anwohnerin günstiger Fisch- und Muschelplätze, wohl immer nur — selbst bei beginnendem Anbau — einen kargen Vorrat für den Hunger der Ihrigen auffsammeln können; die leckere Blutspeise des Mannes aber war an Glück und Zufall gebunden. Aber auch solcher Ueberfluß des Augenblicks deckte bei der Fürsorglosigkeit und Unbeholfenheit des Naturmenschen nicht den drohenden Mangel der Zukunft. Je kleiner diese Sippenorganisationen waren, je weniger Unternehmungskraft sie bei mangelhafter Ausrüstung und Führung zeigen konnten, desto karger und unzulänglicher mußte die Versorgung sein, desto häufiger mußte mit erschreckender Regelmäßigkeit die Hungersnot die Menschen heimsuchen. Chroniken berichten uns keine über jene Zeiten; wenn aber noch in einer Periode des aufblühenden Ackerbaus gegen den Schluß des ersten christlichen Jahrtausends die Annalen des Frankenreichs dies- und jenseits des Rheins das Wüten des Hungers als eine nie endende Heimsuchung des Menschengeschlechts immer wieder vorführen; wenn sie uns Scenen ausmalen, wie sie Gregor von Tours erlebte, der den Säugling bei der toten Mutter Nahrung suchen sah, oder wie der Mann, der aus dem Buchengrau vor dem Hunger herflieht, sich entschließt, sein eigenes Kind zu schlachten, um beider Qual zu enden; dann kann uns wohl ein Rückschluß auf noch hilflosere Zeiten die Ueberzeugung beibringen, daß die kalte Grausamkeit, mit der die Urzeit das hilflose Alter und das nutzlose Kind vernichtete, um damit die Nahrungssorge der Erwerbenden zu beschränken, auch ihren Grad trauriger Berechtigung hatte.

Einen Rest von Gefühlsregung mußte nach langer Uebung die Heiligkeit der Sitte zum Schweigen gebracht haben, und das jedermann von Kindesbeinen an als naturgemäßer Verlauf irdischer Dinge Vorschwebende verlor bei den in täglichen Gefahren des Lebens abgehärteten Menschen seine Schrecken; ja es ist uns bezeugt, daß die Altentötung keineswegs immer gegen den Wunsch der mit Mühsal, für die die Zeit weder Heilung noch Linderung kannte, Behafteten vollzogen wurde. Der Gequälte sehnte sich die Stunde der Erlösung herbei und verlangte diese von den Seinigen als einen Akt der Pietät. Es war das eben die einzig mögliche Fürsorge, welche die Zeit entwickelt hatte. Vollends entfiel dann der That das unendlich Barbarische, das uns entgegentritt, sobald ihr der Kult seine schützende Heiligkeit zuführte, und das geschah vielfach.

Die Vorstellung von dem mit dem des Leibes verbundenen Schicksale der Seele führte einen solchen Akt mit dem Kulte zusammen. Es galt das Schicksal der Seele zu entscheiden durch die Bergung des Leibes, und wie hieraus die verschiedensten Formen der Totenkulte erwuchsen, so entwickelte sich sporadisch auch die eine, kaum glaubliche und doch wohl nachgewiesene, der Bergung des Leibes lieber Freunde in den Leibern der Ueberlebenden; so blieb nach barbarischer Logik am sichersten die Seele des Abscheidenden bei den Ihrigen und in den Ihrigen zurück. Die Geschichte der Urzeit kennt in der That ein Aufessen aus Liebe — und etwas Selbstsucht dabei. Momente tiefer Notlage mögen vielleicht beigetragen haben, auch gerade diese Form zu entwickeln. Der Mensch mag zwar von Hause nicht Vegetarier sein; er kann als solcher leben. Aber je ununterbrochener er solches thut, desto unwiderstehlicher wird in ihm ein zeitweiliger Heißhunger nach Fleischnahrung, und er stillt ihn, wie die Völkerkunde lehrt, unter Umständen gerade an seinesgleichen. So hat unbezweifelt der blutige Kult und Kannibalismus der Mexikaner, die als Eroberer von Jagdprairien hier in ein Land vegetarischer Kultur getreten waren, in jenem immer wieder vorbrechenden Fleischhunger seine Stütze gefunden.

Wir würden auch hierbei wieder in der Lage gewesen sein, die ungünstigen Berichte der Alten, welche noch auf dem Boden heutigen Kulturbereiches der Unkultur um so viel näher waren, als unglaublich abzuweisen, wenn nicht die Forschungen unserer Zeit den Gegenstand einer viel ernsteren Betrachtung empfohlen hätten. Wir können deshalb hier ohne weiteres mit dem Zeugnisse Herodots (I, 216) beginnen. Die Massageten, sagt er, trieben noch gar keinen Ackerbau, sondern lebten von den Fischen des Flusses Araxes und von anderer Tiernahrung. Würde einer unter ihnen sehr alt, dann würde er getötet, und die Verwandten kämen zu einem absonderlichen Leichenfeste zusammen. Sie schlachten nämlich noch einiges Kleinvieh und feiern, dieses und das Fleisch des Getöteten zusammen essend, einen wahrhaftigen Leichenschmaus. „Dies gilt bei ihnen für das glücklichste Ende." Ist aber einer an einer Krankheit gestorben, ist also die Seele gewissermaßen eigenwillig von ihm gewichen, so verspeisen sie seinen Leib nicht, sondern begraben ihn nach anderer Menschen Art und beweinen das Schicksal, das ihn einem besseren Lose entzogen hat.

Strabo (p. 520) erzählt das Gleiche von den auf persischem Gebiete lebenden Derbikern. Nur fügt er hinzu, daß siebzig Lebensjahre nicht überschritten würden. Frauen und solche, welche unter siebzig Jahren gestorben sind, wurden nicht verspeist, sondern begraben. Die Kaspier dagegen setzten die Alterskranken in der Wüste aus und erwarteten, daß ihre Leiber da von Vögeln oder Hunden verzehrt würden. Das letztere ist einfach die Sitte der altpersischen Leichenbesorgung, und nur die erstere Mitteilung hat für uns hier Wert. Darum ist auch der Widerspruch nicht sehr gewichtig, in den sich Strabo (p. 517) selbst zu verwickeln scheint, indem er an anderer Stelle behauptet, dieselben Kaspier ließen die Alten eingesperrt verhungern. Wie immer sie den Tod finden mögen, die Aussetzung in der Wüste ist nur ihre Bestattung.

Eine wirkliche Verwechslung mit persischer Bestattungsweise aber scheint uns vorzuliegen, wenn Strabo ebenda angibt, die Sogdianer und Baktrianer hätten „die wegen Alter oder Krankheit Aufgegebenen" noch „lebend eigens dazu gehaltenen Hunden vorgeworfen, welche in der Landessprache Totengräber hießen". Es war nach Zeugnis des Zend-Avesta bei den Persern thatsächlich Sitte, dem Sterbenden einen lebenden Hund vor das Angesicht zu halten, weil man wünschte, daß der ausgesetzte Leib gerade von diesem heilig geachteten Tiere aufgenommen werde. Die Leichen in der Stadt Baktra selbst auf diese Art den Tieren vorzuwerfen, habe erst Alexander der Große durch ein Verbot abgeschafft. So stehen also diese Angaben nur mittelbar, was den Wunsch der Aufnahme des Leibes betrifft, mit unserem Gegenstande in Beziehung. Das einfachste Beispiel für die Beseitigung der Alten aus Lebensnot bietet uns heute noch das im übrigen keineswegs ganz tief stehende Volk der Hottentotten. Sie bauen in abseits gelegener Wildnis eine Hütte, schleppen den lebensmüden Alten in dieselbe und überlassen ihn hier seinem Schicksale — solchen Dank findet auf der Stufe unbeholfener Lebensfürsorge ein vielleicht nicht verdienstloses Leben; so lohnen die Kinder den Eltern.[1]

Was da und dort den Alten von den Nachbarvölkern her bekannt geworden war, das hatte bei ihnen selbst noch die Sage, und zwar, wie es nicht immer Sagenart, mit ganz zutreffender Motivierung festgehalten. So ging die Sage,[2] es hätte auf der mäßig großen Insel Keos einmal ein altes Gesetz gegeben, welches verordnete, „alle über 60 Jahre alten Leute durch Schierling zu töten, damit die Nahrung für die übrigen ausreiche. Auch sagt man, daß sie einst, von den Athenern belagert, den Beschluß faßten, die Aeltesten von ihnen sollten nach der bestimmten Zahl ihrer Lebensjahre sterben.“ Daraus entwickelte sich wohl wieder die bei Valerius Maximus (II, 6, 8) erhaltene Sage, daß man in Keos, aber ebenso auch in Massalia Schierlingsgift in öffentlichem Gewahrsam für diejenigen gehalten habe. die sich aus einem triftigen Grunde das Leben nehmen wollten; für einen solchen aber habe man ein Alter von sechzig Lebensjahren angesehen.

Was uns aber so unglaublich scheint, das wurde auch in unserer Zeit noch[3] von den Gonda und ähnlichen nichtarischen Völkern Indiens erzählt, daß sie nämlich Kranke und altersschwache Personen töteten und daß die Angehörigen sodann die Leichen verzehrten. Ueber das uns so fremdartige Motiv äußert sich J. G. Müller[4] ganz zutreffend: „Man glaubt, Seelen früherer Menschen gehen in spätere Leiber über. Darum versuchen sich die Brasilianer die Seelen ihrer Angehörigen dadurch anzueignen, daß sie die leiblichen Ueberreste derselben verzehren, darum, und nicht aus Mitleid, haben einige Stämme die Gewohnheit, ihre verstorbenen Freunde, Kinder und

[1] Fritsch, Eingeborene Südafrikas I, 334.
[2] Strabo, S. 486.
[3] Ritter, nach Asiat. Journ. 1831, V, S. 161.
[4] Geschichte der amerik. Urreligionen, S. 289.

Verwandten, besonders die Kriegsleute, aufzufressen. Und das geschieht nicht bloß mit dem Fleische, sondern auch mit den Knochen, falls sie dieselben nicht nach einer anderen Gewohnheit ehrfurchtsvoll aufheben und mit sich in den Krieg nehmen. Diejenigen Knochen aber, die man genießt, werden entweder zu Asche verbrannt oder zu Mehl zerstoßen, dann wird die Asche oder das Mehl ins Getränk gemischt und getrunken. Spix bemerkt dabei ausdrücklich, daß diese Sitte auf dem Glauben beruhe, die Seele wohne in den Knochen und auf diese Art leben die Verstorbenen in denen wieder auf, welche die Knochen getrunken haben.“ — Es ist anderseits wieder bekannt, daß die Korjäken in Sibirien, obwohl man sie als Leute von sehr milder Gemütsart bezeichnet, heute noch ihre altersschwachen Angehörigen und hoffnunglos Kranke mit Speeren töten, — lediglich aus Mitleid mit ihnen, und weil ihnen ihr eigenes nomadisches Erwerbsleben eine andere Versorgung nicht gestattet. Tylor[1] bemerkt, daß wir dieser Sitte „besonders häufig bei umherschweifenden Völkern“ begegnen. Die Zurücklassung und Preisgebung solcher Unglücklichen ist bei dem Aufbruche nach neuen Jagdgründen oft leider eine Sache der unausweichlichen Notwendigkeit und liegt im Wunsche der armen Opfer selbst.

Auch hierin treffen wir die klassischen Völker in ihrer Kindheit ganz auf dem Boden aller Naturvölker. Festus und Cicero führen jene „Depontani“, die sechzigjährigen Greise, die einst in Rom von der Tiberbrücke hinabgestürzt zu werden pflegten, wohl auf verschiedene Anlässe zurück, aber dennoch bleibt die Berechtigung bestehen, in der zur Sage gewordenen Thatsache ein Rudiment der unmenschlichen Altenausstoßung zu erkennen. Die Aussetzung oder Tötung kranker Sklaven mußte noch Kaiser Claudius besonders verbieten, wie Sueton berichtet. Auch die Urgriechen kannten einmal gegen Siechtum und Alter kein anderes Mittel. Den am Schlangenbiß erkrankten Philoktet setzten seine Gefährten auf der einsamen Insel aus und überließen ihn unbarmherzig dem zu erwartenden Tode. Aus dieser

[1] Tylor, Einleitung in das Studium der Anthropologie, Braunschweig 1883, S. 495.

Hilflosigkeit erklärt sich der Abscheu der Griechen gegen das kraftlose Alter, wie er oft zum Vorscheine kommt.

Im germanischen Sagenschatze findet das Motiv der Altentötung noch sehr reiche Anwendung. Zu Saxo Grammaticus[1] ist die Sage gelangt, wie Dänen in der Nahrungsnot zu dem Volksbeschlusse gelangten, die Greise und Kinder zu töten, und die Olafs Tryggvasonar saga berichtet, daß auf Island ebenfalls eine öffentliche Volksversammlung zur Zeit strenger Kälte und Hungersnot beschlossen habe, alle Greise, Lahmen und Siechen verhungern zu lassen. Dies sei zwar hintertrieben worden, aber der Beschluß und selbst die bloße Sage wären charakteristisch genug. Derselbe Zug wiederholt sich aus dem gleichen Anlasse mit Bezug auf Kinder und Greise in der Viga Skutus saga, und wenn sich auch in Deutschland nur rudimentäre Redensarten auf Aehnliches beziehen, so berichtet doch Prokopius als thatsächlich, daß die Heruler ihre Greise und Kranken töteten. Den Tod des dänischen Helden Starkadt erzählt uns Saxo ganz im Sinne einer solchen Selbsttötung mit dem erklärenden Spruche: den jungen Baum muß man pflegen, den alten niederlegen. In der ebenfalls von Saxo erzählten Sage von Gauti erscheint es sogar als gewöhnliche Sitte, daß die Kinder ihre alten Eltern auf die „Stammklippe" begleiten und diese sich von da herabstürzen, um „froh und heiter" den Tod zu finden. In einigem Zusammenhange mit dieser Vorstellung steht auch die Sitte altnordischer Helden, sich vor dem „Strohtode" mit dem Speere zu verwunden — ein Rudiment der Tötung. „In Schweden bewahrte man in den Kirchen große hölzerne Keulen, sogenannte Familienkeulen auf, von denen einige bis heute erhalten sind und die dazu dienten, die Greise und hoffnungslos Kranken in feierlicher Weise zu töten."[2]

Vielleicht ist die Keule am Thor zu Jüterbog ein ähnliches Andenken, dem erst eine jüngere Zeit eine mildere Erklärung gegeben hat; denn gerade bei den Slaven hat sich die von der Not geborene Sitte mit einer Art Kultheiligkeit umgeben. Von den Wagrern,

---

[1] Belege siehe in Lippert, die Religionen, Berlin 1881, S. 39.
[2] Tylor a. a. O. 496.

Nordslaven, die durch die Eider von den Dänen getrennt waren, schrieb Zeiller: „Es ist ein ehrlicher Brauch im Wagrerlande, gleichwie in anderen Wendlanden gewesen, daß die Kinder ihre altbetagten Eltern, Blutfreunde und andern Verwandten, auch die, so nicht mehr zum Kriege oder Arbeit dienlich, ertöteten, darnach gekocht und gegessen, oder lebendig begraben; daher sie ihre Freunde nicht haben alt werden lassen, auch die Alten selbst lieber sterben wollen, als daß sie in schwerem, betrübtem Alter länger leben sollten. Dieser Brauch ist lange Zeit bei etlichen Wenden geblieben, insonderheit im Lüneburger Lande." — Ganz das Gleiche bekundet Notker von dem Slavenvolke der Wilzen oder Liuticen an der Ostsee, und Prätorius von den Altpreußen. Cranz erzählt noch aus dem Jahre 1309 eine rührende Geschichte von einem wendischen Alten in der Lüneburger Heide, den sein Sohn unbedenklich vergraben wollte, als jenem eine Gräfin Mansfeld das Leben verlängerte, und Kreyßler kennt einen ähnlichen Fall aus der Mark vom Jahre 1220.

Jene unbarmherzige Scheu vor der Krankheit, die mit jener alten Auffassung unmittelbar zusammenhängt, verrät auch noch das hebräische Sprichwort: „Blinde und Lahme dürfen nicht ins Haus";[1] — aber so düster uns eine solche Vergangenheit noch entgegentritt; überall wo das Vaterrecht zur Geltung gelangte, wird endlich doch seine Härte selbst die Mutter milderer Sitte, nicht weil es Milde lehrte, sondern weil es sie ermöglichte. Erst die Organisation unter Mannesleitung schafft endlich doch eine Fürsorge, deren Ueberschüsse ausreichen können zu einer knappen Versorgung derer, die nicht mehr selbst mitwerben. Erst der fortschreitende Anspruch an Nahrung und Wohnung macht es möglich, auch Kranke und Alte zu pflegen, ihr Leben zu verlängern. Der Alte wird nicht mehr hinausgeworfen und preisgegeben; es wird ihm ein Plätzchen am warmen, festruhenden Herde eingeräumt, endlich ein Altenteilstübchen gebaut und für seinen Unterhalt fürgesorgt. Ja die einst nur durch den Tod einer unheilvollen Existenz aus dem Wege gehen konnten, werden jetzt der Gegenstand liebevoller Sorge ihrer Kinder — oder sie können es doch allmählich

[1] 2. Samuel 5, 8.

werden. Das Gesetz der Juden schloß schon eine so vorweltliche Fürsorge aus, und das attische Gesetz enthielt die positive Verpflichtung des Sohnes, den betagten Vater zu ernähren; auf dem älteren Kulturboden Aegyptens bedurfte es schon eines solchen Gesetzes nicht mehr: wie sehr auch der Fortschritt der Kultur von einer Art im Grunde egoistischen Strebens abhängig ist, die Milde des Herzens geht doch nur Hand in Hand mit der Kultur.

Länger blieb das Schicksal des Kindes dem Zwange unerbittlicher Not anheimgegeben. Es hatte keinen andern Verteidiger als das Gefühl der Mutter; und selbst dieses vermag eine langwährende Gewohnheit abzulenken. Scheinbar geriet das Kind unter Vaterherrschaft in eine noch gefährdetere Lage. Die Konsequenz dieser Gewalt kennt keine Grenze, und selbst schon einigermaßen geordnete Staatswesen erscheinen lange noch machtlos gegenüber der Gewalt des jugendlichen Vaterrechtes. Hawai's alte Könige waren mit großer Macht ausgerüstet, aber dennoch konnte uns der Missionär Ellis [1] folgenden Vorfall erzählen: „Ein Mann und eine Frau, Untergebene des Herrn Young, ... hatten ein Kind, einen hübschen Knaben, über welchen sie sich entzweiten. Die Frau weigerte sich, den Wünschen ihres Mannes in Betreff desselben beizutreten, worauf er es bei Kopf und Füßen ergriff, vor den Knieen mitten durchbrach und ihr es so, indem es noch mit dem Tode kämpfte, vor die Füße warf. Erschüttert durch diese unerhörte Handlung ergriff Herr Young den Mann und brachte ihn vor den König Tamehameha, der sich damals zu Waiakea aufhielt, und bat ihn, denselben zu strafen. Der König fragte, wem das gemordete Kind gehört habe, und Herr Young antwortete ihm, daß es des Mannes eigener Sohn gewesen sei. ‚Dann', versetzte der König, ‚haben wir beide kein Recht, uns in die Sache zu mischen und ich kann ihm nichts sagen.'"

Auf den Inseln Oceaniens lebte noch im vorigen Jahrhunderte, von Europäern wenig beeinflußt, eine durch Milde der allerdings losen Sitten und mancherlei Liebenswürdigkeit ausgezeichnete Bevölkerung, die nichts gemein zu haben schien mit den „Wilden" Amerikas.

---

[1] Ellis a. a. O. 170.

Aber überall herrschte, wie man bald mit Entsetzen entdeckte, der greulichste Kindermord; und doch konnten Väter und Mütter die zärtlichsten Pfleger lebender Kinder sein! Die Handlungsweise war ihnen eben von alters her als das einzige Mittel überkommen, die beschränkte Ertragsfähigkeit ihrer meist kleinen Inseln mit den Bedürfnissen der Lebenden auszugleichen. „Wir haben lange," erzählt derselbe Missionär, „von dem Gebrauch des Kindermordes unter den Sandwichs-Insulanern gehört, aber keinen Begriff von der Ausdehnung, bis zu welcher er sich erstrecke, bekommen; auf dieser Reise fanden wir indes Gelegenheit, mehr darüber zu erfahren. Er herrscht auf allen Inseln und wird mit Ausnahme der vornehmsten Obern von allen Klassen des Volkes geübt. So groß die Zahl der Kinder unter den niederen Klassen auch sein mag, Eltern ziehen selten mehr als zwei bis drei auf und manche lassen nur eines übrig; alle übrigen werden zuweilen kurz nach der Geburt, gewöhnlich aber während des ersten Lebensjahres gemordet. . . . . Zuweilen wurden die Kinder erdrosselt, häufiger aber lebendig begraben." Hierin stände der Sandwichsinsulaner unter allen am tiefsten, denn war auch der Kindesmord, wie von der Natur gefordert, auf allen Inseln verbreitet, so war doch der Tahitier schon einen Schritt zu milderer Sitte vorwärts gegangen, der sich mit einem oben angeführten bei den Germanen vergleichen läßt: nach dem Gesetze seiner Sitte entging das Kind dem gewaltsamen Tode, wenn es auch nur wenige Stunden gelebt hatte. Aber sofort nach der Geburt konnte die Tötung verhängt werden, und oft vollzogen sie die Eltern selbst. „Unter den Sandwichsinsulanern aber blieb das Kind, es mochte eine Woche, einen Monat, oder ein Jahr alt sein, fortwährend unsicher, und wurde zuweilen erst getötet, wenn es schon beinahe gehen konnte. . . . Nach den Erkundigungen, welche wir machen konnten, büßten durch diesen Gebrauch zwei Dritteile aller Kinder ihr Leben ein, und wir erfuhren von einigen Oberhäuptern, auf deren Wort wir uns verlassen konnten, daß ihnen Eltern bekannt gewesen wären, die drei bis vier Kinder ermordet und nur eines am Leben gelassen hatten." Aber die unerbittliche Not zwang mitunter, noch weiter zu gehen. „Auf den Marquesas, sagte man uns, wurden die Kinder zuweilen bei außerordentlichem Mangel von ihren Eltern getötet und gegessen.“ ... „Im allgemeinen sind die Menschen hier von veränderlicher Gemütsart und Freunde eines wandernden Lebens. Sie sehen daher ihre Kinder als ein Hindernis an, ihren Neigungen zum Herumschweifen zu folgen. Wenn man es zuweilen müde war, Sorge für kranke Kinder zu tragen, so begrub man sie sogleich, und wir haben gehört, daß man Kinder lebendig einzuscharren pflegte, bloß weil sie sich unruhig zeigten. Schrie ein Kind mehr als die Eltern und besonders die Mutter ertragen zu können glaubten, so befreiten sie sich mit einem Male von dieser Beschwerde, indem sie ihm ein Stück Zeug in den Mund stopften, ein Loch in der Hausflur gruben und den hilflosen Säugling, vielleicht einige Schritte von ihrer Lagerstätte, oder dem Orte, wo sie ihr tägliches Mahl einnahmen, mitleidlos einscharrten.“ ... „Die Gesellschafts-Insulaner begraben“ — auch hierin etwas zartfühlender — „ihre gemordeten Kinder in den Gebüschen, in einiger Entfernung von ihren Häusern; auf den Sandwichsinseln geschah dies aber oft in dem Hause, in welchem beide Eltern mit dem Kinde gelebt haben.“

Wir sind hier etwas ausführlicher gewesen, weil das Besprochene gerade dasjenige Bereich der Unkultur ist, für dessen „Naturzustand“ einst die der Kultur müde Menschheit wie für das wiedereröffnete Paradies zu schwärmen liebte, und weil wir gerade hiefür in Ellis einen Gewährsmann besitzen, dessen Wahrheitsliebe von niemand angezweifelt wird.

Allmählich nimmt diese wilde Urfürsorge des Naturzustandes einen Grad von Ueberlegung an. Auf Topia[1] beschränkte die Sitte die Zahl der lebenden Knaben auf zwei aus jeder Ehe, traf aber in Betreff der Mädchen keine Beschränkung, so daß die Inselbewohner niemals Not an Frauen hatten. Auf einer andern Insel Mikronesiens[2] durfte überhaupt jede Frau nur drei Kinder aufziehen, und als Grund dieser Beschränkung gab man direkt die Unfruchtbarkeit der Insel an.

---

[1] Waitz V, 2, 191.
[2] Waitz V, 2, 111.

So sind auch die wilden Australierinnen zärtliche Mütter ihrer Kinder; dennoch werden viele der letzteren getötet. Dieses Los trifft vor allen die krüppelhaft Geborenen und diejenigen, welche zur Welt kommen, ehe das nächst ältere Kind noch auf eigenen Füßen steht.[1] Die Malgaschen lassen das Schicksal der Neugeborenen durch Glücks- und Unglückstage entscheiden;[2] die das Unglückslos gezogen, werden ausgesetzt, ertränkt oder lebendig begraben. Auch die im übrigen ganz ehrbar lebenden Abiponer Südamerikas[3] lassen nie mehr als zwei Kinder am Leben. Die Hottentotten haben die früher geübte Sitte aufgegeben. Auch die Araber haben nach Pocock aus Not zur Kindertötung gegriffen, wie denn auch noch die jüdische Sage Ismael von seiner ins Elend geschickten Mutter ausgesetzt werden läßt. In den Sagen von den Urzuständen der Völker des Altertums spielen überhaupt ausgesetzte Kinder eine große Rolle.

Seltener gelangte dagegen die Volkssitte auf den Ausweg, den Aristoteles als eines der Gesetze Kretas rühmt, daß nämlich vorbeugend bei der Befürchtung übergroßer Nachkommenschaft die Ehen getrennt werden sollen; es dürfte auch schwer durchführbar sein. Kinderaussetzung übte das Hellenentum wenigstens zu Zeiten eintretender Uebervölkerung — also wenn die alte Unzulänglichkeit des Erwerbes wieder eintrat — noch in später Zeit,[4] und Plato glaubt ihr in bedingter Weise in seinem Musterstaate[5] noch das Wort reden zu müssen; kehrt doch bei ihm[6] sogar ein Anklang an die Preisgebung der Siechen wieder. In Sparta blieb mit Beschränkung auf die Untüchtigen die Aussetzung überhaupt bestehen. Sie ist auch hier gewiß nicht die Erfindung eines weisen Gesetzgebers, sondern wie so vieles, was sich eine verständnislose Schwärmerei an Sparta zu bewundern gewöhnt hat, ein Rückstand roher Zeit.

Desgleichen hat der römische Vater der Urzeit das alte Recht,

---

[1] Jung, in „Natur" 1877, Nr. 7.

[2] Waitz II, 441.

[3] Ebend. 476.

[4] Aristoteles Pol. 7, 14.

[5] Rep. V, 460 D, 461 C.

[6] Ebend. III, 105 A, 410 B.

seine Kinder wegzuschaffen, und hätte er es nie geübt, so blieben die späteren beschränkenden Gesetze ihrer Veranlassung nach unerklärlich. Auch das germanische Altertum ist unter dem Drucke einer harten Natur keineswegs milder gewesen; dennoch sehen wir auch hier schon den Fortschritt der Lebensentwicklung. Mit dem Ertränken von Kindern ist man auch nach dem Texte des Gudrunliedes (46, 6) bald zur Hand, und nordische Erzählungen, wie die von den armen Grabkindern, die lebendig begraben werden müssen, bloß weil sich, nachdem ihr verstorbener Vater ein Freigelassener war, niemand zu ihrer Ernährung verpflichtet fühlt, niemand dafür durch ihren Besitz entlohnt sieht, zeigen eine solche Härte der Sitten und Herzen, wie sie nur dieselbe Härte des Kampfes mit der Natur zu erklären vermag.

In all diesen Punkten hat das Gesetz der Barbarei in die Zeiten des Vaterrechtes hinein bestanden; aber doch bahnt sich auch wieder binnen dieses Bestandes der Umschwung an. Indem es der besser und strammer organisierten Gruppe gelingt, ihr Erwerbsbereich auszudehnen, gewinnen mehrere Zehrer Raum, und gerade das kriegerische Moment des Erwerbes läßt jedes Paar Arme als wertvoll erkennen und spornt zu neuen Anstrengungen an zu deren Erhaltung. Den Hellenen in Böotien war nach Aelian (V. G. 2, 7) die Aussetzung der Kinder schon früh verboten, und was mehr ist als das: das der Not gegenüber unwirksame Verbot war gestützt durch Abhilfe aus der Gemeinfürsorge. Der mittellose Vater sollte sein Kind, statt es auszusetzen, der Gemeinde übergeben können, und diese hielt sich für ihre Auslagen schadlos, indem sie die so erworbenen Kinder als Sklaven aufzog — ein erster und in seiner Mäßigung weiser Schritt zu höheren Lebensformen.

Das jüngere römische Gesetz beschränkte das wirkliche Recht der Aussetzung auf Mißgeburten und — Töchter, nahm aber auch von diesen wieder die erstgeborenen aus. Mit jedem Schritte, den die — warum doch so viel geschmähte! — Kultur vorwärts klimmt, bezeichnet die Sorge für das Kindesleben ihren Weg und der volle Schutz desselben wird endlich das Handmal einer Stufe schönerer Menschlichkeit. Unwidersprochen hat dazu das Judengesetz mittelbar und das

Christentum unmittelbar viel beigetragen; der alleinige Anstoß dieses Fortschrittes ist keines gewesen.

Das alte Aegypten erscheint den griechischen Schriftstellern stets als der alte Kulturstaat in des Namens bestem Sinne, und — sehr kennzeichnend! — gerade als sein eigentümliches Merkmal hebt es das Altertum hervor,[1] daß es in diesem wunderbaren Staate noch sehr im Gegensatze zur übrigen Welt ein Hauptstreben war, „daß alle geborenen Kinder aufgezogen werden.“ Diodor (I, 80), der das Wunderbare bestätigt, gibt dafür zwei verschiedene Gründe an, die beide für uns sehr bedeutsam sind. Er sagt: „Alles, was geboren wird, muß ein jeder erziehen, der Bevölkerung wegen, weil diese vorzüglich zum Wohlstand der Länder und Städte gereicht. Keines von den Kindern halten sie für unecht, selbst ein solches nicht, das von einer gekauften Sklavin geboren wurde. Denn sie glauben überhaupt, daß der Vater die einzige Ursache der Zeugung sei, die Mutter aber dem Kinde nur Nahrung und Aufenthalt gebe.“ Es ist also einmal in diesem geordneten Staate, der ältesten Organisation der Menschheit von gleich großem Umfange, der tiefe Kulturstand der Hungersorge überwunden; aber auch, keineswegs so zusammenhanglos, als es scheint, das Princip der väterlichen Abstammung, der Vaterfolge vorangestellt. Nicht nur das Vaterrecht hat praktisch das Mutterrecht — bis auf einige wohlkonservierte Rudimente — abgelöst, sondern auch in der Auffassung von physiologischen Vorgängen ist an die Stelle der Mutterfolge die Vaterfolge getreten, zwischen Vater und Kind ist dasselbe Pietätsverhältnis begründet, wie einst zwischen Kind und Mutter. Gerade damit hängt aber auch der Fortfall des letzten Restes echter Barbarei zusammen — der Vater ist nun auch mit einer Verpflichtung an das Kind geknüpft; er darf es nicht töten, er muß es erziehen. Hierin steht das jüngere Israel auf gleichem Standpunkte.

Dieses Gesetz steht fortan an der Grenze der Kultur und Urkultur, und wo das Christentum praktisch die Lebenssitte zu heben versuchte, da mußte sein Einfluß auf die Anerkennung dieses Gesetzes

[1] S. Strabo, S. 824.

gerichtet sein. So kündigt sich dem nordischen Germanenvolke eine neue Zeit mit den Worten des Gesetzes von Gottland (c. II) an: „Das ist nun demnächst: daß man aufziehen soll jegleich Kind, das geboren wird in unserem Lande und nicht wegwerfen." Eine alte „gute" Sitte, eine allgemein verbreitete, wird zum Verbrechen gestempelt, und ungewöhnliche Maßnahmen müssen angewendet werden, — so tief wurzelt der Brauch! Ein totgeborenes Kind bringt von nun an die Mutter in den schlimmsten Verdacht; sie soll darum fortan nicht ohne Gezeugnis zweier Frauen gebären, einer Nachbarin und einer Wehmutter. Diese sollen ihr nötigenfalls bezeugen, daß ihre Hände unschuldig seien.

In fast wunderbarer Uebereinstimmung erzählt der oft genannte Missionär Ellis (176) von den Gesellschaftsinsulanern in ähnlicher Lage: Es „war der erste von den Oberen vorgeschlagene und von dem Volke angenommene Artikel des Gesetzbuches gleich nach dem Empfange des Christentums ein Verbot des Kindesmordes und die Festsetzung der Todesstrafe auf denselben, unter welchen Umständen er sich auch ereignen würde." Auf den Sandwichsinseln war damals ein solches Volksgesetz gegen Kindesmord noch nicht erlassen, aber König und Oberhäupter hatten „aus freien Stücken ihre Ueberzeugung von dem Verbrecherischen desselben öffentlich erklärt und bekannt gemacht, daß er in der That Pepehi Kanaka (Menschentötung) unter strafbaren Umständen sei. Sie haben ebenfalls das Nachteilige davon in Rücksicht auf ihre Hilfsquellen eingesehen, indem er die Inseln entvölkert und sie wüste und minder einträglich macht, weswegen sie sich seit kurzem bemüht haben, ihn zu unterdrücken. Karaimoka, der Regent der Insel, hat mehr als einmal den Eltern die Vernichtung ihrer Kinder verboten und die Schuldigen mit Verbannung oder gar mit dem Tode zu strafen gedroht." Es ist natürlich, daß jene Motivierung und mit ihr der mildere Brauch nicht eher eintreten könne, als bis die Menschheit zu ihrer geschulten Arbeitskraft das Vertrauen gewinnt, daß sie nicht lediglich zur Minderung, sondern auch zur Mehrung der Existenzmittel beitragen werde.

In Deutschland war der Verkauf von Söhnen und Töchtern — ein letztes Rudiment jener kümmerlichsten Fürsorge — zunächst auf Zeiten der Hungersnot beschränkt worden; aber noch ziemlich spät bis ins Mittelalter hinein hat sich die Gesetzgebung und noch weit länger die Sage und Volkserzählung mit dem Gegenstande zu beschäftigen gehabt.

Den Urmenschen erfüllen nach Maßgabe einer noch wenig verbreiteten Erfahrung nur wenige Vorstellungen, und ein höher entwickeltes Gefühlsleben tritt dem logischen Spiele jener noch nicht in den Weg. Die wenigen Vorstellungen, die er besitzt, beherrschen ihn ganz, und sein Handeln folgt der ungebrochenen Logik auch auf Wegen, auf denen ihm heute kaum unsere Reproduktion zu folgen vermag. Die Völker, welche dem Alter Erlegene aßen, glaubten dabei, vom Geiste derselben in sich aufzunehmen und dadurch an Kraft zu gewinnen, indem der Geist, der vielleicht einmal die Furcht der Nachbarn war, bei ihnen bliebe. Nun zwang die Not in tausend Fällen auch das einzelne Kind zu töten, insbesondere aber gegen das erstgeborene richteten sich die Gefahren; sollte schon dieses dem Genußleben der jungen Mutter so früh ein Ende machen? Wenige Völker vertrugen diese scheinbar harte Folge. Leiten wir aber jene Vorstellung zu dieser Thatsache herüber; war nicht zugleich die Geburt jedes Kindes ein unwiderbringliches Kraftopfer von Seiten der Mutter? War dies Opfer nicht besonders beim Erstlinge erschöpfend, insbesondere in den kindlichen Jahren, in denen das Mädchen der Wilden zur Mutter zu werden pflegt? Gewiß führt diese Verbindung der Vorstellungen zu unheimlichen Gedanken. Aber kurz, es ist Thatsache: dieser Gedankengang fand seinen Weg zum Urmenschen, mit dem Kinde wird ein Teil des Blutes, des belebenden Geistes der jungen Mutter entzogen; hingeworfen geht er für sie und das Geschlecht für immer verloren, — genossen und aufgenommen kehrt er zu ihr zurück. Daraus folgte, wenn keine andere Scheu dazwischen trat, die noch heute in Australien nicht ganz oder kaum in allerjüngster Zeit erloschene Sitte, daß die Mutter — etwa gemeinsam mit Frauen des Stammes — ihr eigenes Kind, das zum Fortleben nicht bestimmt ist, verspeist. Insbesondere aber gilt das vom erstgeborenen Kinde. Dieses hat nach der Volksauffassung der Mutter am meisten Kraft entzogen; kehre diese in die Mutter zurück, so werde sie dadurch für alle späteren Geburten vielfach gestärkt, und es ist sogar im Interesse der nachkommenden Kinder geradezu notwendig, daß der Erstling dem Mutterleibe zurückgegeben werde.

Ein allmählicher Uebergang der Thatsachen führt zum Beweise für diesen uns schwer annehmbaren Gedankengang. Zwischen Gedanken und That aber schiebt sich dem Urmenschen noch rein nichts. Nach da Magalhaes fressen die südamerikanischen Chavantes am Araguay die Leichen ihrer Kinder, weil sie wähnen, „daß dadurch die Seele dieser Kinder in die ihrige übergehe.“ In Queensland in Australien aber, so bezeugt uns der Bericht über die Reise der Novara, ißt mitunter die Mutter ihr Kind in dem Wahne, daß jene Kraft, welche ihre Leibesfrucht ihr entzogen hat, so wieder in den Körper zurückkehre. W. P. Stanbridge, der achtzehn Jahre lang in Berührung mit den Australnegern lebte, erzählt: „Die Eltern ermorden nicht selten ihre neugeborenen Kinder, um sie aufzufressen,“ und setzt hinzu: „Auch herrscht ein entsetzlicher Aberglaube, demgemäß ein älterer Bruder in dem Wahne lebt, daß er sofort auch die Körperkraft seines jüngern Bruders sich aneignen könne, wenn er diesen erschlägt und verzehrt.“[1]

Die noch vielfach bezeugte Thatsache wird auch für uns glaubhafter, wenn wir nur immer im Auge behalten, daß bei einer solchen That der Begriff des „Mordes“ im vorhinein beseitigt ist. Es handelt sich ja in tausend Fällen immer nur um Kinder, denen ohnehin schon die Lebensnot das junge Lebenslicht ausgeblasen hat. Einer solchen gemeinen Tötung gegenüber kann im Gegenteil die „abergläubische“ That der Mutter noch als die höhere Stufe einer weihevollen Handlung aufgefaßt werden.

Denken wir uns nun die kleine Mutterfamlie zu einer größeren Sippe erweitert, an deren Spitze die religiöse Vorstellung als Geist die eigentlich waltende Urmutter sieht, von deren Gnade und Ungnade alles Glück und Unglück der auf Erden wallenden Kinder abhängt, bedenken wir, daß die fromme Sitte dieser Urmutter — gerade wie unter Vaterherrschaft einem solchen Urvater — jeden Genuß und jede

---

[1] Rich. Andree, Anthropophagie, S. 57.

Stärkung, die dem Menschen die höchsten scheinen, zu bieten sich verpflichtet glaubt; so stehen wir vor der Erscheinung des Kindesopfers, insbesondere des Erstlingsopfers. Es ist ganz unmöglich, daß der Urmensch irgend eines Genusses sich erfreut, ohne seine leicht zürnenden Geister zur Teilnahme einzuladen; in dem Begriffe dieser Teilnahme aber liegt der des Opfers. Wie sollte also nicht der seltene Genuß, der so viel Stärkung verspricht, zugleich zum Kindesopfer werden? Tritt aber endlich der milder gestimmte Mensch von seinem Anteile an solchem Genusse zurück, so bleibt doch die Forderung der Gottheit aufrecht erhalten, und niemand wagt, auch sie zu einem Verzicht zu zwingen. Dann waltet der Kult als grausames Gesetz; wir sahen ihn schon in solchem Walten. Nicht der irdischen Mutter, sondern der geistigen, von der alle Seelen stammen und kommen, wird dann die Erstlingsseele als ein schuldiger Tribut zurückgegeben, — ein grausiges und doch wieder leichtes Opfer so armer Menschen! Der Kult klammerte sich an seinen Tribut, auch als lange schon bei einzelnen Völkern der nahe Anlaß weggefallen war. Das erste Kind gehörte nun einmal gar nicht mehr der Mutter, ja, als sich der Umschwung anbahnte, in gleicher Weise gar nicht mehr dem Vater; sondern es gehörte dem unsichtbaren Haupte der Familie, das nach altem heiligen Rechte sein Leben forderte; ihm mußte es geopfert werden und an diesem Opfer hing nun die Verheißung des Segens in den nachkommenden Geburten.

Welche ungeheure Verbreitung das Kindesopfer, um der Barbarenvölker zu geschweigen, bei den Urbewohnern Palästinas hatte, zeigt uns das Alte Testament auf vielen Blättern. Bis vor Jerusalem erstreckten sich noch spät in der Zeit der Könige die Opferaltäre dieses unmenschlichen Kultes, und selbst Judenkönige nahmen Teil, indem sie ihre Kinder — doch wohl nicht die der ersten Frau — den Landesgöttern opferten. Dasselbe übten die nahen Phönizier und nach dem Zeugnisse Plutarchs die verwandten Karthager, aber ebensowenig war den den Juden näherstehenden Arabern das Kindesopfer oder die Kindestötung unbekannt, wie Pocock bezeugt. Es herrschte sonach auf dem ganzen Gebiete jener vorderasiatischen Kultur oder Halbkultur; nur der alte Kulturstaat Aegypten hatte sich schon vor aller Menschen Gedenken mit seiner Fürsorge für alle geborenen Kinder auch vom Kindesopfer abgewendet; doch bewahrte sein Brauch das Zeugnis, daß auch seine Kultur durch jenes Thor hindurchgegangen sei.

Dagegen erreichte der alte Kultakt gerade in dem Bereiche der Kultur der neuen Welt eine grauenhafte Entwicklung. Altmejiko, das Land der blutgierigsten Götter, ist auch das klassische Land des rituellen Kindermordes. Die verhältnißmäßig sanfteren Tolteken daselbst verband eine alte Kultpflicht, ihrem Gotte, damit er Regen spende, jährlich fünf bis sechs Mädchen im Kindesalter zu opfern, beziehungsweise deren ausgerissene Herzen ihm darzubringen. Je zwei Kinder ertränkte der Staat, wenn die Saaten aufgingen, vier opferte er dem Hungertode, wenn jene sproßten.[1] Cortez nennt überhaupt die Herzen der Kinder die ausgesuchteste Gabe für die Götter Mejikos, und sehr zahlreich sind die Belege — bei Hazart, Picard, Arnold, Majer ꝛc. — welche beweisen, daß auch in Florida die Verpflichtung feststand, die erstgeborenen Knaben zu opfern. Dasselbe läßt sich für die Urzeit von einem Stamme in Quito nachweisen, und im Inkareiche zu Peru blühte ganz im Gegensatze zu Garcilassos vorteilhafterer Schilderung nach den verläßlichsten Zeugnissen gerade das Kindesopfer in großem Umfange fort. Bei seinem Regierungsantritte soll ein Inka bis zu tausend Kinder geopfert haben, und einzelne Götter erhielten regelmäßig alle Monate ein Kindesopfer. Mit dem Blute der Geschlachteten strich man die Bilder der Götter und die Thüren an. „Wenn ein Inka gefährlich erkrankte, opferte man einen seiner Söhne dem Sonnengotte."

Das hellenische Altertum hat in Geschichte und Mythe die Erinnerung bewahrt, daß auch auf klassischem Boden die Barbarei des Kindesopfers einheimisch war. Kult und Sage haben sie festgehalten, Kultmythen deuten auf ihr allmähliches Verschwinden. Noch Pausanias weiß zu bestätigen, daß der Kult des lykäischen Zeus das Opfer eines Kindes erforderte. Die Tantalussage, die den Göttern Kinder schlachten läßt, und das Mahl des Thyestes, die Geschichte

[1] Waitz a. a. O. IV, 17 und 157.

von Iphigenie sind ähnliche Erinnerungen. Die Sage von Lykaon erzählt vom Opfer des neugeborenen Kindes; Potnier und Thespier hielten sich nach Pausanias zu gleichen Opfern verpflichtet.

An die Zeit eines Opferkultes, wie wir ihn in Australien und Mexiko in Blüte sahen, erinnert die Erzählung des Plutarch: „Minyas Töchter, Leukippe, Arrsinoë und Alkathoë, bekamen in einem Anfalle von Raserei die Begierde, Menschenfleisch zu essen. Sie losten miteinander über ihre Kinder, und Leukippe, die das Los traf, gab ihren Sohn Hippasus her, um ihn zu zerreißen.“ [1] Aehnliches wird im allgemeinen von argivischen, lakonischen und chiischen Frauen erzählt — allerdings nur noch, wenn ihnen in einer Art von Rückfall die bacchische Raserei nahte. „Gleich einem Zicklein“ schlachtete dann nach Aelian die Mutter ihr Kind. So opferte nach Nonnus in bacchischer Berauschung Agave ihren Sohn Pentheus. Auch dem Germanentum ist das Kindesopfer nicht fremd: der norwegische Prätendent Hakon opferte vor dem Kampfe mit dem Dänenkönige Harald Blaatand zwei seiner eigenen Söhne, um sich damit des Sieges zu vergewissern. [2]

Lebt nun auch diese Sitte, eben weil sie Kult geworden, noch in den Zeiten des Vaterrechtes fort, so hängt sie doch psychologisch zu sehr mit der Vorstellung der Mutterfolge zusammen, als daß man die Mythen mißverstehen könnte, welche sie gerade mit den mütterlichen, allmählich entthronten Gottheiten der alten Zeit verbinden. Dagegen fällt in die geschichtliche Zeit des Männerrechtes fast überall die Vernichtung auch dieses Restes einer armen hilflosen Zeit, und an diese große Thatsache, die nie mehr aus dem Gedächtnisse der Menschen schwand, ranken sich die mannigfaltigen und doch überall wieder übereinstimmenden Mythen. Im Griechenvolke haben sie im Kultmythus von Demeter — Bacchus — Dionys einen Mittelpunkt gefunden, ähnlich wie die Erinnerung an die Herrschaft des Mutterrechtes in den Amazonensagen. Beide Mythenkreise treten naturgemäß auch in Verbindung.

---

[1] Plutarch, Quaest. gr. 38.

[2] Saxo Grammaticus X, 183.

Indem ich diese ganze Mythengruppe als „Lösungsmythen“ bezeichne, will ich einige hier erwähnen. Der Amazonenmythus ist naturgemäß ein Mythus des Kampfes; das kann der Mythus von der Vernichtung des Kindesopfers nicht sein — gegen die Götter kann der Mensch nicht kämpfen. Was sie nach altem heiligen Gesetze fordern, muß er leisten — oder lösen; ablösen allenfalls mit ihrem Willen und Einverständnis darf er allzu schwer lastende Pflichten. Allzu schwer aber lastete das Kindesopfer erst dann auf dem Menschen, als die entwickeltere Organisation dem Zuwachse Raum und Nahrung zu schaffen wußte, als der Neuling freudig begrüßt wurde als eine Vermehrung wohl geleiteter Kräfte. Der große Umschwung der Zeiten kennzeichnet sich in dem Wunsche einer zahlreichen Nachkommenschaft.

In Altmejiko that die „Lösung“ nur den ersten, kleinsten Schritt. An ihrem Feste kam die göttliche Urmutter Aller wieder zu den Menschen herab und verlangte ihren Tribut, das Blut der Neugeborenen, ihr Leben. Sie starben dann, — wurden sie nicht gelöst. Aber diese Lösung erster Stufe erforderte immer noch Menschenblut. Man entnahm es aus Hauteinschnitten am eigenen Leibe, und in schlichten Gefässen aus gefalteten Blättern es auffangend, hängte man es an die Pfosten der Thür. Kam dann die göttliche Urmutter, so genoß sie das Blut und ging vorüber — die Kinder durften leben.

Einen Schritt weiter führt uns die Lösung nach der Ursage der Juden. Auch ihnen nahte einst am Passahfeste eine Gottheit, die ihre Erstgeborenen „schlagen“ wollte; auch sie befriedigten sie mit Blut, das sie an die Pfosten der Thüren strichen zur Lösung ihrer Kinder; aber es war nicht mehr Menschenblut, sondern das Blut eines stellvertretenden Lammes. Darum schlachteten sie fortan das Lamm des Passahfestes. — Eine andere Lösungssage ist die vom Abrahamsopfer: Gott verlangt das Opfer des Erstgeborenen, aber er selbst führt die Lösung herbei und nimmt das Tier für das Kind. Seither hat kein Menschen-, kein Kindesblut seinen Altar entweiht. Der Kult Judas trat damit in einen Gegensatz zu dem der alteinheimischen Bevölkerung; aber in demselben Gegensatze standen auch die Verhältnisse und Interessen der Bevölkerung.

Israel-Juda ist ein herrschendes Herrenvolk geworden, und der Herrscher kennt keinen höheren Wunsch, als eine Nachkommenschaft gleich dem Sand am Meere; aber das Unterthanenvolk in seiner Beengung hält an seinem alten beschränkenden Brauche auch gegen den Willen der Herren. Auch Aegypten muß dereinst, wie schon gesagt, in grauer Vorzeit seine Kindsopfer gekannt haben, denn es hat seinen Lösungsbrauch. Es bringt statt der Kinder deren Haar den Göttern dar und löst selbst dieses wieder aus durch ein gleiches Gewicht Edelmetall.

Der griechische Mythus versetzt die Lösung nicht unrichtig in die alle alten Verhältnisse umwälzende Heroenzeit. Ein leicht erkennbares Seitenstück zum Abrahamsopfer ist das der Iphigenie. Die Gottheit selbst entrückt das vom Opfermesser bedrohte Kind und stellt dafür den Ersatz des Tieres hin. Einen gleichen Mythus erzählt auch Plutarch von Helena und gleicherweise wieder von Valeria Superca zu Falerii; sie hätten geopfert werden sollen — da habe ein Adler das Opfermesser vom Altare hinweggenommen und auf eine junge Kuh gelegt.

Der Mythus spielt auch in die Sage hinüber. Von jenem Geschlechte der Aeolierfrauen, deren Mütter dem Lose nach ihre Kinder geopfert hatten, sollen noch einige zu Orchomenos gelebt haben, und das jährlich daselbst gefeierte Fest Agrionia soll dem Kampfe gegen den alten Kult seitens neuer Götter einen verständlichen Ausdruck gegeben haben, indem der Priester des Bacchus mit dem Schwerte in der Hand jene Frauen herumjagte. Es soll ihm erlaubt gewesen sein, diejenige von ihnen, die er erhaschen würde, zu töten. Ein solcher Fall hatte sich auch zur Zeit des Plutarch ereignet. Allein eine Krankheit, die darauf den Priester befiel, versetzte die Orchomenier so in Schrecken, daß sie der Familie das Priestertum nahmen, und fortan dasselbe durch Wahl besetzten.

Der Kult des Bacchus-Dionys stellt die Verbindung der beiden sich ablösenden Zeitalter gewissermaßen dramatisch dar. Immer steht dem sich nahenden Gotte eine Schar von Frauen gegenüber, die in Kultraserei — so mußte die Nachwelt es fassen — ihresgleichen oder ihre Kinder zerfleischen, im Menschenopfermahle schwelgen.

Von solcher Schar als Triumphator begleitet hält der Gott seinen Siegeszug durch die Länder. Wie einst die Sage aus den allerorten anwesenden Vertreterinnen des Mutterrechtes ein Heer alle Orte durchziehender Amazonen bildete, so gestaltet sich auch hier aus den einst einheimischen Trägerinnen des blutigen Kultes ein alle Länder durchwanderndes Heer der Bacchantinnen. Dieses Verhältnis hat natürlich den ursprünglichen Sinn des Mythus in der Auffassung der Menschen verdunkeln müssen; aber indem Bacchantinnen und Amazonen auch wieder vielfach in ihrer geschichtlichen Beziehung eintreten, fehlt es immer noch nicht an Zügen der Sage, welche den jüngeren männlichen Gott als den siegreichen Gegner jener uns vorführen. Dionys bekämpft (nach Nonnus) die Amazonen, und Bacchus zwingt das Weib zur Liebe. Die Amazonen flohen nach Pausanias vor Bacchus und suchten Schutz bei Artemis zu Ephesus. Hier gewährte ihnen nach einer Erzählung der Ephesier (bei Tacitus) der nachfolgende Gott Verzeihung. Nach Plutarch flohen sie auch von hier noch weiter nach Panaima und Phloium auf Samos; hier erreichte und vernichtete sie Bacchus; hier waren zum Zeugnis dessen ihre Gebeine zu sehen. Auch Seneca weiß vom Siege des Bacchus über die trotzigen Mädchen, und der Sarkophag des Domes von Cortona zeigt den Kampf des Gottes mit den kühnen Reiterinnen. Daneben haben sich aber auch wieder jene Mythen mit Verdunkelung des Sagengrundes erhalten, welche den siegenden Gott schon an der Spitze der Besiegten zeigen, als wäre er das Haupt des verworfenen Kultes, den er besiegte.

Wie der Amazonenzug durch alle Länder der Kultur gezogen, so der des siegenden Dionys. „Von Indien bis Spanien haben des Dionysus schwärmende Mänaden nach dem bezeichnenden Ausdrucke des Verfassers der Schrift de saltatione (22) alle Völker zu Boden getanzt, allen rohen Zuständen, aller Gewaltthat, aller Verwilderung und Entartung ein Ende gemacht, alle Fesseln gelöst, überall Ehre Friede, Freude, Versöhnung angebahnt und dem Leben der Völker eine neue Richtung gegeben.“[1] Dies gilt nun allerdings genau ge-

[1] Bachofen a. a. O. 231.

nommen nicht von den besiegten Frauen an sich, sondern von ihrem Führer, dem jungen, neuen Gotte. Darum dringt auch die dionysische Feier in alle anderen Kulte der Hellenen ein; überall wo eine jüngere Kultform herrscht, sind ja dieses Gottes Siege zu feiern.

Diese Thatsache aus der Familiengeschichte des Menschen war zu epochemachend, zu bedeutsam, als daß sie je wieder vergessen worden wäre. Darum sind die Sagen, in deren Form die Erinnerung fortlebt, so vielgestaltig. Bald sind es die neuen Götter im allgemeinen, bald einer oder der andere speciell, bald Männer wie Lykurg, an die sich die Sage anschließt. Auch Rom hat seine Lösungsmythen. Eine alte Sage erzählt, der böse Tarquinius hätte seinen Laren Kinder geopfert und der gute Brutus dafür die befreiende Stellvertretung eingeführt. Letzterer erscheint daher in diesem Mythus in ganz anderem Sinne als der Befreier Roms, als in der Sage. Ein anderer Mythus schreibt diese Lösung der gütigen Fee Carna zu — so teilen auch hier Götter und Menschen das große Verdienst. Auch Macrobius hält an der Ueberlieferung fest, daß erst mit der Vertreibung der Tarquinier das Kindsopfer aufgehört habe. Vorher hätte gleich jener Göttin Mejikos auch Mania, die Urmutter der Manen, an ihrem Feste Knabenopfer begehrt; seither aber habe man ihr dafür Mohn- oder Lauchköpfe oder auch Puppen aufgehängt. — So hat das rauhe Mannesrecht der Frau den Raub der Herrschaft heimgezahlt mit der Erlösung von den grausamsten Verpflichtungen; es hat in einem anderen Sinne Mutterrecht und Mutterliebe wieder auf den Thron erhoben.

6. Neu entstehende Bräuche.

Wir haben bisher die scheinbaren Rückfälle und die thatsächlichen Fortschritte in der Entwicklung des Familienwesens gezeichnet, wie sie durch die Entfaltung der Organisation unter Vaterrecht in die Erscheinung traten. Jetzt haben wir es noch mit zwei Erscheinungen zu thun, die weniger erfolgreich in ceremonienhaften Formen ihren Abschluß gefunden haben. Indem sie so ein unauslösbares Glied in einer pragmatischen Geschichte der Familie zwar nicht bilden, sind sie doch für die Kennzeichnung der Vorstellungen früherer Geschlechter zu bedeutsam, als daß wir sie ganz mit Stillschweigen übergehen könnten. Die eine dieser Thatsachen ist unter verschiedengestaltigen Ceremonien dem Kerne nach immer wieder die Aufnahme des nach alter Auffassung von Natur aus der Mutter gehörigen Kindes in die Verwandtschaft und Organisation der Männer, die andere das, unter einem seltsamen und unzutreffenden Namen eben auch seltsam scheinende „Vaterkindbett" einiger Völker.

Solange der Verband der Familie nicht auf Herrschaft, sondern auf Blutsgemeinsamkeit beruhte, führte die Thatsache der Geburt allein in denselben ein. Dasselbe hätte der Fall sein müssen, wenn man auch die Familie unter Vaterrecht als durch gegenseitige Verwandtschaft verbunden anerkannt hätte; dies war aber, wie wir wissen, einesteils wenigstens nicht von Anfang an der Fall, und anderenteils überhaupt nicht der Thatsache entsprechend: der Rechtstitel des Vaters war die Macht. Nur von der ägyptischen und der jüngeren jüdischen und griechischen Auffassung wissen wir, daß sie das Verwandtschaftsband erkannte, welches die Zeugung begründet. Doch als die Zeit solches zu erkennen begann, hatte eine ältere Vorstellung schon feste Formen geschaffen, und solche führen dann ihr selbständiges Leben fort. Wir müssen den Gedankengang von allem Anfange an festhalten: durch das Band des Blutes gehört das Kind zur Mutter, zum Vater nur nach dessen Herrschaftsrecht — soweit scheinen die Verhältnisse durch die Natur selbst gegeben und geordnet zu sein. Der Jungfrau gegenüber bleibt es, in der Regel wenigstens, bei dieser Ordnung der Dinge; sie gehört dem Vater, weil ihm die Mutter gehört; in eine Verwandtschaft zu ihm wird sie nicht gesetzt. Sie bildet mit der Mutter immer noch eine Art besonderer Sippe, die dem Mutterrechte näher steht als dem Vaterrechte. In dieser Verbindung bleibt sie, bis sie jemand zur Ehe begehrt; dann aber bildet der Abschluß der Ehe jene Form, durch welche sie in ein neues Rechtsverhältnis eingeführt wird.

Die eigentliche Kindheit bringt auch der Knabe in derselben Familiengruppe, des genauern selbst vorzugsweise im Frauenhause zu; aber für ihn tritt bald eine wichtige Wendung des Lebens ein:

er geht aus der Hand der Mutter in die des Vaters, er tritt selbst in eine neue Organisation der Männer, gewissermaßen in eine andere Familie, eine Gesellschaft, einen Stamm von Männern über. Fast alle Völker haben diesen Abschnitt im Knabenleben stark markiert, und viele thun das heute noch. Das Leben bei der Mutter ist genau genommen noch ganz das alte Leben unter Mutterrecht, ein Leben am Herde und im Hause; unbekleidet wuchsen hier selbst bei gebildeten Völkern Knaben und Mädchen untereinander auf. Von unseren Vorfahren betont das Tacitus; aber es könnte scheinen, daß hier die Armut allein diese Sitte geschaffen habe. Indes belehren uns die Steinbilder von Tell el Amarna, daß selbst am Hofe des mächtigen Pharao die Töchter im Hause unbekleidet vor dem Könige erschienen, eben weil sie noch als Kinder gezeichnet sind. Ebenso können wir uns nach der Schilderung des Propheten Hezekiel (c. 16) auch die Kinder der alten Juden bis zur Reifezeit nur unbekleidet vorstellen. Von den beliebten Jugendspielen her mag dem Griechen die Scheu vor dem Unbekleideten verloren gegangen sein.

Anderwärts, wie im mittleren Afrika, bezeichnet der Unterschied der Speisen die beiden Lebensperioden; insbesondere ist es die süße Milch, welche dem aus dem Frauenkreise heraustretenden Jünglinge als nicht mehr geziemend verboten wird. Oder es wechseln, wie in Australien, um diese Zeit die Quirilles, d. h. die Gebote der Enthaltung von gewissen Speisen. In manchem Brauche deutet der Vater an, daß der Knabe im Muttergewahrsam noch gar nicht recht zu ihm gehöre. Bei den alten Kelten galt es für unschicklich, daß sich ein solcher Sohn mit dem Vater zugleich vor Fremden sehen ließ. Auf den Tongainseln durfte ein Prinz vor Eintritt jener Wendung nicht im Angesichte seines Vaters essen. All das deutet noch auf einen Rest zweier verschiedenen Familienformen, die zwar in der Vatergewalt geeinigt, aber immer noch nicht ganz ineinander verschmolzen fortbestehen. Das Mädchen gehört noch ganz der einen Form an, der Knabe wächst mit der Zeit aus der einen in die andere hinüber.

Der Knabe muß der süßen Milch und dem wärmenden Herdfeuer entsagen und muß, zum Männererwerbe beigezogen, den Männern folgen, Männern, denen er nach der Urvorstellung nicht blutsverwandt war wie den Frauen, die ihn bisher geleitet. Dennoch drängt sich die Analogie dieses neuen Verhältnisses zu dem alten auf, und es mußte wohl überall einmal die Frage entstehen: soll nicht auch die Familie der Männergruppe durch ein Blutband verbunden werden, soll der Neuling unter den Männern nicht ihnen allen, die das Geschlecht oder das Stämmchen bilden, blutsverwandt werden? — Von Natur ist er es nicht; denn seine Mutter, deren Blut er führt, ist ja der Regel nach aus einem fremden Stamme oder doch aus einer andern Familie.

Nun kennt aber die Zeit — erinnern wir uns des schon Angeführten! — ein Mittel, Menschen blutsverwandt zu machen. Wir lernten es kennen, als wir von einem Bunde der „Blutbrüder" sprachen. Solche Bündnisse schließt heute noch der Afrikaner des Festlandes, wie der Bewohner von Madagaskar, solche schlossen die Nomadenvölker, von denen die Alten erzählen, nicht minder unsere germanischen Vorfahren, griechenverwandte Völker Kleinasiens, und in der Erinnerung der Römer erhielten sich Spuren derselben. Das Wesentliche dabei war ganz dem Zwecke entsprechend die völlig materielle Mischung des Blutes in zwei Individuen. So glaubte man, liege die Verwandtschaft leiblicher Brüder in der Gleichheit des Blutes, das ihnen die Mutter gegeben. Ein Auffangen des Blutes in Gefässen, ein Verdünnen des Blutes mit schmackhafteren Flüssigkeiten, ein völliges Ersetzen durch solche, wie jüngere Zeiten den Brauch kennen, kann natürlich auch nur solchen angehören. Wesentlich ist aber auch der alten Zeit der Hauteinschnitt zur Entziehung des Blutes; daß er auch ein Merkzeichen der Handlung hinter sich lasse, dafür sorgt schon die Natur selbst. Es kam also kurz darauf an, den Jüngling, der nun der Männersippe blutsverwandt gemacht werden sollte, durch eine solche Blutentziehung zugleich zu zeichnen.

Nun aber treten wir ebenso auf das Gebiet des Kultes, wie bei der nicht ganz außer der Analogie liegenden Einführung der Frau in das Haus des Mannes. Zunächst wurde sie ja der Unterthänigkeit des Mannes zugeführt; aber an dessen Stelle trat viel wirksamer verbindend beim „Helleiten" der göttliche Stammvater und Schirmherr des Hauses, bei der Vermählung am Mal die Gottheit der Gemeinde, bei der Trauung am Altare der Menschen Gott. Immer durch die Gottheit wurde die Frau in den Verband des Hauses aufgenommen. So tritt auch jetzt dem jungen Manne gegenüber nicht das leibliche, sondern das geistige Stammhaupt hervor; in ihm gehen alle Bande der Verwandtschaft und Herrschaft zusammen, durch ihn wird der Neuling mit allen des Geschlechtes oder Stamms verwandt, wie sie alle selbst in gleicher Weise mit dem Urvater in Blutsgemeinschaft getreten sind. Durch diese in der ganzen Auffassung der Zeit fest begründete Wendung des Gedankens mußte naturgemäß jene Gegenseitigkeit wegfallen, die bei der Blutsbrüderschaft noch gewahrt ist; nur der Aufzunehmende gibt noch wirklich sein Blut, der geistige Ahne empfängt es — er trinkt, genießt es in geistiger Weise.

Daß die Geister solches thun, ist thatsächlich die Meinung der Naturvölker. Darum fing man solches Blut aus freiwillig beigebrachten Verwundungen auf Tahiti in Zeugstücken auf und legte es an den gedachten Sitzen der Geister nieder; darum hängte ja der Altmexikaner dieselbe Spende in Blättern aufgefangen an die Pfosten seiner Thür. In jüngerer Zeit verlor sich allerdings diese Auffassung; aber die Handlungsweise blieb nichtsdestoweniger bestehen.

Hier und da, in Afrika auf weit verbreiteten Gebieten, treten noch allerlei Ceremonien hinzu, die aber alle irgendwie mit dem Grundgedanken in Verbindung stehen. Kennzeichnend für die alte Auffassung der ganzen Handlung ist die mehrfach vorkommende Bezeichnung derselben als einer „zweiten Geburt“ oder „Wiedergeburt“. Darin liegt ihr ganzer Sinn erschlossen. Der Vorgang soll eine Korrektur der Natur sein, wie das Vaterrecht eine solche des natürlichen Mutterrechtes sein wollte und nun doch wieder jener bedurfte, um gleichwertig zu erscheinen. Wird das Kind durch die erste Geburt der Mutter und ihrer Verwandtschaft, dem Mutterhause, geboren, so kann es nur durch eine zweite Geburt in gleicher Weise in einen Verwandtschaftsverband der Männer treten. Wie eine erste Geburt schafft auch diese Wiedergeburt neue Verwandtschaftsverhältnisse und sie gibt dem entsprechend dem Wiedergeborenen einen neuen

Namen. Aber eben deshalb knüpften sich nun auch bald, insbesondere unter den Händen thätiger Priesterschaften, allerlei Ceremonien an die Handlung an, welche gerade dieser Seite der Auffassung Ausdruck geben sollten. Der Priester in Westafrika sammelt zu Zeiten die in die Männergemeinde einzuführenden Jünglinge, er entreißt sie scheinbar dem Besitze der Mutter, führt sie abseits in die Waldeinsamkeit und hält sie da wochenlang zurück. Er „tötet und begräbt" sie und „belebt" sie wieder nach der Ausdrucksweise der Mütter daselbst. Und er scheint wirklich etwas Aehnliches oder dieses selbst durch seine Vornahme, wenn nicht thun, so andeuten zu wollen, denn in Wirklichkeit quält er sie mit Fastenopfern, daß sie dem Tode nahe gebracht werden; dann aber zeichnet er sie in irgend einer Weise durch Blutwunden in der Haut und läßt sie wieder aufleben.

Die so das gleiche Zeichen tragen, gehören einem Stamme, einer großen Familie an, und das gleiche Zeichen bildet sonach ganz konsequent auch ein Ehehindernis. Die Art des so entstehenden Hautzeichens ist an sich völlig nebensächlich; aber es konnte kaum anders kommen, als daß schließlich gerade dieses Zeichnen für den Stamm für die Hauptsache angesehen wurde. Man brachte es da an, wo die älteste Zeit auch den ersten Schmuck, die nächst ältere die erste Bekleidung anzubringen pflegte, man verlegte es auf die Brust, die Schultern, auf Wangen, Schläfe und Stirn — für die Sache gleichgültig, äußerlich und in gewissem Sinne praktisch belangreich.

Endlich gelangte die sich anpassende Sitte auch dahin, das Hautzeichen aufzugeben und ein äußerlich kennbares, wie es ursprünglich der nächste Nebenzweck gewesen war, an die Stelle zu setzen, auch wenn es nun nur noch äußerlich wie ein Kleidungsstück hätte angelegt werden müssen. Diese Verschiebung wurde insbesondere veranlaßt, wenn die Menschheit in immer höheren Breitegraden ihren Bestand fristete, wo die den ganzen Körper umhüllende Bekleidung immer unentbehrlicher wurde.

Bei der Mehrzahl der Völker, bei denen sich ein solcher Akt der Aufnahme erhalten hat, findet er immer noch zu der Zeit statt, in welcher der Knabe beginnen kann, den Unternehmungen der Männer sich anzuschließen. Bei einer friedlicheren Entwicklung der Arbeit konnte auch dieser Zeitpunkt weniger markiert hervortreten, insbesondere dann, wenn auch die Feldarbeit Sache des Mannes geworden war und somit aufgehört hatte, das ausschließliche Gebiet der Mutter und Kinder zu sein. Dann konnte auch die Zeit der Aufnahme verrückt werden, wie wir das bei unterschiedlichen Völkern thatsächlich finden.

Bei den Afrikanern sind Einschnitte auf den Schläfen und der Stirn besonders verbreitet und kennzeichnen nach Zahl und Stellung die verschiedenen Stämmchen. Schulter- und Brusteinschnitte waren auch bei den Indianern üblich, und es ging bei ihnen noch die Sage, daß ein Geist das Blut aus diesen Wunden sauge — oft so gierig, daß die Jünglinge daran starben. Die Tättowierung hängt auf der einen Seite wenigstens mit dieser Zeichnung zusammen; sie hat sich aber, von dem Ursprunge losgelöst, zu einer selbständigen Kunst der Hautdekoration entwickelt. Doch waren es, bedeutungsvoll genug, auf den Südseeinseln immer noch ausschließlich Priester, welche sie übten, und sie begann bei Knaben von 12 bis 14 Jahren. Weit verbreitet ist die Specialität der „Beschneidung", die sich übrigens nur als eine besondere, aber auch wieder in den entferntesten Gegenden gleicher- und ähnlicherweise vorkommende Form von dem allgemeinen Brauche abhebt. Sie ist in Afrika noch mehrfach zu treffen, wurde auch von den Altägyptern geübt, ebenso aber auch bei den Völkern der Südsee. Ob man diesen oder jenen Körperteil zur Entnahme des Blutes und zur bleibenden Kennzeichnung auswählte, das blieb für die Hauptsache ursprünglich gleichgültig, setzte sich aber nachmals als Gewohnheit und Gesetz fest. Mehrfach erscheinen die Ohrläppchen dazu gewählt; und wie man bei der Hautzeichnung wohl auch einen Schritt weiter ging, indem man die Wunden mit Farbstoffen in andauernder Weise hervorhob, so hat man auch die Zeichen in den Ohren teils vergrößert, teils wenigstens künstlich offen gehalten. Alle Völker übertreffen darin die Botokuden, indem sie die durchstochenen Ohrlappen durch Pflockeinlagen fast bis zu den Schultern herab zu verlängern verstehen.

Schon merkten wir wohl, daß oft die Thürpfosten des Hauses

ähnlich wie der Herd als ein Sitz des göttlichen Hausherrn gedacht wurden. Wie nun früher der westfälische Bauer seinen Knecht an den Herd führte, um ihn hier für die Gottheit des Hauses in Pflicht zu nehmen, so sollte der Jude den Knecht, der bleibend dem Hause angehören wollte, vor die Thürpfosten des Hauses führen und ihm da die Ohren durchstechen.[1] Genau so wurden in Peru den Söhnen der Inkas bei der Aufnahme die Ohren durchstochen. Es ist kein Wunder, daß allmählich die Ringe, die das Wundmal offen halten sollten, als die kenntlichen Zeichen des Bundes angesehen wurden. Auch die Juden trugen einst Ohrringe, und sie hatten gewiß diese religiöse Bedeutung, denn als Jakob seinem Gotte einen Altar errichten und dienen wollte, da verlangte er von den Seinigen die Auslieferung der Zeichen fremder Götter, und sie gaben ihm darunter auch — „die Ringe, die in ihren Ohren waren."[2]

Unter den Juden war von Anfang an überhaupt nicht bloß ein einziges Bundeszeichen dieser Art bekannt. So wie die ägyptischen Könige den erbeuteten Sklaven wohl den Namen ihrer Gottheit einbrannten, so müssen auch die Juden einmal sich „Schriften" auf die Haut gezeichnet haben, denn das Gesetz[3] fand Anlaß, solches zu verbieten. Jedenfalls waren, wenigstens unter ihren Nachbarn und Mitwohnern des Landes, solche Sitten verbreitet. Während aber die Juden die Beschneidungsceremonie, nachdem sich ihr Sinn verdunkelt hatte, schon am Kinde vornahmen, bewahrten die Altperuaner den richtigen Sinn der Sache, wenn sie auch wieder andere Formen wählten. Sie gaben wirklich ihren Kindern zweimal den Namen, erst kurz nach der Geburt, dann aber erst im zehnten oder zwölften Jahre. Der erste Name bezeichnete das Kind der Mutter, der zweite den in den Verband der Männer aufgenommenen Jüngling. Bei diesem Namenwechsel schnitten sie dem Knaben Nägel und Haare in feierlicher Weise ab, und reichten diese als Opfergabe wie in Vertretung der ganzen Person dem Gotte der Sonne, gerade so

---

[1] 2. Mose 21, 6.
[2] 1. Mose 35, 4.
[3] 3. Mose 19, 28.

wie unsere alten Franken einen Menschen für irgend einen Herren schoren.

Bei den Indiern galten dieselben Bräuche, nur mit einer kennzeichnenden Unterscheidung. Die Urbewohner des Landes und die ihnen näher standen, hielten als Leute, die gewohnt waren halbnackt zu gehen, mehr an den Hautzeichen fest, während die aus dem Norden eingewanderten Arier, je mehr sie sich gesondert hielten, desto mehr ihre Bundeszeichen in Stücke ihrer Kleidung verlegten. So trugen die verschiedenen Kultgesellschaften eingeschnittene Hautzeichen von verschiedenen Formen, ganz wie in Afrika, während die vornehmen Brahmanen ihre bekannte Brahmanenschnur anlegten; doch schoren auch sie zugleich den Jünglingen bei der Aufnahme das Haar. Besondere Sekten durchbohren sich die Ohren und tragen Ringe in den Löchern. Bei der Aufnahme der spartanischen „Epheben" fand sogar immer noch eine Art Blutritzen, oder doch ein Blutentziehen statt.

Dem Perserjünglinge wird bei seiner Aufnahme der heilige Gürtel „Koschti" umgegürtet, und in ganz ähnlicher Weise kannten unsere Vorfahren neben der Haarschur noch eine „Gürtung" der Jünglinge. Nur haben die beiden Gürtel, als das Verständnis schwand, andere Bestimmungen erhalten: der persische wurde eine Art Gebetriemen, der germanische verband sich mit einem Wehrgehänge. So mußte denn auch aus der deutschen Gürtung im Hinblicke auf die übrigen Umstände eine Schwertgürtung oder „Schwertleihe" werden.

Ihrem alten Sinne nach deuten alle diese Ceremonien, die über die ganze Erde verbreitet sind, auf die alte Doppelform der Familie. Sie konnten sich ungetrübt aber nur so lange erhalten, als die beiden aneinander geschweißten Familienformen auch noch unter verschiedenen Kultobjekten standen. Dann trat in Wirklichkeit erst das heranreifende Kind von dem Kulte der Urmutter, den das Frauenhaus wahrte, in den Kultbund der Männer ein und konnte erst dann für den Gott der Männer gezeichnet werden. Sobald aber der Glaube an einen einzigen Gott diese Unterscheidung vernichtete, mußte der Gegenstand neuer Deutungen und Formen fähig werden.

Ein falscher Name für eine an sich nicht mehr ganz offen liegende Sache kann deren Auffassung vollends bis zur Unkenntlichkeit und Abenteuerlichkeit ablenken. Das sehen wir an dem vielfach verbreiteten Gebrauche einer ablösenden Kulthandlung seitens des Vaters, die man leider übereingekommen ist, nach einem ganz äußerlichen Vergleiche als „Männerkindbett“ (Couvade) zu bezeichnen. Im Grunde ist das Ganze — jetzt fast so abenteuerlich herausgeputzt wie das Amazonentum — gar nichts anderes, als was auch König David[1] und gleich ihm wahrscheinlich noch viele jüdische und andere Familienväter thaten, wenn es ihnen schien, daß ihnen die Gottheit einen geliebten Sohn durch Krankheit entreißen wolle; hielt man doch jede Krankheit teils selbst für ein göttliches Wesen, teils für eine göttliche Schickung. „Da suchte David Gott um des Knaben willen, und David fastete und ging und lag des Nachts über auf der Erde.“

Nichts anderes als ein anhaltendes Fasten, sei es ein Enthalten von jeder oder von einer bestimmten Speise, und ein Ruhen von jeder Erwerbsthätigkeit ist es, was im Grunde in allen Berichten über das „Vaterkindbett“, deren unter anderen Dr. Ploß[2] sehr viele gesammelt hat, als das Wesentliche und Uebereinstimmende hervortritt. Mitunter tritt noch ein Blutlassen hinzu. Solches lernten wir schon als eine primitive, den Juden verbotene, bei den Mexikanern bis ins 16. Jahrhundert sehr geübte Opferungsweise der Urzeit kennen; mit Blut werden die Geister besonders leicht versöhnt. Die alterälteste Art des Opferns aber ist einfache Enthaltung — man nimmt dem Geiste nicht weg, was die Erde allen trägt, man läßt das Korn am Halme, die Frucht am Baume — man „fastet“.

Warum aber gerade der Vater bei der Geburt eines Kindes, insbesondere des ersten, sich solchen Entsagungsopfern unterziehen soll? Auch diese Konsequenz dürfte zumeist eine Folge des Ueberganges zur Begründung der Familie auf Vaterrecht gewesen sein.

---

[1] 2. Samuel 12, 16.

[2] Dr. med. H. Ploß, Das Männerkindbett.

Durch das Kindsopfer, das, wie wir sahen, besonders unter Mutterrecht seine Geltung hatte, ist der Gottheit ein Anspruch geworden, den die Gewalt des Vaterrechtes zurückweist; der Vater nimmt und behält jetzt ein Kind für sich, das einst der Gottheit verfallen war; er muß es also lösen, durch Opfer der Entsagung und des eigenen Blutes lösen, will er es nicht mehr zum Opfer geben oder nicht, daß die Gottheit selbst komme und es hole, daß sie es „schlage", wie der Engel die Erstgeburt in Aegypten. Die natürliche Sterblichkeit der Kinder in dem Jahre nach ihrer Geburt unter Verhältnissen höchst mangelhafter Versorgung muß notwendig dem alten Glauben immer neue Nahrung zugeführt haben. Bei jedem Todesfalle zeigte es sich, daß die Gottheit das Kind wünsche, von ihrem alten Rechte nicht abgehe. So ringt der Mensch mit seinen Göttern. Sobald das Kind erkrankt, schließen die Verwandten sofort, der Vater, dem das Kind nun zufällt, müsse es an der Ablösung haben fehlen lassen, er müsse irgend eines der Entsagungsgebote gebrochen, sein Fasten schlecht gehalten haben. Sie verschärfen ihre Wachsamkeit und dehnen das Gebot der Enthaltung von einzelnen Speisen, die die Erfahrung bezeichnet hat, über immer weitere Kreise von Angehörigen aus; ihre Entsagung soll den Leistungen zu Hilfe kommen, die das Kind von der Gottheit erst zu erkaufen haben, der es gehört.

Der allerdings seltsame Gegensatz, daß die Frau eines Halbwilden, wie Frauen in härteren Lebensverhältnissen wohl überhaupt oft thun, kurz nach der Geburt ihren gewöhnlichen Verrichtungen nachgeht, während der Wilde genau wie König David sich auf den Boden oder auch in die Hängematte wirft, um unter Zurückweisung der Nahrung bald ein Bild des Jammers zu werden, dieser Gegensatz der Erscheinung hat offenbar den Beobachtern den Gedanken eingegeben, daß hier die Frau die Pflichten der Kindbettdiät auf den Mann abgewälzt habe, und wenn wir uns erinnern, was aus ähnlichen Elementen die Amazonensage für einen Bau aufgeführt habe, so können wir uns kaum wundern, wenn da und dort auch die Pflichten der Kindesernährung dem unglücklichen Vater aufgebürdet werden sollten.

„Bei den Wapisianas in Britisch-Guyana sah Schomburgk

(II 389), wie die Frau, nachdem sie im nahen Gebüsch geboren hatte und wieder im Dorfe erschienen war, sich auf die Erde setzte, ihren Säugling in den Schoß legte und harrte, bis ihr Mann einen kleinen Verschlag aus Palmenblättern über sie aufgebaut hatte. Der übrige Teil der Bevölkerung hielt sich, nachdem ihr zwei Weiber ein Feuer angezündet und einige Trinkschalen mit Wasser in ihre Nähe gestellt haten, so fern als möglich von ihr, denn sie wurde für einige Tage für „unrein" betrachtet. Als der Verschlag beendet war, hing der Ehemann sowohl seine Hängematte als auch die der Ehefrau darin auf und beide Ehegatten legten sich nieder,"[1] — um, hier tritt die Wendung der Auffassung hervor, — „die Wochen zu halten." Das Kind ist „unrein", heißt nach sehr verbreiteter Bezeichnungsweise: eine Berührung des Kindes (und so auch mittelbar der Mutter) sei sündhaft, ein Vergreifen an Gottes Gut, denn das Kind gehört vor der Lösung Gott, ist ihm nach altem Kultrechte verfallen; durch die Lösung aber „reinigt" es der Mann zugleich, er macht es der sündlosen Berührung der Menschen zugänglich. Darüber haben wohl die Mundrucus in Brasilien den Forscher v. Martius ganz richtig berichtet, wenn sie von diesem sogenannten „Männerkindbett" angaben: ohne dieses könne der Mann als rechtmäßiger Vater des Kindes nicht anerkannt werden.

Die vielleicht auch schon in der Vorstellung der Völker selbst entstellte Sitte fand der Missionär Zuchalli im vorigen Jahrhundert unter den Congonegern; andere stellten sie auf Borneo unter den wilden Dajaks fest und zwar nach Spencer in einer ganz einfachen und richtigen Form. Frau und Familie galten nach der Niederkunft die ersten acht Tage für „tabu", d. h. für durch Berührung mit dem Kinde der Gottheit geheiligt oder verfallen und darum für Menschen unberührbar, und binnen dieser Zeit mußte der Ehemann allen Speisen bis auf Reis und Salz entsagen. In Amerika war und ist die Sitte fast im ganzen Südkontinent zu Hause, soweit nur überhaupt das Vaterrecht sich zu erheben begonnen hat und das Kindesopfer abgekommen ist. Am ausgebildetsten scheint sie unter

[1] Ploß, S. 42.

den kriegerisch tüchtigen Cariben und soweit diese einst geherrscht haben; aber auch in Brasilien und die Anden hinauf und bei den Indianern des Pampastammes kommt sie zum Vorschein.

Lafitau hat in betreff der Cariben und Brasilianer die ungenaue Angabe älterer Reisenden korrigiert und die Leistung des Mannes auf ein strenges Fasten allein zurückgeführt, doch als neu hinzugefügt, daß nach Beendigung der Fastenzeit den Anverwandten ein Gastmahl gegeben, und bei demselben der unglückliche Ehemann mit dem Instrumente eines Tierzahnes am ganzen Leibe aufgeritzt werde, bis das Blut herausströme. Wer die Reiseberichte über die Entdeckung der Südseeinseln gelesen hat, wird es wissen, daß hier von einem Blutopfer der Urzeit die Rede ist. So kauft — noch ohne Vermittlung des Blutes vom Lamme — der Vater das Kind der Gottheit ab, so fügt er zu der Gewalt, mit der er die neue Familienform begründet hat, eine Form von höherer Berechtigung; nicht dem schwachen Weibe hat er das Kind genommen, einem Gotte hat er es durch höhere Leistungen abgerungen; so herrscht nun die Gewalt mit göttlichem Rechte. Es ist nun ganz der Vorstellung entsprechend, wenn die Macusis in Britisch-Guyana dem Reisenden Schomburgk das Abgehen von diesem Brauche als die Uebertretung einer Vorschrift darstellten, welche den Tod oder die lebenslängliche Kränklichkeit des Kindes zur Folge haben würde. Labat stimmt mit Lafitau darin überein, daß das Fasten des Vaters bei den Cariben bis zu 40 Tagen andaure, macht aber die besondere Einschränkung, daß solches überhaupt nur bei der Geburt des ersten Sohnes stattfinde, und das scheint sehr wahrheitsgemäß. Auch die Juden in Aegypten lösten nur den Erstlingssohn. Wir haben dann in dem ganzen Brauche wieder nur eine Art Ablösung des Erstlingskindesopfers vor uns. Haben wir heute, da wir die Verhältnisse der Familie für so natürliche, ewig vorhandene zu halten gewohnt sind, eine Ahnung davon, auf welchen Umwegen sich die Menschheit abgemüht hat, ehe sie diese scheinbar so mühelos zu erlangende Form des Daseins schuf? Sie hat wahrlich und wörtlich auf den Stufen ihres Fortschreitens mit eigenem Blute sich festgeleimt.

Es möchte scheinen, als hätten die Völker Europas oder Asiens, als auf ebeneren Wegen der Kultur entgegengeführt, solche Irrwege nicht gehen müssen. Aber einige Spuren deuten das Gegenteil an. Sind diese auch wenig zahlreich, so gewinnen sie doch dadurch an Wert, daß sie in Zeugnissen von Schriftstellern beruhen, die keine Ahnung davon haben konnten, daß einst die Kulturstufen einer neuentdeckten Welt zum Prüfsteine für ihre Angaben werden könnten. Man kann kaum verkennen, was den Sicilier Diodor (V, 14) zu der Angabe veranlassen konnte, bei den Korsen bestände die verkehrte Sitte, daß, während sich die Frau, die eines Kindes genesen, gar nicht schont, der Mann dafür mehrere Tage wie ein Kranker im Bette zubringe. Strabo (S. 165) meldet dasselbe von der celtibrischen Urbevölkerung Spaniens, die wir den Verhältnissen des Mutterrechtes noch so nahe, ja teilweise in ihnen selbst fanden. Er zeigt uns, wie hier noch die Frauen den Ackerbau betrieben und wie leicht sie es, bei solcher Arbeit abgehärtet, mit den Entbindungen hielten; dafür brächten sie aber statt ihrer ihre Männer zu Bette und bedienten sie. Ein verkümmerter Rest dieser celtibrischen Sitte hat sich schließlich noch zu beiden Seiten der Pyrenäen, insbesondere aber bei dem Volke der Basken erhalten, von dem Francisque Michel schreibt: In „Biscaya und in jenen Thälern, wo sich die Sitten in ihrer ursprünglichen Weise erhalten haben, steht die Frau gleich nach der Entbindung auf und verrichtet ihre häuslichen Geschäfte, während ihr Ehemann sich ins Bett legt, das Kind zu sich nimmt und die Glückwünsche der Nachbarn empfängt." Endlich kann man eine Nachricht von Marco Polo, betreffend den südwestlichen Teil Chinas, kaum anders deuten, wenn auch der Bericht schon wieder etwas ins Fabelhafte spielt.

III.

Die ältere und jüngere Familienform.

1. Die beiden Familienformen im allgemeinen.

Es könnte scheinen, wir seien in der Betrachtung der Familienentwicklung am Schlusse angelangt; dieser Schein trügt. Was wir bis jetzt immer noch betrachtet haben, das ist trotz einiger Beimischungen von Analogien der Mutterfolge im Grunde immer nur die auf der Herrschaft beruhende Familie, für die wir, wie schon geklagt, leider keinen zugleich geläufigen und zugleich scharf bestimmenden Namen besitzen. Dieser Mangel entspringt aber auch wieder nur der geringen Beachtung, die die Sache bisher gefunden hat. Unter „Geschlechterfamilie" und „Clan" hat man wohl bisher Aehnliches verstanden und behandelt; aber die Namen rissen die Sache wieder ganz aus der Kette der natürlichen Entwicklung, als wäre sie eine Organisation, die sich nur nebenher gebildet hätte. Ziehen wir bloß die Zeitfolge in Betracht, so können wir jene zutreffend als die Altfamilie neben der später entstandenen Neufamilie der väterlichen Verwandtschaft bezeichnen. Unterscheiden wir beide nach dem Umfange, so können wir von einer Gesamt- und einer Sonderfamilie reden. Was wir bis jetzt in der Entwicklung begriffen sahen, war immer nur die Alt- und Gesamtfamilie, diejenige, welche unter einer Herrengewalt „Kind und Kegel", alle nicht aus dem Hause getretenen Verwandten und alle dem Hause gehörigen

Knechte umfaßt. „Vater" bedeutet in dieser Familie nichts anderes als Herr; es ist für das Wesen derselben gleichgültig, ob dieser „Vater" mit vielen oder wenigen aus der Familie verwandt ist; wer die Herrschaft hat, ist Vater. Die Betonung eines solchen Vaterrechtes liegt in der Bezeichnung Patriarch, und wäre man vor Mißdeutungen sicher, so könnte man jene Altfamilie auch die patriarchalische nennen.

Erst innerhalb dieser Familie bildet sich der Begriff der jüngeren Sonderfamilie. Der Theorie nach kann man unschwer den Einblick in diese Begriffsbildung gewinnen. Wir sahen, wie sich allmählich nicht ohne Veranlassung durch die Erscheinung des Vaterrechtes die volkstümliche Vorstellung von der Zeugungsphysiologie umbildete, bis sie, zunächst wieder bei den Aegyptern, am entgegengesetzten Pole anlangte, so daß nach deren Gebrauche im Widerspruche zu dem aller andern Völker (und zur Konsequenz des Vergleiches selbst) sogar die fruchttragenden Exemplare zweigeschlechtiger Pflanzen die „männlichen" genannt worden wären. Einen ähnlichen Weg nahm die griechische Vorstellung, bis sie bei demselben Satze ankam, daß eigentlich das Kind des Vaters Abkömmling sei, dem die Mutter nur Wohnung gewähre, den sie „dem Freund die Freundin" hege. Griff nun diese Vorstellung um sich, wie sie das Juden- und Christentum auch zu noch zurückgebliebenen Naturvölkern trug, so mußte auch ein neuartiger Familienbegriff entstehen; diesem Begriffe nach mußten innerhalb der Gesamtfamilie jüngere Familien genau so um den jedesmaligen Vater als den Erzeuger sich ordnen, wie sich einst solche vor Entstehung irgend einer Art von Vaterfamilie um die Mutter geordnet hatten.

Schwieriger ist es aber, den durch diesen Umschwung der Vorstellungen angebahnten thatsächlichen Auseinandersetzungen der Familie zu folgen. Die Art, wie diese in die Erscheinung tritt, ist so mannigfaltig, daß wir sie nicht nur bei jedem Volke, sondern auch wieder auf jeder Bildungsstufe desselben für sich verfolgen müßten, wollten wir mehr als Allgemeines feststellen. Dem Begriffe nach konnte fortan jede größere Altfamilie in mehrere Sonderfamilien zerfallen, aber sie brauchte sich doch wieder nicht notwendig in solche aufzulösen. Thut sie das aber wieder, so können die mannigfaltigsten Erscheinungen hervortreten.

In den wesentlichsten Formen ahmt die Sonderfamilie die alte Mutterfamilie nach; aber der Begriff der Blutsverwandtschaft hat sich auf den Vater ausgedehnt; echte Kinder dieser Familie sind nun Vater und Mutter zugleich verwandt. Der „Vater" dieser Familie — leider übernahm er wieder denselben Namen — unterscheidet sich als der „Erzeuger" von dem der Altfamilie als dem „Herren". Wir würden darum letzteren fortan gern zur Unterscheidung den Erzvater nennen, denn er ist in der That nur unter vielen Vätern der erste oder Hauptvater; aber die geschichtliche Bedeutung dieses Namens schließt eine solche Geltung doch wieder aus; vielleicht läßt sich der Leser lieber den Namen Altvater gefallen. Den Seinen gegenüber wird nun der Erzeuger, obwohl er selbst in eines anderen väterlicher Gewalt stehen kann, ein Vater in Nachahmung des Verhältnisses des Altvaters. Scheidet die Sonderfamilie nicht aus dem älteren Verbande, so untersteht ihr Vater immer noch der väterlichen Gewalt des Altvaters, aber thatsächlich kann nun auch dieser abhängig werden von den Wünschen und Ratschlägen von Familienhäuptern, welche die Ihrigen durch ein viel engeres Band an sich gefesselt haben.

Die Verwandtschaftsfamilie kann einen gewissen Umfang nicht überschreiten; die Gesetze der Sterblichkeit und Vermehrung setzen diesem Umfange die bestimmte Grenze. Das Wachstum der Altfamilie ist unbegrenzt und steht unter keinem solchen Gesetze; ihr kommt nicht bloß der natürliche Zuwachs zu gute, sondern sie kann sich auch, wenn sie gerade will, unbeschadet des Principes, auf dem sie ruht, durch Aufnahme nicht Verwandter erweitern. Wie sich nun das Wort „Vater" in zwei wesentlich verschiedene Begriffe gespalten hat, so scheiden sich nun auch die „Söhne". In dieser nicht immer beachteten Trennung liegt der Schlüssel zu manchen genealogischen Traditionen der Alten. Wenn Esra und Nehemia die aus Babylon heimkehrenden Juden in der Aufzählung nach „väterlichen Häuptern" ordnen, demnach stets die „Vorsteher" vom „Volke" unterscheidend, und von letzterem dann sagen, der „Söhne des Pharasch" seien 2172, der „Söhne Elams“ 1254 u. s. w. gewesen; so ist es klar, daß man es hier mit unseren Altvätern und Altfamilien und „Söhnen“ alten Sinnes zu thun hat, gleichviel, ob jene, was nicht zu erkennen ist, auch in wirtschaftlicher Hinsicht noch zusammenhielten, oder nur noch dem Staatsverbande gegenüber in der alten Weise als „Geschlechter“ unter altväterlichen „Vorstehern“ vertreten wurden.

Wahrung des alten Verbandes oder Auflösung in Sonderfamilien, diese allmählich überall herandrängende Frage hängt vielfach mit den Beschäftigungen und Besitzverhältnissen zusammen. Als die Juden, so ungefähr wie sie uns das Buch der Richter zeigt, beduinenartig nomadisierten, die Landbewohner unter ihren kostspieligen „Schutz“ nahmen und wie ein Kriegsadel das Land in seinen einzelnen Teilen beherrschten, da lag in dieser ihrer Stellung trotz der veränderten Vorstellungen an sich kein Anlaß zum Zerfall der Altfamilie. Je größere Massen durch die Vatergewalt zur Einheit des Handelns gezwungen wurden, desto besser für ein solches Herrenvolk. Wenn sie aber in ruhigem Besitze des Landes selbst die Quellen des Landbaues abzuschöpfen begannen, sich bleibend und doch im Lande verteilt ansiedelten, da konnte in den Jungfamilien das Bestreben entstehen, auf ihrem Stück Grundes sich wenigstens wirtschaftlich von dem Einflusse des „väterlichen Hauptes“ loszulösen, und diesem etwa die Rechtssprechung und allenfalls die Repräsentanz des Gebietes der zerbröckelnden Altfamilie der Staatsgemeinde gegenüber zu überlassen. So wirkt der Ackerbau zersetzend, das Nomadentum erhaltend auf die Altfamilie. Und in der That sind es auch heute noch die beduinischen Herrenstämme in Nordafrika, die uns ihr Bild am treuesten in ihrer eigenen Organisation erhalten haben.

Durch die Beutezüge, welche mit einem solchen Nomadenleben verbunden sind, können allerdings, was oft genug vorkommt, ganze Familien deciminiert oder vernichtet werden; aber sie können, je nachdem die Glückswürfel fallen, auch durch Aufnahme Unterworfener zu förmlichen Volksstämmen und Völkchen anschwellen. Es ist dann ganz belanglos, welchen dieser Namen man einer solchen Familie, welchen einem solchen Familienhaupte oder Vater geben will. Während wir die jüdischen Väter der Urzeit Patriarchen nennen, werden uns in der biblischen Geschichte selbst wieder Männer in derselben Stellung als „Könige“ vorgeführt. In unserem Worte „König“ liegt übrigens auch gar kein anderer Sinn. Der Kuning ist das Haupt des „Kunne“, des Geschlechts oder der Altfamilie. „Gôpa“ ist eine der altindischen Bezeichnungen für die Könige, es heißt aber eigentlich „Kuhhirt“; so kann der „Vater“ einer Nomadenfamilie mit Auszeichnung genannt werden. Das Königtum der einfachsten Art ist aber nichts anderes als eine solche Altvaterschaft, und es gibt keine festzustellende Grenze für die Geltung jenes Wortes. Wie viel „Könige“ hat nicht das kleine Griechenland, das heute kaum für einen groß genug scheint, zugleich besessen! Wie groß war das „Königreich“ eines Odysseus? — Auch unsere Allemannen waren doch nur einer der vielen deutschen Stämme, und als wieder von diesen nur ein Teil sich mit den Römern in Krieg eingelassen hatte, da traten zugleich mehr als zehn „Könige“ aus demselben hervor.

Darum mußte das Altertum für den Begriff, den wir auch heute mit dem Königtume als einer Herrschaft über viele Familienhäupter verbinden, auch einen auszeichnenden Namen suchen, und es bezeichnete daher diese größere Herrschaft entweder als ein Ober- und Großkönigtum, oder man verwendete überhaupt für Königtum und Patriarchentum verschiedene Namen. Auch wußten die Alten sehr genau, daß nicht jede Herrschaft im „Königtum“, ja nicht jede auf der Vaterherrschaft beruhe; so unterschieden die Griechen wesentlich vom Königtume ihre „Tyrannis“. Auch blieb es für alle Zeiten nicht bedeutungslos, ob ein Großkönigtum sich durch den Zusammentritt Gleichberechtigter oder auf die Weise bildete, daß ein einzelner König als solcher seine väterliche Gewalt erobernd über andere Altfamilien ausbreitete, diese alle gewissermaßen in seine Familie aufnehmend. Letzteren Ursprungs sind beispielsweise die ostasiatischen Reiche und waren das Reich der Inkas in Peru und der Pharaonen in Aegypten. Daraus ergab sich eine sehr bedeutsame Konsequenz. Ist der Vater der eigentliche Gebieter und Herr über alles Gut der Familie wie über diese selbst, so ist eine solche „väterliche“ Herrschaft auch keineswegs eine bloße Schutzobrigkeit oder ein Regierungsorgan, sondern in ihr muß alles Recht und aller Besitz ruhen.

Darum ist ganz konsequent heute noch in Japan und in China der Theorie nach niemand im ganzen Reiche Eigentümer auch nur des kleinsten Stückchen Grundes, sondern das ganze Reich, der ganze Grund und Boden gehört eigentümlich dem Vater der großen Familie, dem Kaiser, allein. Jedes einzelne Glied derselben aber thut nur die Arbeit an dem Teile, der ihm zugewiesen ist; das heißt echt „patriarchalische“ Verfassung! Genau mit demselben Rechte waren die Inkas die Herren von Peru geworden und sie zogen alle Konsequenzen desselben. Zum guten Teil ruhen die Ansprüche des Zarentums auf demselben Grunde, und das russische Volk spricht nicht ohne historischen Sinn von seinem „Väterchen“.

Lassen wir darüber den unparteiischen Freiherrn von Haxthausen[1] ein paar Worte sagen. „... so lag konsequent der Gedanke, der Glaube, die Ueberzeugung nahe, daß das Volkshaupt, der Volksvater, der für alle zu sorgen hatte, auch das Recht und die Pflicht habe, allen Grund und Boden unter die russischen Gemeinden nach pflichtmäßigem Ermessen, wofür er nur Gott, aber nicht dem Volke, seinen Kindern, verantwortlich, zur Nutznießung zu vertheilen.“ ... „Wir müssen dieses Princip, diese Grundanschauung des russischen Volkes stets im Auge behalten, um das innere Staatsleben Rußlands zu verstehen.“ ... „Sehen wir nicht noch gegenwärtig, daß jene Grundanschauung des russischen Volkes, der sämtliche Grund und Boden der heiligen Russia gehöre dem russischen Volk, repräsentiert durch den Zaren, und dieser allein habe die freie Disposition, nicht bloß faktisch anerkannt, sondern auch gesetzlich festgestellt ist? Wir glauben, kaum ein Drittel der Grundfläche des eigentlichen Rußland gehört eigentümlich dem Adel und nach der neuen Gesetzgebung beziehungsweise den Gemeinden. Mehr als zwei Drittel gehören dem Zaren (der Krone). Den Bauern in den Krondörfern gehört keineswegs die Dorfflur eigentümlich, sie sind nur Nutznießer, solange die Krone will; sie haben nicht einmal ein Pachtrecht, denn sie zahlen bis jetzt keinen Pacht, sondern nur eine Kopfabgabe.

---

[1] Fr. v. Haxthausen, Die ländliche Verfassung Rußlands, Leipzig 1866, S. 15 ff.

Der Zar könnte jeden Augenblick nach Recht und Gesetz der Gemeinde die ganze Feldflur fortnehmen; aber wohl zu merken, er hat als pater populi die Pflicht, sie zu ernähren.“ Wir haben hier das vollendetste Bild einer großartig erweiterten Altfamilie vor uns. Die Adelsbesitzungen widersprechen insofern diesem Grundprincip nicht, als der russische Adel durchwegs als Dienstadel gilt, der erst in historischer Zeit den erblichen Genuß des ihm vormals nur geliehenen Bodens erlangt hat. Der russische Absolutismus hat hierin, in dieser geschichtlichen Entwicklung, seine Begründung, und in dieser seine Grenze.

Soweit sich uns der Schleier vor den ältesten Verhältnissen der römischen Gemeinde lüftet, erkennen wir Alt- und Neufamilie in einer noch öfter wiederkehrenden Art von Gewaltenteilung neben einander. Die jüngere Form hat sich, so scheint es, schon entwickelt und zu einer gewissen Selbständigkeit emporgerungen, aber sie hat die alte nicht vernichtet, nicht völlig gesprengt. Dadurch, daß die alten Römer auf römischem Boden noch in Verbänden einer Altfamilie leben, unterscheiden sie sich von den hergelaufenen Leuten, die ihnen allmählich der Zahl nach über den Kopf wachsen, aber nicht Gentiles, nicht von den „Geschlechtern“, nicht Patricii sind. Sie haben keine Patres im alten Sinne, sondern haben sich irgendwo von einer Altfamilie losgelöst oder sind als Trümmer einer zerfallenen nach Rom gekommen. Die römischen Altfamilien aber haben die römische Staatsgemeinde begründet und die Patres blieben die Träger der politischen Beziehungen; die Sonderfamilie, die sich angesiedelt hat oder die aus einem dienstbar gemachten Völkchen hinzugekommen ist, hat keine solchen.

Diese Altfamilie aber ist die römische „Gens“. Die Zahl der Familienglieder kann in die Hunderte gehen; aber alle führen dann denselben Namen. Diese Aemilii, Cornelii, Fabii, Horatii, Sergii, Romilii 2c. besaßen, wie Mommsen[1] gezeigt hat, ehedem ihre gemeinsame nach ihrem Namen benannte Gemarkung, und aus einigen Andeutungen geht hervor, daß dieses Markland lange noch ungeteilt

---

[1] Römische Geschichte I, 36.

der ganzen Altfamilie gehörte und nach deren, beziehungsweise des Pater Anordnungen gemeinsam bebaut wurde. Nur der Ertrag wurde auf die Sonderfamilie verteilt. Jede Gens besaß noch in historischer Zeit ihre eigene und gemeinsame Begräbnisstätte oder, was für jene Zeit damit verbunden blieb, ihren eigenen Kultplatz. Diese und die gemeinsamen Kultakte daselbst hielten immer noch die Sonderfamilien zusammen und das Geschlechtsbewußtsein aufrecht. Indem wir auf germanisch-christlichem Boden genau dieselbe Entwicklung wiederfinden werden, wird sich uns dort dieser Rest der Zusammengehörigkeit im alten „Kirchspiel" repräsentieren; wir könnten also wohl auch von der römischen Gens sagen, sie habe sich noch lange als Kirchspiel erhalten. Während wir nun an der Spitze der Sonderfamilie den mit unbeschränkter Gewalt ausgerüsteten Pater familias finden, vermissen wir scheinbar den Altvater der Gens; aber in der politischen Verfassung Roms kommt er wieder zum Vorschein. Ungefähr dreihundert solcher Gentes, wovon hundert erst unter Servius hinzugekommen waren, haben sich allmählich zu einer Bundesgemeinschaft des Friedensschutzes durch gemeinsames Gericht und zu gemeinsamer Verteidigung zusammengethan und als deren beschließende Behörde erscheinen neben einem Könige aller ebensoviele „Patres" als Senat. Sie sind zweifellos die Vertreter jener Familien und wenigstens als solche auch deren „väterliche Häupter". Unter ihnen bilden die Hausväter jüngerer Ordnung das patrizische „Volk".

Aber nicht unmittelbar haben so viele einzelne Altfamilien oder Gentes einen so umfangreichen Friedensbund geschlossen; dieser erscheint vielmehr seiner Zusammensetzung nach wieder als ein Gebilde zweiter Ordnung. Ob aber viele oder wenige Gentes zunächst das Friedensbedürfnis zusammenführte, immer konnte der Ordnung der gemeinsamen Angelegenheiten eines solchen Bundes wieder nur die Familienverfassung zum Vorbilde dienen, da die Menschheit überhaupt eine andere Organisation noch nicht geschaffen hatte. So sind in geschichtlich erkennbarer Weise um den palatinischen Hügel herum zehn solcher Gentes zu einer „Curia" in Verbindung getreten und einer Gruppe solcher Kurien haben sich noch zwei ähnliche Kuriengruppen (Tribus) durch gleichen Vertrag angeschlossen. Sie alle wählten den palatinischen Hügel zu ihrer gemeinsamen Mahlstätte, und wie nun jede Altfamilie ihren gemeinsamen Herd hatte, der zugleich ihr Kultgegenstand war, so erbaute sich nun in Nachahmung jenes Familienverhältnisses auch jede der dreißig Kurien je einen Herd als Centralheiligtum. Erst die „servische" Neubegründung der Stadt hat alle diese Herde in einen einzigen Herd der gesamten Stadt, den oben erwähnten Vestatempel, vereinigt.[1] In diesem neuen Stadthause hatte aber auch schon dasjenige Volk, das nicht den ansässigen Altfamilien angehörte, nicht patrizisch und nicht gentil war, die Plebs, ihre Vertretung.

Auf welche Art der römische Altvater zu seiner Stellung gelangte, scheint uns noch nicht für alle Fälle ausgemacht; keineswegs kann eine bestimmte Erbfolge schon von allem Anfange an dagewesen sein. Das Wahrscheinlichste ist, daß der mit Tod Abgehende sein Amt und sein Recht, wie es in jeder Hinsicht ein unbeschränktes war, nach freier Wahl einem der Familienglieder als Nachfolger übergab, oder daß er diesen für den Todesfall ernannte. Erst aus den Fällen, wo dies unterlassen wurde und eine anderweitige Fürsorge notwendig war, dürfte sich eine Art Erbfolge gebildet haben. Dafür spricht die Analogie bei der Uebertragung des Königtums, das Kooptationssystem in den stets an alter Sitte festhaltenden Priesterkollegien und die in ältester Zeit unbeschränkte Testierfreiheit des römischen Pater familias. Erst allmählich beschränkte ein Gewohnheitsrecht diese Machtfülle des römischen Vaters. Auch das weitgehende römische Recht der Adoption fußt auf den Verhältnissen der alten Gesamtfamilie; der Vater kann in die Familie zu gleichen Rechten aufnehmen, wen er will, denn das Verwandtschaftsband ist ursprünglich keine Bedingung der Zugehörigkeit.

Fast bewunderungswert möchte man die Uebereinstimmung nennen, die uns die durch Gutalagh verbürgten Verhältnisse auf einer einsamen Insel des fernen Nordens, auf Gottland, vorführen. Der natürliche Gang der Dinge erscheint eben überall übereinstimmend, wenn wir ihn genau auf derselben Stufe zu erfassen vermögen. Auch

---

[1] Mommsen a. a. O. I, 113.

die germanische Altfamilie auf Gottland ist in der Auflösung begriffen, ja es ist sogar schon das Land, das sie einst gemeinsam besaß, verteilt und an die freie Verfügung der Sonderfamilie gegeben. Nur ein Restchen des Alten hängt noch daran: obwohl das Land der Sonderfamilie Eigen ist, so darf sie es doch nicht verkaufen ohne nachgewiesene Not, ohne Beistimmung der zur Altfamilie gehörigen Sonderfamilien und nicht an Fremde, wenn die Verwandten nicht vorher den Kauf ausgeschlagen haben. Wie aber die römische Gens noch durch ihren gemeinsamen Begräbnis- und Kultplatz als ihre ehemalige Kultstätte zusammengehalten wird, so lebt auch in der That die gottländische Altfamilie noch als „Kirchspielgemeinde" fort; auch diese hat noch in ihrem Kultplatze den alten gemeinsamen Mittelpunkt. Die Väter der Jungfamilien zusammen bilden an dieser Stelle den Ordnungs- und Friedensrat der „Kirchspielmänner". Der Altvater aber ist der Domar oder Richter, auf Island in gleicher Art der „Godi" der Kirchspielgemeinde. Wie der Kirchplatz auch ein Gerichtsplatz ist, so war auch in vorhistorischer Zeit dieser Domar zugleich väterlicher Richter und Kultbesorger oder Priester der Altfamilie. Zur Christenzeit ist ihm nur das niedere Richteramt geblieben, das Priesteramt ist einem Pfarrer übergeben worden — zu weiterer Zersetzung der altväterischen Ordnung.

Wie mehrere Gentes auf römischem Gebiete zu einer Kurie sich verbunden hatten mit dem nächsten Zwecke, die aus gegenseitiger Selbsthilfe sich endlos fortspinnende Blutracheverpflichtung abzuschneiden und durch Vertrag und Gericht Frieden zu wirken, um nun an Stelle des Beutemachens Kommerz und Connubium treten zu lassen, ganz so erscheinen auf Gottland eine größere Anzahl von Kirchspielen zu einem „Hundari" oder Häred oder Zent geeinigt; auch dieses besitzt eine Art gemeinsamen Kurienherd in seiner gemeinsamen Mahlstätte, auf welcher das Gericht des Hudaristhinges tagt. Aber die Kuriengruppen sind hier kleiner; nur je zwei Zente stehen wieder in derselben Verbindung wie die römischen Kurien unter einer Tribus. Aber wie in Rom gab es auch in Gottland solcher gerade drei; ganz übereinstimmend heißt daher auch hier ein solcher Verband ein Dritteil, sein Gericht das Thrithing. Alle drei Tribus aber finden ihre oberste Vereinigung im Landesthing.

Geht die Bezeichnung schon von der Voraussetzung der Einigung der gesamten Inselbevölkerung aus, so entspricht der Name Setting — Sechsteldinng — in der That dem oben erwähnten Häredsdinge (Hundaristhing, Zentgericht), als dessen Synonym er gebraucht wird. Die einheitliche Verbindung der gesamten Inselbevölkerung ist erkennbar in historischer Folge die jüngste Entwicklungsstufe. Je ein besonderes Asylheiligtum im Norder-, Mittel- und Südertreting, die erhaltene Beiordnung der drei Gerichte derselben, die Sage von den drei Brüdern, welche nach der „alten Erzählung" die Insel zuerst in Besitz nahmen, das alles läßt erkennen, daß es drei Familienverbände oder „Stämme" waren, welche einst von den nachmaligen Asylstätten aus je einen Teil der Insel in ihrer Gewalt hielten. Diese Stämme oder Tritinge (Tribus) müssen sich aus je zwei schon früher unter je einem Friedensbunde stehenden Familiengesellschaften zusammengesetzt haben. Das sind nun von oben gezählt die „Sechsteile", von unten gerechnet die „Hundertschaften". Bei den Griechen bedeuteten die Namen der höheren Zahlen noch in spätester Zeit nur unbestimmte Mengen als relativ große; bei Völkern niederster Kultur tritt diese Unbestimmtheit des Begriffes schon jenseits von zehn oder gar fünf ein; bei Völkern mittlerer Stufe verschiebt sie sich irgendwohin zwischen beiden Grenzen. So muß auch einmal unser „Hundert" nur die größere Menge bedeutet haben im Gegensatze zur Einheit der Familie, ohne daß an eine arithmetische Abgrenzung zu denken wäre. Diese „Hundertschaften", Hundari, Zente aber sind durch den Friedensbund der Familien zum Zwecke von Commercium und Connubium nach Analogie jener selbst geschaffen worden, da es ein anderes Vorbild der Organisation nicht gab. Die Kirchspiele sind die zerfallenen Altfamilien selbst. Das Richteramt des Altvaters blieb dem Domar (oder Godi), das Kultamt fiel dem Pfarrer zu, dessen Bezeichnung als Pater noch an jenen Ursprung erinnert. Ursprünglich steht der Pater zum isländischen Godi in einem untergeordneten, ja dienenden Verhältnisse; allmählich wächst er diesem über den Kopf und seine „geistliche" Gerichtsbarkeit erstreckt sich über ein sehr weites Gebiet.

So haben nun nach dieser Seite hin die Altfamilien ihren Pfarrer, das Dritteil seinen Probst und das Land seinen Bischof, der übrigens nur von Zeit zu Zeit zur Kirchweih auf die einsame Insel kam. Wie neben dem Pfarrer der Godi, so standen neben den Pröbsten Settingsdomare. Neben dem Bischof hätte ein „Großkönig“ Platz gehabt; aber dahin gelangte die Entwicklung erst in viel späterer Zeit und nicht aus sich selbst heraus. In alter Zeit repräsentieren diese höchste Einheit immer noch Alla Lythi — alle Leute, das „Volk“ selbst; noch ist ja auf diesem kleinen Eilande ein Zusammenkommen aller möglich.

Genau so stand auf Island die Altfamilie als Gemeinde oder Godord unter dem Godi; drei solche Altfamilien bildeten ein Tinglav (den dänischen Herred) und drei dieser Herrede jene größere Gruppe, welche von oben herab gezählt auf Island als ein Vierteil, Fiórdung, erscheint. Hier war aber die Analogie im Herred noch nicht so weit durchgeführt, daß auch dieses einen Vorsteher gleich einem Hausvater gehabt hätte, sondern die drei Hausvorstände der Altfamilien bildeten noch zusammen die Vorsteherschaft. Erst durch die norwegischen Könige wurde diese Einrichtung von außen her verändert. Hier steht also der Altvater noch in echter Gestalt vor uns. Er ist ein Vorsteher und Aufseher aller und erwählt sich aus seinen Leuten diejenigen als „Meddomsmand“, mit deren Rate er mit den anderen Godar der zum Herred verbündeten Familien zur Ordnung von Angelegenheiten im Friedenswege zu „Gerichte“ zusammentreten will.

Diese Godar sind also, solange sich das Land eine andere Organisation nicht gegeben hat, die wirklichen Herren, aber doch gleichen sie nicht mehr ganz dem römischen Pater. Auf einem sehr wesentlichen Punkte, auf den wir immer wieder zurückgeleitet werden, hat sich die Entwicklung abgezweigt: wir wissen ja nun, daß diese Art Vaterschaft in ihrem tiefsten Grunde nicht auf irgend einer Naturverwandtschaft ruht, also auch nicht wie durch ein Naturgesetz von einer Person auf die andere übertragen werden kann. Hier hat vielmehr die Entwicklung freien Spielraum, und das ist die Quelle großer Mannigfaltigkeit. Während der römische Pater erst selbst seinen Nachfolger ernannte, was in der Logik der Sache wohl begründet ist, dann aber ein jüngeres Princip der Blutsverwandtschaft den Ausschlag zu geben begann, tritt auf Island ein drittes mögliches Princip in die Erscheinung: der Godi wird, im zehnten Jahrhunderte wenigstens, von der Familie selbst gewählt.[1]

Diejenige von den verschiedenen möglichen Arten, nach welcher gerade zur Zeit der fortschreitenden Auflösung der Altfamilie der Altvater in den Besitz seiner Gewalt gelangt, ist für das künftige Schicksal der socialen Ordnung eines Volkes von höchster Bedeutung, wiewohl, wie mir scheint, davon noch niemand Notiz genommen hat. Wir wollen deshalb gleich hier dem Leser die wichtigsten Perspektiven andeuten, die sich von diesem Punkte aus eröffnen. Sie führen insbesondere zu den verschiedenen Formen des Adels hin; doch gehören alle diese wieder nur einer Gruppe desselben an. Eine ganz andere Art von „Adel" entsteht durch die Besitznahme eines Landes samt seinen Arbeitskräften. In diesem Falle bildet die Gesamtheit des erobernden Volkes dem unterworfenen gegenüber einen Kasten-Adel, und jeder einzelne dieses Volkes, gleichviel, ob er in seinem Hause unter väterlicher Herrschaft stehe oder nicht, ist von solchem Adel. Solchen Adel bildeten die Juden, die Arier in Indien, die Spartaner in Lakedämon, die Germanen auf Eroberungsgebieten in ihrer Gesamtheit. Die Stellung eines so unterworfenen Volkes unterscheidet sich von der Hausknechtschaft. Der Unterthan dieser Art ist nicht Haussklave, sondern sitzt auf seinem Gute oder als Schmied, Töpfer &c. in seiner Werkstatt, und arbeitet hier für seinen Herrn, für sich selbst nur das von seinem Ertrage zurückhaltend, was er zu seiner Erhaltung bedarf.

Auf diesem Verhältnisse bauen sich alle entwickelteren Staaten des Altertums auf. Solchen Adel bildeten auch die patrizischen „Gentes" zu Rom, die „Ingenui" im Frankenreiche. Auf deutschem Boden konnte ein Unterthanenvolk nur in geringerem Maße zu gewinnen sein, denn entweder hatten sich die Kelten vor den Germanen gänzlich zurückgezogen, oder ihre geringe Kultur bot den Er-

[1] Schilderer, Gutalagh, S. 193.

oberern nicht den gleichen Nutzen, daß man ihnen eine gewisse Selbständigkeit belassen hätte. Doch erscheint unter den Namen „Liden" und „Leten" im Norden Deutschlands eine solche Klasse von ackerbauenden Unterthanen; der Name verrät aber nicht ihre Abkunft, denn er gehört (Leute und Lydi) den Germanen wie den Slaven gemeinsam; der in dem Frankenrechte gebuchte ist zweifellos deutschen Ursprungs und den Römern und Kelten beigelegt. Ebenso gewiß ist aber auch, daß von Lüneburg und den Saalegegenden ostwärts in etwas jüngerer Zeit Slaven in einem solchen Unterthänigkeitsverhältnisse zu deutschen Herren wohnten, wenn auch die Kriege selbst einen vielleicht annähernd gleich großen Teil in Hausgefangenschaft bringen mochten; im Verhältnisse zu jenen wäre also wieder jeder freie Deutsche ein Adeliger gewesen. Auf Island und Gottland aber, nicht aber ebenso im fruchtbareren und umstritteneren Teile von Schweden, fehlt für diesen Adelsbegriff das Substrat. Die germanischen Besiedler daselbst konnten nur die Landnutzung, nicht aber auch einzelne schon an den Boden gebundene Arbeitskräfte in Besitz nehmen; diese Germanen wissen deshalb nichts von solchem Adel, der Begriff entsteht erst durch den Gegensatz.

Aber ein ähnlicher Gegensatz erzeugt sich auch durch die betrachtete Familienverfallung selbst, und darum liegt hier eine zweite, teilweise ergiebigere Quelle für die Adelsbildung. Auch diese kann sich indes sehr mannigfaltig gliedern. Auf den genannten zwei Inseln, die uns wegen ihrer glücklichen Entrückung als Paradigmen dienen können, erscheint auch diese Entwicklung wieder noch so einfach, daß man wohl sagen könnte, es sei bei diesen Germanen überhaupt kein Adel entstanden. Aber müssen nicht die Godar, die das Kirchspiel leiten und zu mehreren zusammentreten, um den Vorstand eines Sentgerichtes zu bilden, einen höheren Rang unter den Freien einnehmen? Müssen das nicht in geringerem Grade auch diejenigen, welche als Häupter aus den Sonderfamilien des Kirchspiels zu Gedenkmännern für das Sentgericht ausgewählt wurden?

Wenn wir nach Zeit und Oertlichkeit einen Schritt weiter gehen, so finden wir auf deutschem Boden dieselben Personen wieder als „Richter" in der „Gemeinde", als Grafionen nach der Lex salica und als Gaugrafen im Zent, d. i. in dem Hundari oder Herred und als den bevorzugten Stand der „sentbar Freien" neben den gemein freien Leuten. Aber alle diese Würden hängen noch an der Person, und diese wird in Island wenigstens noch lange Zeit gewählt. Wir kennen nun freilich auch heute noch einen auf die einzelne Person beschränkten Adelsstand; aber das ist doch eine Anomalie, eigentlich ein Widerspruch in sich selbst; im allgemeinen gehört eine von Geburt an anhaftende, durch die Geburt selbst übertragene Vornehmheit zum Begriff des Adels. Tritt nun diese Erblichkeit zu jener Entwicklung irgendwie hinzu, so entsteht dieser Adel unserer heutigen Vorstellung.

Zur Zeit unseres Sachsenspiegels hat sich in betreff jener Gedenkmänner der Gerichte dieser Fortschritt aus natürlichen Ursachen schon vollzogen. Jene Gedenkmänner, aus denen die Schöffen hervorgehen und die sich in den genannten nordischen Kleinstaaten die Godar und Domare noch selbst wählten, folgten sich in Deutschland schon als Sohn und Vater aufeinander: der Sohn eines sentbaren Mannes war wieder sentbar. Der Anlaß zu solcher Erbfolge lag um so näher, als das Gedächtnis dieser Männer unsern ganzen Apparat von Urkunden, Registraturen und Archiven vertreten sollte. Die Erhaltung solcher Kenntnisse mußte leichter in ein und derselben Familie erwartet werden; aber natürlich gab es dann bald mehr Männer, welche sich der Abstammung aus einer so ausgezeichneten Familie rühmen konnten, als solche, die jeweilig bei den Sentgerichten als Sentleute wirklich Verwendung fanden; so mußte denn eine ganze Gruppe von „sentbar Freien" entstehen, die sich eines erblichen Vorzugs vor anderen Familien bewußt wurden und darin Anerkennung fanden, — ein niederer Adel. Wenn die Urkunden über die älteste Geschichte Roms nur ein wenig reichhaltiger wären, so müßten sich uns hier dieselben Verhältnisse darstellen. Es ist nicht möglich, daß die Gentes der Fabii, Cornelii u. s. w., solange sie noch der Landbau nährte, alle aus ihrer Feldmark auch nach der Mahlstätte zu Rom gezogen wären, obwohl hier das gemeinsame Bundesgericht tagte; aber einzelne Sonderfamilien, zunächst die der Altväter, sobald deren Erbfolge sich festgesetzt hatte, müssen die häufigeren Geschäfte an der Mahlstätte dorthin gezogen haben, und so müssen auch in Rom die Sitze eines Adels entstanden sein, dessen Sippschaftsangehörige in geringerer Stellung auf dem Lande leben konnten, bis auch ihnen sich genügend Aemter zum Ersatze für den sinkenden Ertrag der Landwirtschaft boten.

In ähnlicher Weise konnten aber auch die Godar und Gaugrafen ihr Amt vererben und wieder würden sich dann einzelne Sonderfamilien dadurch ausgezeichnet fühlen, daß ihnen die wirklich fungierenden Grafen entstammten — ein Stand mittleren Adels. Einen Teil dieses Adels wird man nach der Mannigfaltigkeit seiner Leistungen als einen Beamten- oder Dienstadel absondern können; aber zwischen diesem Dienstadel und dem eigentlich patriarchischen Adel besteht doch wieder eine genetische Verbindung, insofern die unterste Stufe und das Vorbild all dieser Dienstposten immer wieder in dem Amte eines ordnenden und leitenden väterlichen Vorstehers der Altfamilie besteht.

Beide so in sich verbundene Arten des Adels können immer wieder in neue Kombinationen zusammentreten. Die Führung im Kriege ist eine Dienststellung; aber dieses deutsche „Herzogtum" kann, wie die Geschichte zeigt, mit einem patriarchalischen Königtum verschmelzen, und die hinzutretende Erblichkeit nach jüngerem Rechte kann wieder über die Zahl der Fürsten hinaus fürstliche Familien begründen, — einen Stand des höheren und höchsten Adels. In ihm erscheinen zugleich die Gruppen des Eroberungs- und Herrenadels und des patriarchalischen Adels zur Potenzierung ihres Wesens geeinigt. Endlich tritt gerade durch dieses Fürstentum, wie es sich etwa in der Königsfamilie der Franken repräsentiert, ein männlicher Dienstadel engeren Sinnes hinzu. Die Aemter des vorgenannten sind Aemter der öffentlichen Ordnung nach Analogie der Altvaterstellung, Volksämter in gewissem Sinne. Diesen Beamtenleistungen werden nun Dienstleistungen für persönliche Zwecke der Könige gleichgestellt, ja sie gewinnen mit dem Glanze der Krone an auszeichnendem Ansehen und überbieten jene durch den Adel, den sie dem Träger verleihen. Dienstleistungen, die wie ein Marschalls-, Senschallsamt an sich einst das Zeichen der Unfreiheit gewesen wären, wurden nun das des Dienstadels jüngster Form, wenn sie am Fürstenhofe geleistet wurden. In der That stiegen auf diesem Wege gerade die Familien ursprünglich Unfreier über die der Freien empor, und gerade diese Art Adel gewann mit den größeren Vorteilen auch den höheren Rang.

Unter den einfachsten Verhältnissen konnte also mit Bezug auf Patriarchaladel aus jeder Altfamilie eine adelige Sonderfamilie hervorgehen, indem sich die Vaterschaft mit einer Erbfolge innerhalb der Grenzen einer solchen Sonderfamilie verband. Dafür konnte der Wille einer besonders gewaltigen Persönlichkeit entscheidend sein, wenn auch die Formen der Erbfolge noch als verschiedene denkbar sind. So hat, wie schon erwähnt, der Vandalenkönig Geiserich zuerst die Herrschaftsfolge in seinem Hause beschränkt, indem er alle Verwandten außer seiner direkten Nachkommenschaft ausschloß, unter diesen aber jeweilig dem Aeltesten an Jahren das Herrscheramt zuwendete. Andere Herrscherfamilien sahen wir dann von dieser Senioratsfolge zu der der Primogenitur, also zur eigentlichen Vaterfolge jüngeren Sinnes übergehen. Was uns aber so von Königsfamilien bezeugt ist, das kann sich auch in jeder anderen Familie vollzogen haben. Damit kann sich auch noch das System der Wahl innerhalb der direkten Nachkommenschaft eines einzelnen Altvaters, Godi oder Domar kombiniert haben. Immer mußte aber in solchem Falle aus der Zahl der Sonderfamilien, aus denen sich jede Altfamilie zusammensetzte, je eine als Herrenfamilie hervortreten, und während nur ein einzelner aus dieser das Herrenamt jeweilig verwalten konnte, bildeten ihre Mitglieder jenen Patriarchaladel, weil sie durch Vererbung die auszeichnende Eignung hatten, zur Herrschaft berufen zu werden, von der nun alle andern Mitglieder der Altfamilie ausgeschlossen waren. In Island können wir ganz bezeichnender Weise von einem solchen Adel nicht sprechen, weil die Wahl, wie es scheint, noch ohne jede Beschränkung in jede Sonderfamilie hineinfallen konnte. Dadurch erhielt sich das demokratische Princip der Gleichstellung. In den skandinavischen Staaten aber sehen wir in den Jarlen, welche den Godar und Domaren entsprechen, schon die Träger der Adelsidee.

Von größter Wichtigkeit für die Bedeutung, zu welcher ein solcher Patriarchaladel gelangen konnte, ist naturgemäß das Ausmaß der väterlichen Gewalt, das er als Erbschaft aus der alten Familienverfassung in die sich neu gestaltende hinübernahm. Für diese Machtfülle aber ist wieder der Umstand am allerwesentlichsten, auf welcher Entwicklungsstufe zur Zeit des Zerfalles der Altfamilie der Begriff des Eigentumes steht. Wir wissen noch von Zeiten, in denen sich der Mensch einen anderen Besitz nicht denken kann, als den von beweglichen Habseligkeiten; er wußte einen anderen nicht zu schützen, nicht gegenseitig zu verbürgen, darum kann er für ihn auch nicht bestehen. Darum nimmt er zunächst nicht Besitz von Grund und Boden, sondern nur von dessen Früchten, dem gewachsenen Grase und Holze. Aber eine Gesamtheit vermag bald, was der einzelne nicht kann; sie vermag einen ganzen Bereich zu schützen, so daß nur ihren Angehörigen seine Früchte, sein Gras und Holz zukommen können; daher entwickelt sich als Zwischenstufe zuerst der Begriff eines Gesamtbesitzes von Grund und Boden.

So lange die Altfamilie besteht, gehört ihr in völlig ungeteilter Weise so viel Grund und Boden, als sie zu nützen und zu schützen vermag; was sie allenfalls an die einzelnen verteilen kann, ist nicht das Land selbst, sondern die Nutzung desselben. Nun ist es aber für unsern Gegenstand außerordentlich belangreich, wie weit sich diese Teilung vollzogen, wie sehr oder wenig sich der Begriff der geteilten Nutzung dem des geteilten Besitzes in jener Zeit genähert hat, in welcher der alte Bestand der Altfamilie zu einem Gemeindeverbande von Sonderfamilien unter einem gemeinsamen Richter statt des Altvaters sich aufgelockert hatte. — Solange die Altfamilie besteht, verfügt natürlich ihr „Vater" über die Nutzung des Bodens, gleichviel, ob dabei der Rat der erwachsenen Angehörigen mehr oder weniger Berücksichtigung finde. Er bestimmt also jedem die Arbeit und teilt jedem den Anteil des Ertrages zu. Das Stück Landes, das so jemand bebaut, kann noch alle Jahre abwechselnd ein anderes sein; eine Art Billigkeit kann sogar solchen Wechsel heischen. So entwickelt sich nicht einmal der Schein, als ob der einzelne zu einem solchen Grundstücke in einer besonderen Beziehung stände; der Vater aber verfügt über das ganze Land, die Männer der Familie aber erscheinen als seine untergebenen Arbeitskräfte; das ist ja in der That die Stellung des alten Pater.

Was kann nun die Folge sein, wenn jene Adelsbildung eintritt, d. h. wenn die väterliche Gewalt von einer einzigen Sonderfamilie festgehalten wird, solange das Land noch völlig ungeteilt, und der Begriff des Sonderbesitzes von Grund und Boden noch nicht entwickelt war? Die Antwort ist klar: der Vater mit seinen Descendenten oder mit anderem Worte die Adelsfamilie bleibt im Besitze der Verfügung über den gesamten Grund, läßt nach wie vor denselben durch die Gesamtfamilie bearbeiten und bestimmt dieser ihren Ertragsanteil, sei es nun, daß sie ihr Nahrungsmittel reicht, oder, was einfacher scheinen muß, die Früchte auf einem abgegrenzten Stücke Landes zuweist.

In diesem Verhältnisse haben wir nun den Keim der mittelalterlichen Unterthanschaft schlimmster Sorte vor uns. Das Verfügungsrecht der Adelsfamilie verwandelt sich, sobald der Eigentumsbegriff fortschreitet, in ein Eigentumsrecht am gesamten Grunde, der zur Erhaltung der unterthanen Familien ausgeschiedene Teil wird „Rustikalgrund", der für die „Herrschaft" vorbehaltene „Dominikalgrund" und die Arbeitsverpflichtung der Familien erscheint als Frohndienst und Robot. Alle Sonderfamilien mit einziger Ausnahme der Adelsfamilie haben dann zu Gunsten letzterer ihren Grundanspruch völlig verloren, und was ihnen aus dem alten Familienverhältnisse zurückgeblieben ist, ist die Knechtschaft, der nur die alte Verpflichtung des Herrn gegenübersteht, die Familien nicht völlig verhungern zu lassen. So lebt der Begriff dieses Verhältnisses noch in Rußland. Mit der Zahl der Generationen erweitert sich der Abstand, verschärft sich die Entfremdung der Herren- und Knechtsfamilie, so daß jene nur wieder Herrenfamilien als ihresgleichen anerkennt und kein anderes Connubium zuläßt. Je näher ein Volk trotz beginnenden Ackerbaues nach Sitte und Lage des Bodens der Lebensweise des Nomaden verblieb, desto notwendiger und verhängnisvoller traf noch die Sonderung in die Zeit unentwickelter Besitzverhältnisse, und desto sicherer ist eine allgemeine

Bauernsklaverei die Folge derselben. Darum hatte diese einst ihren Hauptsitz in Großrußland und reichte von da in verschiedenen Schattierungen nach Westen hin. Bei den deutschen Stämmen fehlt sie keineswegs ganz; doch ist hier auch die Mannigfaltigkeit sehr groß.

Auf Gottland, von dessen einfachen Verhältnissen wir ausgingen, war bei Auflösung des Altfamilienverbandes und bei Uebergang desselben in eine losere Kirchspielverfassung der Begriff des Sondereigentums an Grund und Boden schon geschaffen; jede Sonderfamilie bebaute bereits ihr abgeteiltes Stück, wenn auch noch ein Verkauf desselben ohne Einwilligung der „Kirchspielleute" nicht möglich war und die Verwandten immer noch ein Vorkaufsrecht besaßen als Erinnerung an die vorangegangene Zeit eines Gemeinbesitzes; das war aber auch der letzte Rest eines solchen; trotz desselben war die Sonderfamilie bereits Besitzerin von Grund und Boden. Dieser Umstand beeinflußt ganz gewaltig die gesamte Zukunft der socialen Verhältnisse. Der Domar, sei er nun gewählt oder auch schon durch die Erbfolge bestimmt, besitzt nun für sich nur ein solches Stück Landes, wie es auch jede andere Sonderfamilie inne hat, und seine Herrschaft schrumpft dadurch zu einer Gerichtsherrlichkeit zusammen. Als Entschädigung für die ihm früher zustehenden Vorteile mag er die Bußen und Gewette ansehen, welche sein Gerichthalten ihm einträgt, und den Tempelzins, solange er noch selbst nach heidnischer Weise das priesterliche Amt mit dem richterlichen vereinigt. Im Christentume verwandelt sich diese Beziehung in ein Patronatsrecht, das immerhin noch lange für den Besitzer auch materielle Vorteile gewährt. Auf solche Weise blieben die gottländischen und isländischen Bauern durchwegs frei; mitten zwischen diesen beiden Extremen aber, zwischen Großrußland und Island, liegen in vielen Abstufungen die Verhältnisse der übrigen germanischen Stämme.

Ein treueres Bild alter Familienverhältnisse haben uns bis heute außer den Basken im Pyrenäengebiete einige Slavenstämme erhalten. Die baskische Familie ist noch die richtige Altfamilie — aber mit erblicher Vaterschaft und zwar mit solcher Konsequenz, daß gegebenen Falles selbst eine Erbtochter Hausvater werden kann, in welchem Falle dann die alte Frauenherrschaft wieder auflebt. Dem einen Herrn gegenüber befindet sich jedes andere Mitglied der Familie, alt und jung, Mann und Frau, in der Lage eines dienenden Knechtes; indem sich aber die Vaterwürde schon nach dem Rechte der Erstgeburt vererbt, ist sie zum auszeichnenden Rechte einer Sonderfamilie geworden. Wir würden also hier von einem Adel und einer leibeigenen Bauernschaft sprechen können, sobald sich nur die Sonderfamilien auch räumlich getrennt hätten. Das ist aber nach den uns zu Gebote stehenden Berichten noch nicht der Fall; die Altfamilie wohnt noch zusammen und fühlt sich als solche; sobald sie einmal in Sonderhaushaltungen zerfällt, wird die Adelsinstitution hervortreten.

Dieser Schritt weiter ist auf slavischem Boden gethan worden; aber noch bestehen daneben wirtschaftliche Formen der älteren Zeit. Die Erhebung und Ausscheidung einer herrschenden Sonderfamilie hat sich bei Slaven durchwegs überall vollzogen, und soviel Altfamilien es einstmals gab, so viel Edelherren sitzen nun über das ganze Land zerstreut und zwar mit Einschluß des Dienstadels, vom weitgebietenden Fürsten in Rußland bis zum kleinen Bauernadel in Polen und Kroatien herab, alle Stufen ehemaliger Größe vertretend. Nur darin unterschieden sich die Verhältnisse in Rußland auch weiterhin noch, daß die Eroberung des ganzen Landes mit Ausschluß der Westprovinzen im Sinne der Vergrößerung einer Altfamilie gedacht und die Einrichtungen hierauf mit großer Konsequenz begründet waren. So hatte bis auf Peter I., den Großen, (1689—1725) auch jener Adel selbst wieder kein Eigentum, sondern nur ein Nutzrecht am Grunde selber; dieser war bei allen Eroberungen samt seinen Bewohnern immer wieder dem Zaren allein zugefallen. So blieben denn auch alle Adelsunterthanen zunächst „Kinder des Zaren".[1] Diese Vorstellung gewährte der im Volke selbst liegenden Beweglichkeit neue Nahrung, bis Zar Boris Gudunow am Beginn des 16. Jahrhunderts die Menschen an die Orte ihres Aufenthaltes bannte und so gewissermaßen ihren Adelsvätern wieder auslieferte, und Peter I. endlich dem

---

[1] v. Harthausen a. a. O., S. 19.

gesamten Adel die von ihm bisher der Theorie nach nur in Nutznießung gehaltenen Güter samt den Unterthanen auf denselben zu freiem, erblichem Eigentum schenkte.

Neben diesem Adel bestand natürlich eine viel zahlreichere, diesem angehörige, bei den West- und Südslaven bis 1848, bei den Russen bis 1861 leibeigene Bauernschaft.

Diese jetzt persönlich frei gewordene Bauernschaft behielt ausnahmsweise bei den Südslaven auch nach dem Ausscheiden der Herrenfamilien in verjüngtem Maßstabe bis heute wieder die alte Familienverfassung der Gesamtfamilie; in Groß- und Westrußland dagegen löste sich zwar auch der dienende Teil der Familie durchwegs in Sonderfamilien auf, behielt aber die gemeinsame Benutzung des ihm überlassenen Rustikalgrundes immer noch bei; bei den Westslaven endlich, Ruthenen, Polen und Czechen zerfiel die Unterthanschaft in Sonderfamilien mit geteiltem Grunde; in allen Fällen aber blieb bis auf die Zeit der Befreiung und Ablösung aller Grund und Boden das Eigentum der Herrenfamilie. Das Bauernland ist nur der den dienenden Gliedern der Altfamilie zur Nutznießung überlassene Teil, die Gegenleistung dafür ist die Arbeit für den Herrn und auf dem Herrengrunde — Hofe- und Frohndienst.

Wenn wir uns nun zunächst das Leben in einer solchen südslavischen Altfamilie ein wenig näher ansehen, so müssen wir uns immer vergegenwärtigen, daß dieses doch nicht mehr die Urzustände selbst darstellt, sondern deren verjüngtes Abbild, indem sich nur die durch die Ausscheidung der Herrenfamilie geteilte Gesamtheit wieder eine Verfassung nach altem Vorbilde gegeben hat, so zwar, daß erst wieder aus den bäuerlichen Sonderfamilien kleinere Altfamilien erwuchsen — ein Zeugnis für die überaus konservative Gesinnung des Volkes. Die Nachkommen derjenigen, welche einst nach einem bestimmten Erbgange die Vaterschaft in den Altfamilien an sich gerissen hatten, leben heute in Kroatien als „Bauernadel“ oder „Nobiles unius sessionis“, wie sie wohl zur Unterscheidung von einem durch Lehen reicher gewordenen Dienstadel genannt werden mochten, neben den Bauern ohne besondere Beziehungen zu diesen, da das Besitztum der letzteren abgetrennt und der Unterthänigkeitsverband aufgelöst ist. Die Bauern aber leben trotzdem noch vielfach in der Gesamtfamilie auf dem gemeinsam bearbeiteten Grunde.

Eine solche Altfamilie heißt Zadruga oder „Hauskommunion" und ist in ihrer heutigen Erscheinung nur noch ein verkümmerter Rest der alten Einrichtung; denn während diese einst die Gesamtheit einer gegenwärtigen Gemeindebevölkerung umfassen mußte, sofern sie zu einem und demselben Adelsgute gehört, beschränkt sich heute die alte Einrichtung auf die schon einmal geteilten Bauerngüter. Konnte vormals eine solche Familie bei ausgedehnterem Weide- und Brachlande hunderte von Köpfen umfassen, so bilden heute ansehnlichere Familienbestände die Ausnahme, weil der eng zugemessene Boden nicht über eine bestimmte Zahl Menschen ernähren kann. Den Ueberschuß zwingt die Not zur Ausscheidung, indem er außer dem Verbande in den Stellungen von Arbeitern, Knechten, Beamten, Berufssoldaten und Handwerkern sein Brot suchen muß. Wenn man in den in vieler Hinsicht gesunden Verhältnissen einer solchen Hauskommunion eine Lösung der socialen Frage sehen wollte, so müßte man sich notwendig auch dieser Beschränktheit des Glückes erinnern. Es ist wahr, niemand, der einer solchen Altfamilie angehört, ist ganz verlassen, ganz ohne Rückhalt seinem Schicksale preisgegeben; aber von diesem Glücke genießen doch jene Tausende nichts, die alljährlich gezwungen sind, mit Verzicht auf ihre Ansprüche das zu eng gewordene Haus zu verlassen. Außerdem gehört Verarmung der ganzen Hausgenossenschaft und gemeinsame Not aller nach Zeugnis der Erfahrung auch nicht zu den Unmöglichkeiten; in den reicheren Landesteilen, wo solche Fälle seltener sind, da dürfte die Unerschöpflichkeit des Bodens mehr in Betracht kommen, als die Hausverfassung.

Der Grundbesitz einer solchen Familie beträgt nach Utiešzenovic [1] im Mittel ungefähr 25 bis 40 Joch (österr.), in zerstreuter Lage der Parzellen, wie sie einst der Herr den Unterthanen da und dort zur Benutzung angewiesen hatte. Die Familien, aus Geschwistern mit Kindern und Kindeskindern, mitunter noch mit alten Eltern bestehend, umfassen in der Regel 10 bis 12, sehr selten noch

[1] Die Hauskommunion, S. 187.

50 bis 60 Köpfe. Der „Vater" eines solchen Hauses ist nicht notwendig, ja überhaupt nur selten das genealogische Haupt aller, er braucht sogar mit der Mehrzahl gar nicht verwandt zu sein. Auch Fremde können — und wo Not an Arbeitskräften ist, geschieht es — in eine solche Familie mit allen Rechten und Pflichten der Zugeborenen aufgenommen werden. Während in der Regel die Braut dem Manne in dessen Familie folgt, kann doch auch unter Umständen noch das Umgekehrte stattfinden; „in Fällen großer Vereinzelung werden einzelne Männer auch in das Haus eingeheiratet und ihnen gleiches Eigentumsrecht mit den einheimischen Personen zugestanden," und das österr. „Grenzgrundgesetz" vom 7. Mai 1850 nimmt auf dieses „Einheiraten" in einer Weise Rücksicht, als ob es gar nicht zu den seltenen Fällen des Familienzuwachses zu zählen wäre. Es stünde also in der That einer solchen Familie nichts im Wege, sich wieder wie in alten Zeiten über tausende von Köpfen auszudehnen und ihr Haupt zu einem ansehnlichen Fürsten zu erheben, — wenn nur der nötige Grund noch frei läge oder das alte Eroberungsrecht noch anwendbar wäre. In Ausnahmsfällen aber gibt es auch heute noch größere Familien. So lehrt uns Wuk Karadzic eine Familie von 62 Köpfen kennen, welche 1400 Ziegen und Schafe, 50 Rinder und 14 Pferde auf die Weide schicken konnte. In der That besaß sie aber auch ausgedehntes Weideland, und die einzelnen lebten daselbst bei ihren Herden, nur selten bei Familienfesten sich um den Haupthof vereinigend — noch ganz ein Leben alter Zeit.

Das sichtbare Familienhaupt — das unsichtbare ist immer noch der Sveczar, die alte Familiengottheit in der leichten Verkleidung eines Heiligen — das sichtbare Haupt heißt Staresina oder Senior, ohne daß es darum gerade der Aelteste an Jahren zu sein brauchte. Die Art, wie er das Amt erwirbt, ist immer noch keine ganz unveränderliche. Oft bestellt sich auch heute noch[1] der Senior selbst seinen Nachfolger, wie einst der römische Pater, und es ist begreiflich, wie leicht aus diesem Vorgehen sich eine erbliche Vaterschaft einer Sonderfamilie in einer größeren Altfamilie ableiten ließ. Daß das

[1] Ebend. 21.

auch bei den Südslaven früher einmal geschehen war, dessen Zeuge ist die Anwesenheit ihres Kleinadels. Daß es aber nicht wieder neuerdings in den unterthänigen Bauernfamilien der Fall wurde, dazu trägt zunächst ihre zu geringe Ausdehnung bei, größtenteils aber dürfte es dem Einflusse zu danken sein, den sich die alten Adelsherren gerade in dieser Hinsicht vorbehalten hatten und bis 1850 übten. Sie hatten ihr Interesse daran, daß diese Einrichtung flüssig bleibe, überließen das beiderseitige Wahlrecht gern allen männlichen Mitgliedern der Hauskommunion, behielten aber sich oder ihren Beamten die Bestätigung der Wahl vor.[1] Wenn man sich den ungemessenen Einfluß vergegenwärtigt, den diese Herren hatten, so hielten sie damit eigentlich selbst die Ernennung ihres Stellvertreters in jeder Bauernfamilie in der Hand, und erst nach Befreiung der Bauern wurde dieses Wahlrecht zu einer relativ freiheitlichen Institution. Vordem war damit vielmehr vorgebeugt, daß sich nicht noch einmal im Zustande der Dienstbarkeit der alte Vorgang wiederhole, und ein untergeordneter, abhängiger Adel niederer Art entstehe, wie er ungefähr in Böhmen im Stande der bloß auf Lehensland lebenden „Ritter" dem der „Herren" entgegenstand. Nun blieb aber die Wahl ohne die Bestätigung durch einen Gutsherrn zurück, und deshalb erscheint die väterliche Gewalt bei den Südslaven gegenüber der römischen und germanischen sehr geschwächt, die Bedeutung der einzelnen Männer des Haushaltes aber tritt mehr hervor, und die Unbotmäßigkeit der Jüngeren wird als eine Schwäche des Systems beklagt.[2]

Der Staresina vertheilt die täglichen Geschäfte, beaufsichtigt die Arbeit und verwaltet die Einkünfte, aber all das nicht ganz ohne Zuthun der übrigen erwachsenen Familienglieder, so daß nach dem heutigen Rechtsbegriffe nicht er der Eigentümer alles beweglichen und unbeweglichen Gutes ist, sondern die Gesamtheit, in welcher auch die Frauen eingeschlossen sind. Vorsteherin der weiblichen Haushaltung muß nicht notwendig gerade die Gemahlin des Staresina sein; es

---

[1] Ebend. 222.

[2] Ebend. 240.

kommt vor, daß auch eines andern Frau die Hausfrau vorstellt. In einigen Gegenden wechseln die Frauen wöchentlich in der Besorgung des Haushaltes ab, indem je eine als „Rzedusa" — „die an der Reihe" — die gemeinsame Küche leitet.

Die Wohnstätte stellt eine Kombination des Principes der Sonderung und Vereinigung vor. Das Haupthaus — die alte deutsche Sala — dient allen, kleine Nebenhäuschen nur den Sonderfamilien; aber — und das ist das Kennzeichnende der Stufe — alle zusammen haben nur einen Herd. Die Stube um diesen immer noch offenen Herd, auf den der Himmel durch das offene Dach herunterblickt, ist der Hauptraum des Haupthauses, entsprechend dem römischen Atrium, der nordischen „Rauchstube", und jedenfalls nicht freundlicher als diese. Ein Vorhaus und links oder rechts oder beiderseits je ein herdloses Gemach können diesen Stuben angebaut sein, die Stallungen befinden sich daneben. Um dieses Haupthaus herum aber bilden herdlose, unheizbare Hütten die Schlafstätten der einzelnen Sonderfamilien. Der regierende Hausvater aber und seine Familie haben keine solche Sonderwohnung, sondern er bezieht von dem Tage seiner Nachfolge an mit den Seinen das Haupthaus, und dieses bildet fortan zugleich seine bleibende Wohnstätte. Daneben aber bietet dasselbe Herrenhaus auch wieder für alle Familienmitglieder die gemeinsame Küche, den Speise-, Gesellschafts- und Festraum. Hier vereinigen sich alle zum Mahle und zur Unterhaltung. Aber im Winter zieht sich womöglich der gesamte Familienbestand in dieses Haupthaus zurück und sucht hier um den wärmenden Herd die Schlafstellen aufzuschlagen, weil Nebenräume und Einzelhütten für diese Zeit nur ein unzureichendes Unterkommen gewähren.[1]

Halten wir das Bild eines solchen Haupthauses mit den Nebenhütten desselben in einer durch einen etwas größeren Hofraum getrennten Entfernung und in der einer größeren Familie nötigen Zahl derselben fest, und denken wir uns dann den oft berührten Zerfall der Altfamilie, so sehen wir die Entstehung eines slavischen Dorfes in seiner ganzen Eigentümlichkeit vor uns. Der Erbvater nimmt

---

[1] Utiesinovic a. a. O. 156.

mit seiner „adligen" Sonderfamilie das Haupthaus allein in Beschlag und sperrt die unterthänigen Familien von seinem Herde und seiner Küche hinaus; sie mögen sich, so gut es geht, in ihren Hütten und auf ihrem Stückchen Rustikalgrund behelfen. So erhebt sich allmählich auch äußerlich gehoben inmitten der alten Familienwohnstätte das „Herrenhaus" mit seinen Wirtschaftsgebäuden, und ringsherum löst sich ein Kranz von Bauernhütten ab, wie ihn uns heute noch so manches czechische, und in noch bescheideneren Formen manches polnische Dorf zeigt — ein Zeichen, daß auch hier die Entwicklung denselben Weg gegangen ist.

Darauf deutet außerdem noch die ganze slavische Besiedlungsweise, die Gemenglage der Bauernfelder und die Art der Namengebung. Wie der Großrusse noch heute keine Spur von einer Ortsanhänglichkeit hat, so hat auch einst der Czeche die Namen seiner Ansiedlungen nicht an die Oertlichkeit gehängt, wie der früher zu vollkommener Seßhaftigkeit gelangte Deutsche. Nur die Altfamilie, wie die römische Gens führt einen Namen, und mit diesem Pluralnamen aller Familienglieder bezeichnete der Altczeche auch deren Wohnsitz. Das kennzeichnet heute noch die topographische Karte von Böhmen. Der deutsche Erbherr nannte sich allmählich nach seinem Sitze als den „Herrn von Holzhausen", der slavische nach der Familie, aus der er hervorgegangen war, als den „Herrn aus den Werschowitzen".

Die verhältnismäßig weit härtere slavische Leibeigenschaft, wie sie auf österreichischem Gebiete bis auf Josef II. bestand, ist ein Ausfluß des hier ganz ausnahmslos vorwaltenden Erbvaterrechtes, das, vielleicht nicht ohne deutschen Einfluß, sich Bahn brach, ehe die Sonderfamilie in einen Sonderbesitz an Grund und Boden eingetreten war. Darum beruhte im Gegensatze zu den wenigstens mannigfaltigeren Verhältnissen in Deutschland die gesamte Regierung, das Gericht und die Administration auf slavischem Boden ausschließlich auf jenem absoluten Vaterrechte; jeder Gutsherr blieb ein Car auf seinem Gebiete.

Zwei Gruppen von Adel treten hervor; die ältere ist die der „Herren", erblicher Hausväter außerordentlich großer, durch vorangegangene Eroberungen in einer Art von Heroenzeit gewaltig ausgedehnter Altfamilien, deren Häupter nachmals ganz entsprechend zugleich den großen Gerichtsrat der vereinigten Stämme bildeten, aus deren Mitte die siegreichen Oberherren des ganzen Landes hervorgegangen waren. Die jüngere Gruppe bilden die „Wladyken“ oder „Ritter“, welche entweder, gleichen Ursprungs, den mächtigeren „Herren“ sich haben unterordnen müssen, oder in jüngerer Zeit auf ähnliche Weise aus sich sondernden Familien hervorgetreten und durch Dienste und Lehen über die gemeine Unterthänigkeit sich emporgeschwungen hatten.

Von einer slavischen Gemeindeverfassung kann man darum nicht reden. Die „Herren“ und Wladyken blieben ganz in ihrer alten Stellung die unbeschränkten „Väter“ gegenüber denen, die einst mit ihnen die Altfamilie gebildet hatten. Sie legten auf sie nach Gutdünken und ohne Verantwortlichkeit die Arbeit — die „ungemessene“ Robot — sie bemächtigten sich auf Grund dieser Herrschaft alles Bodens und aller Grundrechte und ließen den gesonderten Bauernfamilien außer dem Troste, daß Gott das alles so in seiner Güte geordnet habe, ein kleines Stückchen Landes zur Nutznießung. Der große sociale Kampf des 15. und beginnenden 16. Jahrhunderts führte zum vollständigen Siege dieses Principes. Der czechische Bauer hatte noch eine Erinnerung, daß er ja einst als Familienmitglied der Mitgenießer des gesamten Familienbesitzes gewesen war, und er hielt, als er sich schon in die Baulandbeschränkung gefügt hatte, weil sie ja nur Gewohntes enthielt, noch fest an der Ausübung der Jagd und Fischerei, dieses letzten Restes der Gemeinnutzung. Da schritt der böhmische Adel zur Entwaffnung des Bauers, und so entwand er ihm, durch Landtagsbeschlüsse sich zu gegenseitigem Schutze gegen die Unterthanen einigend, auch dieses Recht, indem er das Princip, daß nur er, der Adel, alleiniger und unumschränkter Herr alles Grundes und Bodens und seines Nutzgenusses sei, zum Siege führte.

So hätte auf diesem Boden die Herrschaft des Vaterrechtes bei der Auflösung der Altfamilien das gesamte Volk in arge Knechtschaft gestürzt, wenn nicht gleichzeitig andere Entwicklungsformen aus dem Westen eingedrungen wären und im harten Kampfe mit den Ansprüchen des Adels sich aufrecht erhalten hätten. Dazu gehörten vorzugsweise die städtische und die Kolonistengemeinde. Beide sind nicht unmittelbar aus der Altfamilie abgeleitet, sondern Vereinigungen freier Wahl, welche entweder direkt den Schutz der Selbständigkeit im Auge haben oder doch dazu beitragen. Beides sind Gemeindeindividualitäten, die nicht erst einmal unter ungewissen Schicksalen aus Altfamilien durch deren Auflösung, sondern aus Sonderfamilien durch deren zielbewußte Vereinigung entstanden und darum dem „Richter" gegenüber, dem sie sich doch immer wieder nach Analogie des Familienverbandes unterordneten, nur zu bestimmten und gemessenen Pflichten sich herbeilassen konnten.

In Rußland hat der Adel längst seinen Herd abgeschlossen und die Sonderfamilien hinausgewiesen; die Bauern hatten seit undenklichen Zeiten keinen Zutritt mehr zum alten Stammhause, sondern waren auf ihre Hütten angewiesen. Dabei blieben sie aber bis 1861 in der völligen Abhängigkeit ehemaliger Hausgenossen, und auf dieser Unterthanschaft allein beruhte wie in Böhmen und Polen alles Regiment und alle Administration. Die heutige Stellung des von der persönlichen Leibeigenschaft befreiten Bauers in Groß- und Weißrußland kennzeichnet sich durch gewisse Widersprüche. Die Bauernschaft eines Gutes hat sich nach Ausscheidung der Adelsfamilie nicht neuerdings in der Form der Altfamilie organisiert, sondern ist thatsächlich in Sonderfamilien zerfallen, wie die getrennten Hütten dazu den ersten Anlaß geben mußten. Aber auch in diesen Hütten hat sich kein Altfamilienregiment in kleinerem Maßstabe wieder aufgethan, wie in Serbo-Kroatien der Fall war; vielmehr hat die fortbestehende Wechselteilbarkeit des Bodens die fortgesetzte Sonderung erleichtert. Aber umgekehrt wurden vom Gutsherrn und vom Staate die Bauernschaften immer noch als solche Altfamilien betrachtet und behandelt, und auf dieser Fiktion beruht bis heute die russische Verwaltung.

Der Staat verlangt seine Steuer und seine Rekruten nicht von dem einzelnen, der für ihn gar nicht besteht, wenn er auch nach deren Anzahl das Ausmaß reguliert, sondern er fordert und exequiert die zu leistende Einheit von der Altfamilie — daher die lästige

Gemeinbürgschaft russischer Dorfgemeinden; Stadtverfassungen aber gibt es nicht. Die Folgen der Faulheit eines Bauers trägt daher immer noch, wie bei der alten Gemeinwirtschaft, der fleißige Nachbar; denn der Steuerrückstand des Leistungsunfähigen wird von demjenigen eingetrieben, dessen Sparsamkeit etwas hinterlegt hat. Dem Staate gegenüber haben alle Bauern eines Dorfes trotz ihrer Familiensonderung immer noch nur eine Kasse; dem Exekutor ist es gleichgültig, in wessen Verwahrung er den reicheren Anteil findet.

Ebenso hat es der Gutsherr in betreff der Ueberlassung des zur Ernährung der Bauern nötigen Grundes immer nur mit einer Einheit zu thun; er gab das Stück nicht wie etwa in einem deutschen Kolonistendorfe der einzelnen Sonderfamilie, sondern er schied nur einen einzigen Gutsteil im ganzen als das „Bauernland" aus. Deshalb erhielt sich in Groß- und Weißrußland bis heute noch das bäuerliche Gesamteigentum an Grund und Boden. Auch jetzt, wo es in freies Eigentum übergeleitet wurde, besitzt solches nur das ganze Dorf als Altfamilie und diese überläßt dann den Sonderfamilien nur je ein Stück zur Nutznießung. Die Stücke mußten zwar nicht, aber sie konnten noch alle Jahre gewechselt werden, und es findet ein solcher Wechsel noch thatsächlich statt. Darum bildet für den großrussischen Bauer allenfalls eine „steinerne Kirche",[1] aber nicht sein Wirtschaftsgrund einen Gegenstand sehnsuchtsvoller Anhänglichkeit.

Wie sich einst auf germanischem Boden das Amt des Altvaters in zwei Hälften gespalten hat, von denen je nach den betrachteten Verhältnissen dem Richter oder dem Gutsherrn die eine, dem „Pater", Pfarrer, die andere zufiel, gerade so mußte sich nun auch — und das nicht bloß auf germanischem Boden — das alte Haupthaus der Altfamilie in die Doppelerscheinung des Herrenhofes und des Gotteshauses, der Kirche, zerlegen lassen. Das Herrenhaus schloß seine Thore und sperrte die dienenden Kinder für immer hinaus; aber die Kirche hielt ihre Thorflügel, wie es in katholischen Ländern noch immer Brauch ist, allen offen, sie bot sich dann als Zufluchtsstätte

[1] v. Haxthausen a. a. O., S. 7, Note.

der Verdrängten, und in ihr erhob sich im „Altare“ ein neuer gemeinsamer Herd aller. Diese Bedeutung haben in Wirklichkeit der zerfallenen Altfamilie gegenüber Altar und Kirche. Wir sahen aber, wie einst die Braut, die nun dem neuen Hause des Mannes angehören sollte, um den Herd desselben oder vor diesen geleitet wurde; die Sitte hat sich erhalten, aber sie ist in das neue Gesamthaus verlegt worden. Vor den Herd der Kirche wird nun die Braut geführt, um diesen Herd geleitet. Auch das neugeborene Familienglied wird nun diesem Herde zugeführt; beim ersten Ausgange der Mutter wird das Kind durch sie in die Kirche gebracht und um denselben Altar getragen. Bei den Südslaven thut letzteres noch der Priester selbst; er als der neue Altvater der Kirchspielfamilie empfängt von der Mutter den Neuling und trägt ihn an des Kirchspiels gemeinsamen Herd. An derselben Stelle, am Altare, gab auch der deutsche Herr dem Knechte die Freiheit wieder; er löste ihn damit vom gemeinsamen Herde des Hauses.

Darum hat auch die Anhänglichkeit des Volkes an seine Heimatskirche einen ganz realen Grund. Die Hütte war nur sein Schlafgemach, sein herrlich geziertes stattliches Haus war die mit Ausschluß der Nacht zu allen Zeiten allen geöffnete Kirche. Auf deren Schmuck verwandte es seinen letzten Pfennig, indes seine Hütten im Schmutze liegen blieben. In der Kirche kam es zusammen, nicht allein wie heute zum Singen und Beten; in die Kirche verlegte es seine Feste, die es einst in der „Halle“, im Saale des Herrenhauses gefeiert. Nicht nehmen ließen es sich die Angelsachsen, wie ihre Väter in der „Halle“ gethan, in der Kirche an ihren Festen unter dem Schmuck der Maien zu schmausen und zu zechen, und Papst Gregor I. sah sich genötigt, die Sitte zu schonen. — Und wie einst die Urväter in der eigenen Behausung die Teuren begruben, wie noch der Langobardenkönig unter dem Marmorportal seines Palastes seine Grabstätte wählte, so hat auch das Vaterhaus der Kirche die Leichen wieder aufgenommen — aber auch das wieder mit der Unterscheidung, die das Leben gemacht. Unter dem Herdaltare selbst, oder in der Nähe desselben, in der Krypta, ruhten die väterlichen Herren; rings um den Chor der Kirche ordneten sich, wie einst die Schlafkammern um den „Saal", die Grabkapellen der Herrschaftsfamilien; außer den Thoren, rings herum auf dem „Hofe" der Kirche, fanden die „gemeinen Leute" ihre Lagerstätten. So wohnten die Toten wieder wie die Lebenden. In deutschen Kolonistenländern, wie beispielsweise im Sachsenlande Siebenbürgens, wo allenfalls nur ein Dienstadel neue Herrschaftssitze errichten konnte, tritt die Kirche zu gewissen Zeiten auch nach außen hin als beides zugleich auf, als das Haus Gottes und das Herrenhaus, die wohlbefestigte, wohlverteidigte Burg der Kirchspielfamilie. Wie mancher Barbarensturm ist von diesen deutschen Burgen abgeschlagen worden! Aber auch manche Einzelheiten am Bau der „romanischen" Kirche deuten auf einen ursprünglich derartigen Befestigungszweck. —

Auch bei der Neubegründung eines russischen Gemeindewesens nach Auflösung der Leibeigenschaft hat man der „Wolost" das alte Kirchspiel zu Grunde gelegt. Vor dieser Anordnung gehörten natürlich auch die Hütten, in denen die Unterthanen wohnten, als Eigentum den Gutsherren, ja es fanden sich in Rußland sogar noch Spuren jenes ungetrennten Zusammenwohnens der Altfamilien. „Aus den Bemerkungen, die das Komitee von Poltava gemacht hat, ergibt sich, daß es kleinere Güter gibt, auf welchen die Verhältnisse zwischen den Gutsbesitzern und Bauern so patriarchalisch sind, daß bäuerliche und gutsherrliche Gebäude und Gärten in unmittelbarer Nähe neben- und untereinander liegen, ja daß Bauern sogar Hof und Garten, auch nicht selten das Haus des Gutsbesitzers mit ihm teilen. Es macht darauf aufmerksam, daß dieser Zustand bei dem Aufhören des patriarchalischen Verhältnisses infolge der Emancipation nicht wird fortbestehen können, also eine Versetzung der Gehöfte nötig sein wird, von welcher auch in anderen Beziehungen in den Verhandlungen, betreffend die neue Gesetzgebung, viel die Rede gewesen ist." [1]

Dem Leser, welcher mit diesen Verhältnissen und Entwicklungen die Geschichte Schottlands vergleicht, etwa wie sie uns H. Th. Buckle im zweiten Bande seiner „Geschichte der Civilisation in England"

---

[1] v. Haxthausen a. a. O., S. 156 f.

darstellt, wird ein neuartiges Verständnis für die letztere aufgehen, und er wird die Ueberzeugung gewinnen, daß das Gesetzmäßige in dieser Entwicklung nicht bloß innerhalb eines einzelnen Volkskreises sich bethätigt. Nur auf jene Völker findet die Schilderung des Lebens in der Altfamilie keine Anwendung, die beim Jägerleben verweilend zu keiner andauernden Organisation der Arbeit gelangten. Nur hierin lag der Anlaß zur Schaffung einer Organisation auf Grund der Macht. Die Nordindianer entlehnten im Gegensatze dazu ihre Art väterlicher Herrschaft, wie schon angeführt wurde, ganz den Formen der vorangegangenen mütterlichen, und dieser Unterschied spiegelte sich wieder auf das deutlichste in ihren ganzen Lebenseinrichtungen, insbesondere in ihrer Kriegführung.

Der eigentliche Vertreter der Organisation der Altfamilie ist dagegen der echte Nomade. Ihm ist der Krieg etwas wesentlich anderes als dem Indianer; kriegen und fechten haben auch in unserer Sprache noch die Nebenbedeutung des Erwerbs. Der Beduinenkrieg ist Beduinenerwerb und der wertvollste Gegenstand dieses Erwerbes ist der Mensch als unterworfene Arbeitskraft. Diesen Erwerb kannte, wie Loskiel auf das Bestimmteste versichert, der alte Nordindianer nicht. In den seltenen Fällen, daß er das Leben eines Kriegsgefangenen schonte, wurde dieser als ein freier Mann im Stamme des Siegers aufgenommen und war niemand weiter unterthan. Die Regel aber war, daß der Indianer an dem Gefangenen seine Rache kühlte und ihn ebenso grausam wie nutzlos zu Tode marterte; er hatte keinen Begriff für die Wertschätzung der Arbeitskraft, die ein Mensch darstellt. Dieser Unterschied machte die Indianerkriege so grausam, die Nomadenkriege so zahlreich. Das mittelalterliche „Stegreifleben“, das „Heeren“, „Auspochen“ und wie all die barbarischen Kunstausdrücke hießen, ist nichts als der letzte Rest einer alten Erwerbsart, der sich unter einem unzulänglich geschützten „Königsfrieden“ noch erhalten konnte.

Der Kelte aber stand auf solcher Stufe, und bei ihm hatte sich die Institution der Altfamilie in großartiger Weise entwickelt. Der unbedingte Gehorsam, den bis ins 18. Jahrhundert das wilde Volk der Schotten seinen „Adelshäuptern“, aber auch nur diesen, leistete, ist nichts als ein Korrelat jener patria potestas, welche dieser Adel übte. Es gab auch hier gar keine andere Basis eines Regimentes; alles, Gericht wie Administration, war nur ein Ausfluß. Darum beanspruchte auch der schottische Adel die „erbliche Gerichtsbarkeit" als sein natürliches, ihm angeborenes Recht und sein ausschließliches Privilegium. Die Regierung des Landes lag naturgemäß in den Händen aller Altväter zusammen, so wie einst auf Island die Godar der einzelnen Kirchspiele gemeinschaftlich die autoritative Behörde des Zusammenschlusses mehrerer Kirchspiele bildeten. Auf dieser Grundlage ruhte das schottische Parlament der 145 Peers, der Gleichgestellten.

Die Auflösung dieser schottischen Altfamilien-Organisation oder, was dasselbe ist, die Zersetzung der schottischen Adelsmacht läßt sich recht gut verfolgen und es läßt sich zeigen, welchen großen Einfluß gerade diese auch auf die Wissenschaft übte. Diese fruchtbare Zersetzung fand hier sogar früher statt als anderwärts, und wenn sie auch von mehreren Seiten beeinflußt war, so bildete doch die Vereinigung Schottlands mit England im Jahre 1707 den eigentlichen Wendepunkt. Zuerst zerbröckelte die gesetzgebende Gewalt dieser Altfamilienhäupter, indem sich von den 145 Peers nur 16 in das englische Oberhaus hinüber retten konnten. Indem nun diese ihr weiteres Fortkommen in London suchten, verloren sie die Verbindung mit der Heimat. Durch den Aufstand von 1745 gerieten viele schottische Adelssitze in fremde Hände; diesen gegenüber erhielt sich die Tradition der Clanschaft nicht mehr aufrecht — die altväterliche Gewalt war in voller Auflösung begriffen; da gab ihr das englische Gesetz von 1748, welches in Schottland die erbliche Gerichtsbarkeit abschaffte, den Todesstoß. In dem Maße, als nun zugleich wenigstens in Südschottland die Industrie eindrang, um der so befreiten Sonderfamilie einen Ersatz für den kargen und unzureichenden Nutzgenuß am Gute der alten Gesamtheit zu bieten, zerriß auch das letzte materielle Band zwischen Volk und Adel. Und umgekehrt war es auch gerade wieder diese fortschreitende Zersetzung, welche zu den neuen Erwerbsformen der Industrie und des Handels hindrängen mußte. Nur ein Teil der altväterlichen Gewalt rettete sich aus diesen Stürmen; dessen Träger aber war der Adel schon lange nicht mehr.

Wir müssen hierbei wieder auf eine Entwicklung zurückblicken, der wir schon bei den verschiedensten Volksstämmen begegnet sind. Sowie das Christentum mit seinem schon ausgestalteten Priestertume auftrat, spaltete sich überall die altväterliche Gewalt in zwei Hälften: neben das weltliche Haupt trat ein geistlicher Vater. Ebenso fiel im weiteren Verlaufe das gemeinsame Saalgebäude in zwei Hälften auseinander, in das Herrenhaus und die Kirche. Wie das Herrenhaus den „Unterthanen" seine Thore schloß, so blieb die Kirche ihre einzige Zuflucht, und Schritt für Schritt mit dem Zerfalle der Adelsmacht gewann in Schottland die protestantische Geistlichkeit die unbedingteste Herrschaft über das Volk. Die Vorstellung von einer unbedingten Unterwerfung unter eine väterliche Gewalt war einmal im Schotten als das Ergebnis seiner Geschichte vorhanden, und wenn der eine Haken brach, so suchte er einen andern, um jene Vorstellung daran zu hängen; in unserem Falle war der Priester der glückliche Erbe. „Dem Prediger mußte alles zuhören, dem Prediger alles gehorchen."

Derselbe Umschwung, der damals in der Volksorganisation Schottlands eintrat, hatte sich der Hauptsache nach in England schon früher vollzogen und die übrigen Länder Europas folgten nach, bis in unserer Zeit die Reihe sogar auch an Rußland kam. Während aber die einen schon gegebene Muster nachahmten, war bei den andern der Umschwung außerordentlich langsam vor sich gegangen, indem die städtischen Gemeinden mit ihrer eigentümlichen Erwerbsart und die Kolonisation der altväterischen Organisation in stiller Arbeit immer mehr Boden abgerungen hatten. Schottland hat sich während seiner Selbständigkeit an dieser Arbeit nur in verschwindend kleinem Maße beteiligt; für dieses trat der Umschwung wie ein Naturereignis ein und die Neuheit der sich gestaltenden socialen Verhältnisse mußte denkende Geister in einer besondern Weise erregen; — gerade diese Zeit und dieses Land haben uns einen Adam Smith gegeben, und dieser Geist hat die Menschheit in ein Gebiet des Denkens eingeführt, das ihr vordem völlig fremd gewesen.

2. Die Entwicklung auf deutschem Boden.

Daß wir auch auf deutschem Boden einmal die Altfamilie als die Grundform aller jüngeren Organisation besaßen, wenn auch unter großer landschaftlicher Mannigfaltigkeit örtlich die Auflösung in einer für die gemeine Freiheit günstigeren Weise vor sich ging, hat man lange nicht erkennen wollen. Aber auch hier haben Unterthänigkeit und Frohndienst des Bauers dieselbe Quelle gehabt. Indem sich auch bei uns da und dort die Altfamilie unter denselben ungünstigen Umständen auflöste, wie auf slavischem Boden durchgehends der Fall war, wurde das böse Beispiel Ziel der Nacheiferung der Herren auch auf andern Gebieten, und auch wir wären in volle Unfreiheit versunken, wenn nicht gerade die auf einem anderen Principe beruhenden Organisationen einer jüngeren Zeit ein Gegengewicht geboten hätten.

Nachdem die Völkerwanderung die deutschen Stämme nach Westen und Süden geführt, ist ein großer Teil des heutigen Deutschland Kolonistenland — das ist die Rettung der Freiheit geworden. Das deutsche Kolonistendorf steht zum Dorfe der Altfamilie nur in der losen Beziehung einer Analogie. Es hat schon selbständige Sonderfamilien und geteilten Grund — die Hufe — zu seiner Voraussetzung, und indem es in vielen Gegenden wenigstens mit Vorliebe jeden Hof einzeln auf seine Hufe setzt, will es nicht einmal äußerlich das Dorf der Altfamilie nachahmen. Die Kolonisten treten als Fremde in einen Verband mit stipulierten Rechten und Pflichten; dennoch aber kann — mit dieser Einschränkung — die äußere Organisation doch wieder nur von dem alten Vorbilde entlehnt sein. Der „Erbrichter", Schultheiß oder Schulze ist ein stellvertretender Hausvater der Großfamilie — aber er hat keine unbegrenzt väterliche Gewalt, er besitzt nur begrenzte Rechte und hat, weil die ganze Organisation auf Grund eines Vertrages zustande kam, nur „gemessene" Verpflichtungen einzutreiben.

Nichtsdestoweniger sind der Schulzenhof und die Kirche noch als die alten Haupthäuser, insbesondere ersterer als die „Sala" einer Gesamtfamilie kenntlich. Im Schulzenhause ist die große

Stube für alle, und die Säule, die die Decke trägt, erinnert noch gar sehr an die Malsäule auf einer altdeutschen Mahlstätte; an ihr hingen denn auch die Zeichen des „Gerichtes“. Bei den Südslaven sahen wir noch, wie das Haupthaus als Küche, Speise- und Gesellschaftsraum allen gemeinsam diente. In gewissem Sinne hat sich nun sogar das Schulzenhaus denselben Rang als Vorrecht gewahrt: als Gerichtssaal und Wirtshaus vereinigte es die Dorfgesellschaft zu Ernst und Scherz: es besaß ursprünglich allein das Recht des Schankes, der Schlächterei, Bäckerei und da und dort selbst der Brauerei.

Der Grund, auf dem der Kolonist baut, gehört allerdings auch noch einem Gutsherrn, aber die Erbpacht gibt ihm denselben zu recht freier Verfügung; dafür sind seine Gegenleistungen abgemessen. Nicht minder bedeutsam für die deutsche Entwicklung war der Bestand der städtischen Gemeinwesen. Sie konnten die Sonderfamilie zu vollkommener Freiheit führen, wenn die Gemeinden selbst das Richteramt von ehemaligen Gutsherren käuflich erwarben und nun selbst nach ihrer Wahl besetzten. Sie teilten die Freiheit ihres Standes den sich aus einem alten Verbande aussondernden Zuzüglern mit, indem sie für diese Bürgschaft leisteten und deren Freiheit, wenn sie durch Jahr und Tag unangesprochen blieben, zu verfechten sich verbanden. Eiferten auf der einen Seite die Gutsherren dem schlimmen Beispiele nach, so konnte es auf der andern nicht fehlen, daß der Bauer nach dem besseren aufblickte. Es scheint uns dabei beachtenswert, welche Betonung die Bauern bei dem Ausbruche des großen Kampfes dieser Richtungen im 16. Jahrhundert auf den Besitz der Kirche legten. War das eine Haupthaus nun schon unrettbar verloren, dem Gutsherrn anheimgefallen, so wollten sie doch wenigstens im anderen selbst die Herren bleiben und wandten sich darum, selbst für sich die Wahl der Pfarrer fordernd, gegen das Uebermaß der Patronatsrechte.

Daß gerade auf urdeutschem Boden, da wo die Besiedlung nicht durch Kolonisten erfolgt war, auch in historischer Zeit die Altfamilie noch bestand, darauf weist uns noch der Sachsenspiegel, wie schon erwähnt, deutlich genug hin. Indem das Gesetzbuch in schon angeführter Weise die Gegenstände aufzählt, welche einer Ehefrau als

Geschenk des Mannes eigentümlich gehören sollen, nennt es darunter auch das gezimmerte Haus und die nötigen Zäunungen — wohl zunächst zu Pferchen für Kleinvieh —, und spricht an anderer Stelle der Frau das Recht zu, dieses Haus nach des Mannes Tode mit sich zu nehmen. Ueberblickt der Leser nun noch einmal alles, was wir ihm vorgeführt haben, so wird er nicht zweifeln, daß kein anderes Haus gemeint sein kann, als ein solches, welches in Urzeiten auch der Deutsche neben dem Haupthause auf der Hofstätte für den Fall seiner Verheiratung aufbaute. Daß aber dieses Haus noch der Frau selbst gehören sollte, — das ist das eigentümlich Germanische dabei. Daß ein solches Haus trotz seines leichten Baues immer herdlos geblieben sei, ist nicht nötig anzunehmen. Der Herd mußte sich vielmehr mit der Sonderung der Familie einfinden; dann begann überhaupt das gesonderte Haus das alte Herrenhaus nachzuahmen. Auf dieser Grundlage konstruiert sich schon das Haus des Kolonisten und des Stadtbürgers. Wie nun die städtische Gemeinde auf der vertragsmäßigen Einigung von gleichberechtigten Sonderfamilien beruht, so ist es auch ganz bezeichnend, daß das deutsche „Weichbildrecht" feststellte, in Städten gäbe es eine solche Morgengabe und demgemäß ein solches Sonderhaus neben dem Stammhause nicht mehr.

Im älteren Rechte finden sich auch deutliche Hinweise auf den Bestand der altdeutschen Gesamtfamilie. Nur eine solche kann die „universa domus" des Tacitus [1] sein. Auch das salische Gesetz [2] spricht von „Brüdern", welche das gesamte Salland besitzen sollen, in einer Weise, die noch auf ungeteilten Besitz schließen läßt. Dieses Gesamthaus empfängt die Mordsühne für den Mord eines der Seinigen, aber auf dieser Gesamtheit liegt auch noch dieselbe Verpflichtung der gemeinsamen Leistung einer solchen; die Glieder der Altfamilie sind mit unbeschränkter Haftpflicht verbunden. Erst König Hildbert soll im Jahre 595 für das Frankenreich diese Gemeinverpflichtung aufgehoben haben, damit nicht gleichzeitig durch einen so viele zu Schaden kämen. Es ist natürlich, daß damit die Zersetzung der Altfamilie zunächst auf römischem Boden eintreten konnte.

[1] Germ. c. 21.

[2] Lex salica LIX und Novelle 167.

In dem Zustande, in welchem heute unter österreichischem Gesetze die südslavische Hauskommunion sich befindet, daß sie zwar als zu Recht bestehend anerkannt und selbst wohlwollend geschützt, dem einzelnen aber doch auch der Weg offen gehalten wird, auf dem er sich loslösen und auch mit einer Sonderfamilie in eine rechtliche Existenz eintreten kann, in diesem Zustande ungefähr sehen wir die fränkische Altfamilie schon zur Zeit der Aufzeichnung des salischen Gesetzes. Der einzelne darf sich schon von jener Verwandtschaftsverbindung — der „parentilla" — lossagen, aber nur unter öffentlichem Verzicht auf seinen Anteil am Gemeinvermögen. Der so damit verbundene Nachteil war allerdings ein guter Schutz der Altfamilie. „Er muß kommen auf den Malberg vor den Thunginus (Richter) und soll drei (wohl verschrieben für „vier") Erlenstecken über seinem Kopfe zerbrechen, und diese nach vier Seiten auf dem Malberge werfen, und muß hier sagen, daß er mit einem Eide sowohl das Erbe als die ganze Verbindung mit jener aufgebe." Stirbt dann jemand von den Verwandten oder wird er ermordet, so hat jener Ausgesonderte weder die Erbschaft noch einen Wergeldanteil zu beanspruchen; dagegen empfangen jene immer noch für ihn das Wergeld und von ihm, falls er etwas erworben hat, die Erbschaft.[1] Noch ist also immerhin der alte Familienverband mit einer starken Schutzwehr des einseitigen Vorteils umgeben, wenn sich auch schon ein Thürchen in derselben öffnet.

Es wäre aber dem einzelnen trotz dieses Gesetzes nur sehr selten möglich gewesen, aus der Altfamilie auszuscheiden und sich dennoch eine Existenz zu begründen, wenn nicht schon verschiedene Dienstleistungen an den Höfen in ähnlicher Art mit Lehensgütern aus dem Besitze der Großen belohnt worden wären; denn einen Ackergrund in einer andern Gemeinde zu gewinnen, war nur unter Umständen möglich, und es gehörte dazu wieder die Aufnahme in ihren Verband. Diese mochte wohl bei erfolgter Decimierung des Personenbestandes gewährt werden, hatte aber ihre eigentümliche Schwierigkeit in der Natur der Sache, da es noch keine Einzelbesitztümer gab.

---

[1] Lex salica LX.

Noch gehörte, wie heute in Großrußland, die ganze Mark der Gesamtheit der Dorfbewohner; nur die Hofstätte mit der Wohnung war Sonderbesitz. Was also der heutigen Erwerbung eines Grundstückes entsprach, das war für damals die Berechtigung zur Mitbenützung der gemeinen Mark, und diese hing eben von der Zugehörigkeit zur Altfamilie ab, welche jetzt die Dorfgemeinde darstellt.

Wollte also der Ausscheidende wieder Landwirt werden, so mußte er notwendig wieder in einen solchen Verband eintreten. Eine solche Freizügigkeit war aber durch einen Umstand außerordentlich erschwert. Er trifft in auffallender Weise noch heute auch in der russischen Gemeinde zu. In dieser scheitert jeder Verbesserungsvorschlag allzuleicht daran, daß Gemeinden, die wie die slavischen durchwegs nicht durch Verträge entstanden sind, an die Stelle des väterlichen Willens, falls sie sich selbst regieren sollen, nichts zu setzen finden, als den Willen der Gesamtheit, und diesen finden sie nur in der Einstimmigkeit ausgedrückt; sie kennen keinen Majoritätsbeschluß, keine Unterordnung der Minderheit. „Nicht nur in den Verfügungen über den Gemeindegrund, sondern auch überhaupt in allen Beschlüssen der bäuerlichen Gemeinde wird durchaus vorausgesetzt, daß alle ohne Ausnahme einverstanden sind, und bevor eine solche Einstimmigkeit erzielt ist, wird die Gemeinde auch gar keinen Beschluß fassen." Diese[1] Anschauung, welche sich bei den Slaven als eine nationale erhalten hat, zeigt sich auch in Bräuchen und Rechtsgewohnheiten anderer Völker noch in einzelnen Spuren; am ausgeprägtesten tritt sie uns in dem unglückseligen Liberum veto des polnischen Landtages entgegen. Aber dasselbe System hat nach dem Zeugnisse des salischen Gesetzes (XLV) auch bei unseren Vorfahren bestanden, als sie sich in einem analogen Stadium der Gesellschaftslage befanden. Jener Uebersiedelnde konnte darum in ein fremdes Dorf nicht aufgenommen werden, „wenn auch nur einer auftritt, der widerspricht". Bleibt seine Anwesenheit aber durch zwölf Monate unwidersprochen, so hat er seinen Wohnsitz daselbst und somit seinen Anteil ersessen.

---

[1] Kawelin, Der bäuerliche Grundbesitz in Rußland. Leipzig 1877, S. 19.

Auf diese Weise war auch bei unsern Vorfahren noch möglich, was heute noch bei den Südslaven stattfindet, daß die eine Familie sich eines Ueberschusses entledigt, den sie auf ihrem Grunde nicht mehr ernähren kann, während eine zweite Arbeitskräfte gewinnt, wenn sie solcher bedarf. Indes würde auch dieser Ausweg in einem dichtbevölkerten Lande nicht ausreichen, wenn Landbau der einzige Erwerbszweig bliebe. Wenn aber andere Erwerbszweige hinzutreten, werden sie unabänderlich ein Gährungsstoff zur Zersetzung der Altfamilie. Es fehlt nicht an Stimmen, welche eine Rückkehr zu einer Art Altfamilienverfassung als das Heil aller Welt preisen. Eher können wir mit jenen Slaven sympathisieren, welche den Rest jener Verfassung da pietätsvoll wahren wollen, wo er noch besteht. Doch kann man sich unmöglich der Wahrnehmung verschließen, daß die Hauskommunion nur deshalb heute noch ohne Schaden in Serbo-Kroatien existieren kann, weil dieses Land Gelegenheit genug hat, den Ueberschuß an Arbeitskräften an eine anders organisierte Nachbarschaft abzugeben. Der österreichische Soldaten-, Offiziers- und Beamtendienst, der Priesterstand und das Handwerk in den importierten Stadtgemeinden ernähren jene, welche ohne eine wesentliche Herabdrückung der Lebenshaltung aller in den Hauskommunionen nicht erhalten werden könnten. In ähnlicher Weise mußte es auch auf deutschem Boden eine Zeit geben, in welcher die alte Organisationsstufe der Erscheinung gegenüber, daß die Menschen sich zahlreicher mehrten als die nur auf die alte Weise erzielten Erhaltungsmittel, nicht mehr ausreichte; aber diese Stufe des beginnenden Zerfalles liegt für uns fast schon an der untern Grenze der Geschichte.

Es waren vorzugsweise **vier** Seiten, nach welchen hin die Altfamilie und ihre Organisation frühzeitig bedroht schien: Kirchendienst, Fürstendienst, städtische Gemeinden und Kolonisation. Alle diese Institutionen sind Bollwerke der Sonderfamilie geworden, und insbesondere bezeichnen die beiden letzten den Uebergang zu einer Familienform, die heute die herrschende, ja die einzige in fortgeschrittenen Kulturstaaten ist. Ihr Princip in seiner heutigen Gestalt verbindet ein der Erfahrung abgewonnenes weises Maß von Freiheit und Gebundenheit; es erzieht durch Gebundenheit den Nachwuchs zur Freiheit und Selbständigkeit, oder es versucht es wenigstens. Indem wir der Entwicklung bis zu diesem Punkte folgten, schließt unsere Aufgabe ab; denn sie war eine historische. Auf einem andern Gebiete liegt die Frage, die sich vielleicht dem Leser aufdrängen mag: ob das, was heute gilt, der Abschluß der Entwicklung für alle Zeiten sei?

Die Geschichte weiß von solchen Abschlüssen überhaupt nichts; die Richtung des ferneren Weges aber läßt sie wohl erraten. Wir lernten als Triebfeder aller Entwicklung die immer weiter und weiter ausgreifende Lebensfürsorge kennen; die heutige Familie ist die Trägerin derselben bezüglich der Kinder; diesen eine möglichst ausreichende Lebensausstattung zu geben, ist ihre Aufgabe. In diese Ausstattung aber fällt vom Gesichtspunkte einer erstarkten Fürsorge insbesondere die Freiheit der Person. Die Geschichte läßt darüber keinen Zweifel zu: all die Massen, die eine ältere Familienorganisation in die Unfreiheit gestürzt hat, sind dem Fortschritte der Menschheit so gut wie verloren gewesen. Sie haben keine Geschichte, diese Massen; nur jene, die frei geblieben, oder zur Freiheit wieder sich emporgerungen, spinnen jeweilig den Faden der Geschichte weiter. Es ist das unzweifelhafte Verdienst unserer Familienverfassung, daß sie diese kostbare Perle im Schatze der Lebensausstattung des Menschen bewahrt, daß sie in der Beschränkung ihres Umfanges die Innigkeit der Beziehungen zu erhöhen und so das Gemütsleben des Menschen unendlich zu fördern vermochte. Es ist nur die Frage, ob es ihr in dieser Beschränkung auch gelingen könne, den Schatz der Lebensausstattung auch nach allen andern Richtungen hin in gleicher Weise zu füllen. Und vermag sie das nicht, kann sie, und wo darf sie nach dieser Seite hin auf eine Ergänzung rechnen? Indem sie das Kind zur Freiheit erzieht, schädigt sie ihren Besitz, fördert aber das Beste einer höheren Gemeinsamkeit. Von daher darf sie dann auch den Ersatz erwarten; und wir wandeln sichtlich auf diesem Wege. Was von allem Anfange an zugleich mit der Sonderfamilie hervortrat, das war ein Gemeindeverfassungsprincip neuer Art; schon dieses deutete auf den neuen Weg; welchen Anteil nimmt nicht heute schon die über der Familie stehende Organisation an der Erziehung und Unterweisung des Kindes, an der Fürsorge für seine physische und geistige Gesundheit? Mögen die Kräfte der Sonderfamilie unserer Zeit vielfach unzulänglich erscheinen, durch die gleichberechtigten Ansprüche aller an ein modernes Organisationsprincip, das mit ihr geschaffen wurde, erstrebt sie die Ausgleichung. Es wird umsonst sein, von einzelnen Lichtpunkten bestochen, dem durch das Alter und die Form Verklärten nachzuhängen, es wird umsonst sein, von einer Wiederkehr des Vergangenen zu träumen; umsonst, für solche Träume Bilder in falschen Farben zu malen; die Zeit arbeitet daran, der Unzulänglichkeit der Fürsorge in der Sonderfamilie einen immer zulänglicheren Ersatz in der Organisation der größeren Gemeinwesen zuzuführen. Je nachdem es gelingen wird, das Gut der Freiheit der Person dabei zu schützen, wird die Menschheit den Segen davon verspüren.

Printed in Dunstable, United Kingdom

91222429R00157